O poder da parceria

Riane Eisler

O *poder da parceria*

Tradução
Marcos Fávero Florence de Barros

Palas Athena

Título original: The Power of Partnership
Autora: Riane Eisler
© 2002 da autora
© Palas Athena 2007, da tradução para o português

Grafia segundo o Acordo Ortográfico da Língua Portuguesa de 1990, em vigor no Brasil desde 2009.

Revisão técnica: Lia Diskin
Produção editorial e preparação: Laura Bacellar
Revisão: Adriana de Oliveira e Rejane Moura
Atualização ortográfica: Sandra Godoy
Atualização bibliográfica: Beleza Woo, Cristina Anfimovas, Feigue K. Faingezicht, Noemia Martins, Rejane Moura, Silvana Pereira e Sonia Bruck
Capa: Estúdio Raquel Matsushita
Projeto gráfico e diagramação: SGuerra Design

Dados Internacionais de Catalogação na Publicação (CIP)
(Câmara Brasileira do Livro, SP, Brasil)

Eisler, Riane
O poder da parceria / Riane Eisler ; tradução Marcos Fávero Florence de Barros. -- São Paulo : Palas Athena, 2007.

Título original: The power of partnership
Bibliografia.
ISBN 978-85-60804-00-9

1. Conduta de vida 2. Psicologia social 3. Relações interpessoais 4. Respeito com as pessoas I. Título.

07-3582   CDD-302

Índices para catálogo sistemático:

1. Relações interpessoais : Sociologia 302

2ª edição, outubro de 2021

Todos os direitos reservados e protegidos pela Lei 9610 de 19 de fevereiro de 1998. É proibida a reprodução total ou parcial por quaisquer meios sem autorização prévia, por escrito, da Editora.
Direitos adquiridos para a língua portuguesa por Palas Athena Editora
Alameda Lorena, 355 – Jardim Paulista
01424-001 – São Paulo, SP – Brasil
(11) 3050-6188
www.palasathena.org.br
editora@palasathena.org.br

Aos meus filhos e netos.

Sumário

Introdução: A aventura da mudança   9

1 Corpo, mente e espírito   21
O relacionamento conosco mesmos

2 Questões do coração   49
O relacionamento com os mais próximos

3 Amplia-se o círculo de amizades   77
O relacionamento com o trabalho e a comunidade

4 Participação política faz diferença   103
O relacionamento com nosso país

5 O mundo ao nosso redor   135
O relacionamento com outros países

6 Da Mãe Terra à biotecnologia   167
O relacionamento com a natureza

7 **O amor em ação**   **189**
   O relacionamento com o espírito

8 **Vamos dar o primeiro passo**   **209**
   A vida em parceria

Anexos: Ferramentas de parceria   **215**

   O *continuum* de parceria/dominação
   Tabela 1 – Modelos de dominação/controle e parceria/respeito
   Tabela 2 – Dinâmicas de interação

   A política da parceria
   Tabela 3 – Os quatro fundamentos da política de parceria
   Tabela 4 – A agenda da política de dominação
   Tabela 5 – O vocabulário da dominação e da parceria

Bibliografia   **225**

Notas finais   **253**

Agradecimentos   **271**

Índice remissivo   **273**

Introdução

A *aventura da mudança*

Há vinte e cinco anos, eu me encontrava em uma encruzilhada. Precisei repensar tudo sobre minha vida. Mãe de duas crianças e sem marido, trabalhava como advogada em direito de família, fazia pesquisa, escrevia, dava conferências, procurava o companheiro de vida pelo qual ansiava, chorava a morte de meu pai e minha mãe, não dormia o suficiente, não prestava atenção à minha alimentação e estava pressionando a mim mesma até quase ter um colapso. Fiquei tão doente que achei que ia morrer. Quando caminhava, o coração batia forte e a respiração ficava tão acelerada que eu tinha que parar. Sentia dores em toda parte, a ponto de às vezes chorar. Finalmente me dei conta de que não podia continuar assim: precisava que fazer mudanças grandes na minha vida.

Comecei com coisas simples. Parei de tomar todos os remédios que meus médicos prescreviam, mas em compensação mudei radicalmente minha dieta. Parei de comer as comidas gordurosas e os bolos de minha infância em Viena: nada de tortas de maçã ou bolos de chocolate, mais legumes e verduras. Percebi que carregava comigo muitas dores que teria que processar se eu quisesse sarar. Comecei a meditar. Encontrei um terapeuta maravilhoso. Comecei a me aceitar mais e encontrei uma nova alegria em minhas relações com os outros, particularmente com as pessoas mais próximas.

Comecei também a pensar seriamente sobre o que desejava fazer com o resto da minha vida. Abandonei a prática do direito e me dediquei àquilo que realmente queria. Fiz a pesquisa para um livro que chamei de *O cálice e a espada: nossa história, nosso futuro*, que foi publicado em 1987. Era uma releitura da história ocidental remontando a trinta mil anos no passado e mostrando que aquilo que consideramos natural e inevitável – os esquemas pessoais e sociais destrutivos tais como violência doméstica, estado crônico de guerra, preconceito racial e religioso, dominação das mulheres pelos homens – não é nem um pouco natural ou inevitável.

Escrever este livro mudou a mim e à minha vida. *O cálice e a espada* se tornou um bestseller traduzido para dezessete línguas, porém o mais significativo para mim foi compreender que os problemas da minha vida eram parte de um problema muito maior. E aconteceu que milhares de leitores sentiram a mesma coisa. Uma enxurrada de cartas começou a chegar, e continua chegando. Naturalmente, eu tinha tido a esperança de tocar as pessoas, mas fiquei boquiaberta com o forte efeito de *O cálice e a espada* – especialmente porque mulheres e homens em todo o mundo estavam dizendo que ele lhe dava forças para transformar a vida. Saber que eu era capaz de dar este tipo de contribuição trouxe à minha vida um significado e um propósito completamente novos.

E assim, embora na época eu não soubesse, a encruzilhada que enfrentei há vinte e cinco anos – e as mudanças que comecei a fazer então – terminaram por levar à realização de sonhos que eu nem me permitia sonhar e de potenciais que de outra forma eu não teria realizado.

Você também talvez esteve diante de uma tal encruzilhada em algum momento da sua vida. Você pode estar em uma agora. Talvez você tenha a impressão, como foi o meu caso, de que deve haver uma forma melhor de viver, que sua vida pode ter mais paixão, alegria, satisfação e amor. Você pode achar também algo ainda mais fundamental: que hoje estamos todos diante de uma encruzilhada na qual, mais do que nunca, são importantes as mudanças na forma de ver o mundo e de viver.

A razão de ser deste livro

Escrevi a maior parte deste livro antes dos ataques terroristas que alteraram radicalmente nossa vida. Infelizmente, esses ataques tornam este livro ainda mais oportuno.

Originalmente escrevi *O poder da parceria* por quatro razões. Escrevi porque ele pode ajudar pessoas que, como eu na minha encruzilhada, desejam e precisam de formas efetivas para curar-se e mudar. Escrevi para meus filhos e netos, porque desejo muito que tenham um bom futuro. Escrevi porque muitas pessoas pediram aplicações práticas para as ideias introduzidas em *O cálice e a espada*. E escrevi para fornecer uma nova perspectiva e estratégias para pessoas e organizações preocupadas com os perigos que enfrentamos no nosso país e no mundo – perigos que o terrorismo em nossa própria casa evidenciou com força mortal.

O poder da parceria é acima de tudo um livro prático, para nos ajudar a nos ajudarmos, particularmente nesta época em que tantos sentem-se desamparados. É um livro de autoajuda, mas que vai muito além e mais fundo do que o típico livro de autoajuda.

Como bem mostra a nossa nova realidade de vida, o eu não pode ser ajudado isoladamente. Todos nós estamos sempre em relacionamento e não só com as pessoas em nosso círculo imediato, na família e no trabalho. Somos afetados por uma rede de relacionamentos muito mais ampla, que dá a volta ao mundo e impacta todos os aspectos da vida.

Se não prestarmos atenção a essas relações menos imediatas, a tentativa de nos consertar individualmente é como tentar subir quando o elevador está descendo. Podemos fazer o que quisermos que continuaremos presos, indo na direção errada. Muitas pessoas estão começando a se dar conta disso, à medida que passam de um livro de autoajuda ao outro e de uma oficina a outra. Trabalhar em nós mesmos é certamente essencial. Mas não basta.

Todos queremos ter saúde, segurança e felicidade. Queremos isto para nós e especialmente para nossos filhos. Trabalhamos duro para poder mandá-los para a universidade e deixá-los seguros financeiramente. Mas em nossa época, quando acontecem tantas coisas sobre as quais gostaríamos de não precisar pensar, muita gente está começando a perceber que é preciso muito mais do que isso.

O poder da parceria oferece uma nova abordagem para a mudança transformativa. O livro lida com mudanças pessoais *e* mudanças maiores que vão ser necessárias se nós e nossos filhos pretendemos ter a vida que queremos. A obra mostra as conexões entre nossos problemas pessoais e os problemas globais que se amontoam ao nosso redor, e mostra como um eu mais feliz está interconectado com um mundo melhor.

O livro oferece em abundância passos práticos para ajudar cada leitor e leitora a encontrar mais amor, dar-se melhor com seus entes queridos e ter mais satisfação e realização no trabalho, a sentir-se mais seguro e viver sua vida mais plenamente. E, em escala mais ampla, oferece passos práticos para caminharmos para um futuro de mais segurança, sustentabilidade e satisfação.

O poder da parceria trata de sete relações que constituem nossa vida. A primeira, nossa relação conosco. A segunda, nossa relação com as pessoas íntimas. Terceira, nossa relação de trabalho e com a comunidade. Quarta, nossa relação com o país em que vivemos. Quinta, nossa relação com a comunidade internacional e com outras culturas. Sexta, nossa relação com a natureza e o meio ambiente. E sétima, nossa relação espiritual.

Nos próximos sete capítulos, você verá que há dois modelos fundamentalmente diferentes para todos esses relacionamentos: o modelo da *parceria* e o modelo da *dominação*. Verá de que forma esses dois modelos subjacentes acabam moldando todas as nossas relações, a começar pelas relações entre pais e filhos e entre mulheres e homens, chegando até as relações entre o governo e os cidadãos e entre nós e a natureza. À medida que aprender a reconhecer estes dois modelos, você verá de que forma, individual e coletivamente, podemos influenciar o que acontece conosco e ao nosso redor. Ao direcionar os relacionamentos para o modelo de parceria, você vai começar a fazer mudanças positivas em sua vida diária e em nosso mundo.

Embora os termos modelo de dominação e modelo de parceria talvez não sejam familiares, você provavelmente já notou a diferença entre essas duas formas de se relacionar, já deve tê-las percebido mas lhe faltavam os nomes para defini-las. Quando não temos vocabulário para uma percepção, é difícil conseguirmos mantê-la e mais difícil ainda usá-la. Antes de Newton identificar a gravidade, as maçãs já caíam das árvores o tempo todo, mas as pessoas não tinham nomes ou explicações para o que estava acontecendo. Os modelos de parceria e dominação dão não só nomes para as diferentes formas de relacionamento como também uma explicação para o que está por trás dessas diferenças.

No modelo de dominação, alguém tem que estar por cima e alguém por baixo. Os que estão por cima controlam os que estão por baixo. As pessoas aprendem, desde a tenra infância, a obedecer ordens sem questionar. Aprendem a levar consigo, dentro da cabeça, uma voz áspera dizendo que elas não são boas, não merecem o amor e precisam ser punidas. As famílias e as sociedades são baseadas em controle, explícita ou implicitamente alicerçado na culpa, no medo e na força. O mundo está dividido em grupos de dentro e grupos de fora, e aqueles que são diferentes são vistos como inimigos a serem conquistados ou destruídos.

Em contraste, o modelo de parceria apoia relações de respeito e cuidado mútuo. Como não há necessidade de manter hierarquias rígidas de controle, também não há embutida uma necessidade de abuso ou violência. As relações de parceria liberam nossa capacidade inata de sentir alegria e brincar. Elas nos permitem crescer mental, emocional e espiritualmente. O conflito é uma oportunidade de aprender e ser criativo, e o poder é exercido de maneira a estendê-lo aos outros e não subtraí-lo.

Você se lembra como o pai tratava os filhos no filme *A noviça rebelde*? Quando o Barão von Trapp (Christopher Plummer) soprava seu apito de polícia e as crianças entravam em formação à sua frente, duros como tábuas, eis o modelo de dominação em funcionamento. Quando a nova governanta (Julie Andrews) entrou em cena e as crianças relaxaram, começaram a desfrutar e aprenderam a confiar em si e nos outros, eis o modelo de parceria em ação. Quando von Trapp se tornou muito mais feliz e próximo dos filhos, vemos o que acontece quando começamos a mudar da dominação para a parceria.

Você talvez trabalhe para um chefe que vigia cada pequena coisa que você faz, que acha que, se você não seguir literalmente as ordens, tudo vai dar errado, que acha que precisa estar no controle o tempo todo. É assim que o modelo de dominação se manifesta na administração. Se você trabalha para alguém que inspira sua participação e facilita seu trabalho, que lhe fornece diretrizes mas também dá espaço de manobra, que estimula cada pessoa a usar seu senso de avaliação e sua criatividade, você sabe o que acontece quando as organizações começam a se afastar do modelo de dominação e passar para o de parceria.

Se seu cônjuge abusa física ou emocionalmente de você, seu casamento é de dominação. Se está em uma relação que dá a você e a seu parceiro a liberdade de ser plenamente autênticos enquanto se apoiam mutuamente, você está tendo a experiência da parceria no lar.

O famoso encantador de cavalos Monty Roberts aplica o modelo de parceria no seu relacionamento com os cavalos. Quando Roberts "suaviza" em lugar de "domar" um cavalo novo, ele usa o modelo de parceira. Ele não força os cavalos a obedecerem, empregando a violência ou infligindo dor (modelo de dominação). Ao contrário, ele se coloca como parceiro, mas mesmo assim os cavalos que treina costumam vencer corridas no mundo todo. É também um prazer cavalgá-los, porque são amigos que confiam no cavaleiro e em quem o cavaleiro pode confiar, e não adversários hostis e temerosos.[1]

Se você observar a diferença entre a vida das pessoas na Noruega e na Arábia Saudita, vai ver como os modelos de parceria e dominação se manifestam em nível nacional. Na Arábia Saudita, onde os hábitos dominadores e as respectivas estruturas sociais ainda são muito fortes, as mulheres não têm direito nem de dirigir um carro, muito menos de votar ou ocupar um cargo, e há uma enorme distância econômica entre os que estão por cima e os que estão por baixo. Em contrapartida, na Noruega, que é muito mais orientada para a parceria, uma mulher pode ser – e recentemente foi – chefe de estado, mais ou menos quarenta por cento do parlamento é feminino e de forma geral há um padrão de vida alto para todos.

Você vê de forma impressionante como estes dois modelos se concretizam no nível internacional se comparar as táticas não violentas (e bem-sucedidas) de Gandhi para lidar com os britânicos na Índia com as táticas terroristas dos fundamentalistas muçulmanos contra os Estados Unidos.

Tenho muito mais a dizer sobre as diferenças entre o modo de vida dominador e o de parceria, sobre os sistemas familiares e sociais que apoiam cada um, e como acontece a transformação de um em outro. Aqui, eu quis apenas dar um vislumbre dos dois modelos em ação. Nenhuma organização, família ou país é completamente orientado para o modelo de parceria ou de dominação: é sempre um *continuum*, uma mistura de um pouco de um e outro. Mas o grau em que esses modelos de sentir, pensar e agir nos influenciam numa ou noutra direção afeta tudo na vida, desde o nosso ambiente de trabalho e a comunidade até as escolas e universidades, desde nossas diversões e o sistema de saúde até os governos e sistemas econômicos, desde nossas relações íntimas até as internacionais.

Nossa bagagem oculta

O modelo de dominação é desagradável, dolorido e contraprodutivo. No entanto, convivemos diariamente com ele e com suas consequências.

Por que alguém haveria de querer viver assim? Acho que ninguém realmente quer, nem mesmo os que estão por cima, se eles pararem para considerar o preço enorme que estão pagando. Mas acontece que, quando as pessoas se relacionam com os outros como "superiores" e "inferiores", elas desenvolvem crenças que justificam este tipo de relação. Criam estruturas sociais que moldam os relacionamentos, para que se encaixem neste esquema de-cima-para-baixo. E à medida que o tempo passa ficam todos enredados, transmitindo esta forma de se relacionar de geração a geração.

Às vezes as pessoas culpam os pais por seus problemas. Mas os pais não inventaram os hábitos. Eles aprenderam dos pais deles, que por sua vez aprenderam de gerações anteriores, remontando ao passado distante de nossa história cultural.

Se observarmos esta história, vamos ver que muitos hábitos nossos – sejam eles no relacionamento com amigos ou países estrangeiros – vêm de tempos passados, quando todos tinham que obedecer aos "superiores" sem questionar. Nessas épocas, reis despóticos, senhores feudais e chefes locais tinham poder de vida e morte sobre seus "súditos", como ainda têm hoje em muitas partes do mundo. Basta pensar que, poucos séculos atrás, se alguém ficasse no caminho de um nobre ou respondesse de forma insolente, sua vida corria perigo. Pense na Inquisição, na queima de bruxas e nas tantas formas de aterrorizar as pessoas na Idade Média para assim instilar hábitos de obediência absoluta. Pense que os reis tinham o hábito de decapitar pessoas, inclusive esposas, como fez o rei inglês Henrique VIII. Pense que a escravidão e o trabalho infantil, nas condições mais brutais, eram legais, e que os homens chefes de família tinham também poderes despóticos.[2] Pense em ordens do tipo "é de pequeno que se torce o pepino" que justificavam o espancamento de crianças, nas leis que até não muito tempo atrás davam ao marido o direito de bater na mulher, e no fato de que, até tempos muito recentes, eram propriedade legal do marido o corpo da mulher bem como qualquer propriedade dela e qualquer dinheiro que ela ganhasse.

Talvez você diga que isso era no passado e agora é diferente. Certamente que no mundo ocidental temos a boa fortuna de não mais sermos governados por déspotas e vemos os direitos humanos de crianças, mulheres e pessoas de cor gradualmente ser reconhecidos. Mas até aqui, a bagagem oculta de tempos passados continua viva. Repetidamente, os hábitos que herdamos bloqueiam nossa busca por uma vida de maior realização e um mundo melhor.

Quando descobrimos o que estamos carregando inconscientemente, podemos mudar. A mudança envolve duas coisas: perceber e agir. À medida que ficamos cientes do que realmente está por trás de nossos problemas, podemos começar a mudar o que fazemos e a maneira como fazemos. Mas isto é uma via de mão dupla.

Percepção e ação estão em uma dança constante, que nos leva cada vez mais longe do nosso ponto de partida. É como parar de comer fast-food porque, apesar de todos os anúncios dizendo que esta comida é boa, percebemos que faz mal para nós. Quando mudamos este hábito, descobrimos que nos sentimos com muito mais saúde, menos nervosos e elétricos devido ao excesso de açúcar, mais fortes e cheios de energia. Esta nova consciência, por sua vez, leva a outras mudanças, como talvez evitar alimentos com muita gordura, tomar refeições mais equilibradas e fazer mais exercício.

Assim, novas percepções e mudança de hábitos são coisas que andam juntas. Conforme nossas relações pessoais vão se aproximando da parceria, as crenças que governam nosso comportamento também mudam. À medida que nossas crenças começam a favorecer relações de parceria em vez das de dominação, começamos a mudar as regras do relacionamento. Isto por sua vez nos ajuda a construir famílias, ambientes de trabalho e comunidades mais orientados para a parceria. Começamos então a mudar as regras para as relações mais amplas, incluindo as econômicas e políticas, bem como nossas relações com a Mãe Terra.

Estas regras, por sua parte, favorecem relações de parceria em todas as áreas, o que fortalece ainda mais a espiral ascendente.

Uma das coisas notáveis da história é o número de grandes visionários, pensadores e escritores que indicaram exatamente o que estamos examinando aqui. Desde Jesus e Buda até Elizabeth Cady Stanton e Martin Luther King Jr., todos reconheceram que trabalhar sobre si mesmo não é suficiente, que é preciso percorrer um caminho do eu para a sociedade e de volta ao eu. Para mudar, precisamos mudar as crenças culturais e estruturas sociais que nos aprisionam em uma vida que não queremos. Em essência, esses visionários nos apontam um caminho espiritual de parceria.

A encruzilhada

Martin Luther King Jr., bagagem histórica, estruturas sociais, relações internacionais – tudo isso pode parecer muito distante de minha crise de vida há vinte e cinco anos. Mas tudo está relacionado e inter-relacionado.

Sei por experiência própria que uma mudança pessoal é possível. Sei, por minha pesquisa para *O cálice e a espada* e os livros posteriores, que em nossa era de tecnologia biológica e nuclear os antigos hábitos dominadores podem levar ao desastre e até mesmo à extinção da espécie. Sei por minha pesquisa que o tumulto de nossos tempos, por mais inquietante e confuso que seja, também oferece uma oportunidade de fazermos mudanças fundamentais.[3]

Como mãe e avó, sinto grande urgência em provocar estas mudanças agora. A boa notícia é que não temos que começar da estaca zero. Já deixamos para trás muitas crenças e estruturas dominantes, e começamos a substituí-las com parcerias. Se não fosse assim, eu não teria podido escrever este livro. E nem você poderia lê-lo. Este livro teria sido queimado, e você e eu teríamos sido condenados por heresia.

A parceria já está em movimento no mundo todo. Aliás, o movimento de mudança da dominação para a parceria em todos os aspectos da vida – desde o pessoal até o político – é o movimento mais poderoso e o que mais cresce no mundo hoje.[4]

Milhões de pessoas estão indo a oficinas e seminários para aprender a ter melhores relações pessoais, comerciais e comunitárias. Centenas de milhares de organizações de base – desde grupos ambientalistas e pacifistas até organizações de direitos humanos e equidade econômica – estão trabalhando para criar condições que apoiem nossa mais profunda busca do amor, segurança, sustentabilidade e sentido. Um dos aspectos mais importantes do movimento de parceria é que os jovens querem ter voz. Efetivamente, os jovens hoje estão na vanguarda do movimento de parceria, manifestando intuitivamente a parceria em suas ações individuais e coletivas, em inovações que são centelhas para a transformação dos sistemas.

Em todo o mundo, o movimento pela parceria está no coração de inúmeras causas com os mais variados nomes, transcendendo categorias convencionais como capitalismo versus comunismo, religioso versus secular. Entretanto, não lemos nada sobre este movimento nos meios de comunicação porque ele não é centralizado e coordenado – e porque até agora não tinha um nome único e unificador. Sem um nome, é quase como se não existisse, apesar de todo o progresso ao nosso redor.

Ao mesmo tempo, há uma poderosa resistência ao avanço deste movimento em prol da parceria. E há forças reacionárias tentando nos empurrar de volta para o tipo de relacionamentos que desejamos abandonar. Nosso futuro vai depender do desfecho desta luta, que ainda é, em grande medida, invisível.

Há aqueles que gostariam de reimpor os padrões de dominação. Alguns são terroristas de terras distantes. Outros estão em nosso próprio país. E a maioria de nós carrega consigo hábitos dominadores que nos bloqueiam o caminho para a vida boa pela qual ansiamos.

Gandhi disse que não devemos confundir habitual com natural. E, de fato, mudar o habitual é uma das metas da autoajuda.

O poder da parceria trata da mudança dos hábitos dominadores, tanto os pessoais quanto os sociais. Trata de hábitos pequenos e enormes. Trata das causas subjacentes aos hábitos dolorosos e desajustados. Trata do que você e eu podemos fazer para tornar a parceria uma realidade.

Isto não significa que todos temos que fazer tudo. Mas seja onde estivermos, sempre podemos fazer alguma coisa para nos conduzir da dominação à parceria.

Através da alegria, imaginação e criatividade, que são os dons naturais de meus netos – e de qualquer criança, se tiver um mínimo de oportunidade –, o espírito humano pode ascender a níveis inimaginados de possibilidades. Fomos dotados pela natureza de um cérebro espantoso, uma enorme capacidade de amar, uma notável criatividade e uma singular capacidade de aprender, mudar, crescer e planejar para o futuro. Não nascemos com os hábitos pouco saudáveis que temos. Tivemos que aprendê-los. Assim sendo, podemos desaprendê-los e ajudar os outros a fazerem o mesmo.

Todos podemos aprender formas parceiras de viver. Você está convidado para a aventura de criar uma forma de vida onde a maravilha e a beleza latentes em todas as crianças seja realizada, onde o espírito humano seja liberado e o amor exerça livremente sua magia.

Capítulo 1
Corpo, mente e espírito
O *relacionamento conosco mesmos*

Nenhum de nós consegue mudar tudo. Mas todos conseguimos mudar alguma coisa. Um bom lugar para começar é conosco mesmos.
Neste capítulo você vai descobrir um modo novo de ver a questão de quem você é e como você se tornou essa pessoa. Aumentar a consciência vai ajudar você a romper com pressupostos restritivos e hábitos estressantes, permitindo que descubra novas maneiras de se relacionar consigo mesmo que lhe tragam mais satisfação e realização.

O bom senso diria que seu relacionamento consigo próprio é de parceria. Infelizmente, é bem provável que não seja.

Muitas pessoas tratam a si mesmas como alguém a ser intimidado e manipulado muito mais do que como a um parceiro. Nós forçamos nosso corpo, mesmo quando ele está cansado. Ficamos irritados conosco. Nos autocriticamos sem piedade. E a maior parte do tempo nem sequer estamos cientes de que este tipo de tratamento é algo que aprendemos e que não somos obrigados a tolerar.

Você se surpreende lembrando as coisas que fez e focando naquilo que uma voz interior diz que são erradas? Você tem um tirano interior secreto que fica dizendo que você não é bom como deveria? Você suporta uma carga de ansiedade permanente que faz com que sinta sempre medo de alguma calamidade por acontecer, sufocando seus impulsos espontâneos e criativos?

Talvez você não tenha especificamente estes hábitos, mas é provável que tenha hábitos dominadores dos quais não está ciente e que você usa contra si mesmo. Como muitas pessoas, você pode estar carregando ressentimentos que sugam energia que poderia estar sendo canalizada para ações construtivas. E, como a maioria de nós, provavelmente você foi ensinado a reprimir importantes partes de si mesmo.

Alguns de nós focalizam a mente, as realizações intelectuais, e ignoram a sabedoria do coração. Alguns se concentram em programas de exercício e estética, dedicando muito mais tempo ao corpo físico do que ao coração, à alma e ao espírito. Muitos estão presos a papéis estereotipados associados ao seu gênero, que negam e distorcem nossa plenitude humana. Se você parar um momento para observar, vai perceber que muitas vezes deixamos uma parte de nós dominar as outras em lugar de deixar que todas funcionem plenamente.

A saúde e a felicidade são questões de equilíbrio, e é exatamente para isto que leva o modelo de parceria. Quando respeitamos todos os aspectos de nosso ser, expressamos a nossa gama de necessidades e possibilidades. Tomamos consciência de que aquilo que rotulamos de corpo, mente e espírito são partes de um todo multifacetado e milagroso. Temos mais saúde, somos mais sábios e felizes, temos mais energia para sermos cocriadores da nossa vida individual e coletiva.

A preparação

Já comentei as mudanças que fiz em minha vida, que me permitiram ser uma parceira muito melhor de mim mesma. Agora quero falar como minha descoberta dos modelos de parceria e dominação me possibilitou desemaranhar os fatos do início da minha vida e também as coisas que tornam nosso avanço tão penoso.

Em 10 de novembro de 1938 um bando de nazistas austríacos veio procurar meu pai. Era a "Noite de Cristal": as ruas de Viena luziam com o incêndio de sinagogas e estavam cobertas de vidro quebrado das lojas e casas de judeus. Os nazistas bateram na nossa porta de entrada gritando "Gestapo!". Nós sabíamos que eles iriam levar meu pai, razão pela qual ele tinha se escondido no sótão. Minha mãe não teve alternativa senão abrir, caso contrário eles teriam derrubado a porta. Os homens entraram e começaram a saquear. Acharam meu pai, arrastaram-no para fora do esconderijo e o empurraram escada abaixo. Minha mãe me deixou com um vizinho e foi com eles para o quartel-general da Gestapo. Por milagre, ela conseguiu trazer meu pai de volta.

As semanas seguintes foram de terror, mas no fim conseguimos escapar. Meus pais e eu fomos em um dos últimos navios de refugiados aceitos em Cuba antes que o St. Louis fosse mandado de volta e as 936 mulheres, homens e crianças a bordo voltassem à Europa, onde a maioria morreria em campos de concentração.[1]

Eu tinha sete anos quando isto aconteceu. Assim, ainda muito jovem, comecei a fazer perguntas que você também pode ter feito, perguntas que me assombraram por décadas. Será que toda a crueldade, violência e sofrimento do mundo são inevitáveis? Existe alternativa? Qual seria? E o que se pode fazer para alcançá-la?

À medida que fui crescendo, procurei respostas em livros. Tentei encontrá-las em universidades, durante meus estudos de graduação e pós-graduação. Mas não consegui achar nenhuma que fosse satisfatória. Um dos problemas é que eu ainda estava presa à abordagem convencional de "um assunto por vez". Quando estudei sociologia, psicologia, antropologia, biologia, direito e outras disciplinas, elas eram ensinadas como se não tivessem nada a ver uma com a outra – e, muitas vezes, como se não tivessem nada a ver com a vida real.

Então comecei a trabalhar como socióloga na Systems Development Corporation, um ramo da Rand Corporation. Este foi meu primeiro contato com a ciência dos sistemas, uma abordagem que analisa a relação entre as diferentes partes de um sistema e das partes com o todo. Logo descobri que o foco da Systems Development Corporation eram sistemas de armamentos, o que não me interessava a mínima. Não obstante, foi uma experiência de valor incalculável. Na época eu não sabia, mas este foi meu primeiro passo na trajetória que iria finalmente levar às descobertas em que se baseia este livro e meus outros trabalhos.

Isso foi na década de 1950 e muita coisa aconteceu na minha vida antes que eu retornasse às perguntas fundamentais que não havia respondido. Quando consegui as respostas, tinha desenvolvido uma abordagem muito diferente da maioria dos estudos da sociedade humana.

Em vez de estudar um período de cada vez, olhei para nossa história inteira, inclusive o longo período anterior à escrita a que chamamos pré-história. Ao contrário do que se faz nas ciências humanas convencionais, que muito apropriadamente costumam ser chamadas de "estudos do homem", levei em conta a humanidade inteira: tanto a sua metade masculina quanto a feminina. Em lugar de focar principalmente a política e a economia, observei a vida como um todo, inclusive a família e outras relações íntimas.

Todos nós sabemos que, quando olhamos apenas para uma parte de um quadro, não vemos o todo e com certeza não conseguimos ver os padrões, ou as relações entre diferentes partes do quadro. Se você apanhar um jornal e olhar bem de perto para um pequeno segmento de uma foto, a única coisa que você irá ver serão pontos minúsculos. Para ver a imagem toda, você precisa ligar os pontos. O mesmo é verdade quando se estudam as sociedades humanas.

À medida que examinava este quadro de uma perspectiva mais ampla, comecei a ver conexões entre diferentes partes, padrões que se repetiam constantemente. Uma parte do que vi, reconheci de estudos anteriores, tais como o trabalho da psicóloga Else Frankel-Brunswick, que percebeu uma relação entre o ambiente familiar de personalidades "autoritárias" e "democráticas" e os preconceitos religiosos e raciais vigentes em seus meios. Mas o que eu estava descobrindo eram padrões ainda mais amplos que não haviam ainda sido identificados no âmbito da ciência moderna e que começaram a responder minhas indagações sobre alternativas à violência, insensibilidade e o sofrimento crônicos.

Dei-me conta de que tinha identificado dois modelos ou desenhos distintos de moldar e organizar relações. Como não havia nome para eles, chamei-os de modelo de parceria e modelo dominador ou de dominação. Mais tarde, comecei a chamá-los também de modelo de respeito e modelo de controle, porque estas palavras descrevem as suas qualidades essenciais.

Estes modelos nos levam para além das categorias usuais, tais como capitalista ou comunista, religioso ou secular, oriental ou ocidental, tecnologicamente avançado ou primitivo. Por exemplo, quando observei algumas sociedades tidas como as mais brutais, violentas e repressivas do século XX – a Alemanha de Hitler (uma sociedade de direita), a União Soviética de Stalin (uma sociedade de esquerda), o Irã de Khomeini (uma sociedade religiosa) e Uganda de Idi Amin (uma sociedade tribal) – vi que, apesar das diferenças óbvias, todas fazem uso do mesmo esquema dominador.

Um elemento essencial deste esquema dominador é o autoritarismo – o governo de um homem forte, tanto na família quanto no Estado ou na tribo. Um segundo é a rígida dominação masculina, a colocação de uma metade da humanidade acima da outra. Um terceiro é a violência socialmente aceita, que vai desde o espancamento de crianças e esposas até o estado crônico de guerra. Um quarto elemento essencial é um conjunto de ensinamentos e crenças no sentido de que as relações de dominação são inevitáveis e até morais, ou seja, que é perfeitamente honrado e moral matar e escravizar nações vizinhas, apedrejar mulheres até a morte, presenciar raças "inferiores" sendo colocadas em fornos e câmaras de gás, ou espancar crianças para impor sua vontade.

À medida que você caminha para o outro extremo deste *continuum*, passando da dominação à parceria, você encontra um tipo de cultura muito diferente. No modelo de parceria, a estrutura social é democrática e igualitária, as parcerias entre mulheres e homens são simétricas, e há menos aceitação da violência em todas as relações, desde íntimas até internacionais, porque a violência não é necessária para manter rígidas hierarquias como no modelo da dominação. Você também encontra crenças sobre a natureza humana favoráveis a relações empáticas e mutuamente respeitosas. E você vê que as qualidades pejorativamente taxadas de "femininas" no modelo de dominação, tais como cuidar dos outros e não ser violento, são valorizadas em homens *e* em mulheres, e servem como diretrizes para as políticas sociais. (Veja um sumário dos elementos essenciais destes dois esquemas contrastantes nas tabelas 1 e 2 no final deste livro.)

As sociedades modeladas segundo o esquema de parceria podem diferir bastante uma da outra. Por exemplo, esta configuração – estrutura social democrática e igualitária, parceria entre mulheres e homens, menos aceitação social da violência – se encontra hoje em algumas sociedades tribais e também nas nações escandinavas tecnologicamente avançadas e industrializadas. Você encontra este mesmo molde em muitas sociedades pré-históricas orientais e ocidentais, como descrevi em outros trabalhos meus.[2] Se você olhar à sua volta, vai ver em toda parte movimentos a favor de estruturas familiares e sociais que se aproximam mais do esquema de parceria que do de dominação.

Em resumo, à medida que comecei a ver o mundo pela ótica dos modelos de parceria e de dominação, os antolhos que eu nem sabia que usava começaram a cair. Hoje entendo que nasci em uma época de maciço retrocesso dominador: a ascensão nazista na Europa. Também me dei conta de que muitas coisas contra as quais estava lutando não eram unicamente minhas e sim produto de tradições de dominação. E vi o quanto nossas relações são influenciadas pela orientação de nossa sociedade, família ou qualquer outra organização para o modelo de parceria ou de dominação.

Dominação desde o nascimento

Se você observar a si mesmo, vai provavelmente notar o quanto sua relação consigo foi afetada pelo esquema dominador que herdamos. Quando as sociedades se orientam principalmente pelo modelo de dominação, as famílias instilam nas crianças hábitos de dominação e submissão desde o nascimento. Esses hábitos foram ensinados a quase todos nós. E infelizmente hoje, em todo o mundo, as crianças ainda estão sendo educadas sob este modelo, o que não só causa enorme dor e sofrimento como também perpetua o sistema, que continua a causar dor e sofrimento em todo o globo.

Uma lição básica que as crianças aprendem em ambientes dominadores é a rigorosa conformidade às ordens. Uma das maneiras de ensinar isto é exigir uma obediência memorizada e mecânica.

É claro que todos nós aprendemos habilidades físicas através da repetição, seja para usar garfo e colher, tocar piano, seja para fazer cirurgias. Mas a *forma* de aprender estas habilidades é acentuadamente diferente nos contextos de parceria e de dominação.

Se, enquanto crianças, somos forçados a nos sujeitar a ordens quando praticamos novas habilidades, temos pouca margem para encontrar nosso próprio jeito. Ficamos acostumados a voltar a atenção para fora, a nos concentrar no que as autoridades nos dizem para fazer, e a nos desconectar da experiência própria. Quando o treinamento é severo, a criança, que é experimental por natureza, vai sendo lentamente transformada em alguém que obedece docilmente aos "superiores".[3]

Uma segunda lição ensinada às crianças em ambientes dominadores é a de nunca expressar raiva ou frustração contra os adultos que lhes causam dor, instilando nelas o medo de sentir ainda mais dor. Então o que acontece? Como não podemos expressar diretamente nossos sentimentos negativos, nos voltamos contra nós mesmos ou contra aqueles que fomos ensinados a perceber como mais fracos, inferiores ou imorais. A frustração e a raiva inevitavelmente se acumulam, e aprendemos o hábito de nos sentir mal: com medo, raiva, deprimidos, culpados e infelizes.

Sentir-se mal vai contra a natureza humana, que busca o prazer e não a dor. Mas como as relações de dominação são baseadas em medo e força, em uma família ou sociedade orientada primariamente para o modelo de dominação, a dor se torna parte integrante da vida. Somos pegos em um círculo vicioso que perpetua hábitos e comportamentos emocionais que reforçam sentimentos de tensão e dor. Quando a dor se torna crônica, aprendemos também a amortecer os sentidos.

Nada disso tem que acontecer. A menos que haja deficiência física, nascemos com a capacidade de nos sintonizar com o corpo, de nos mover e desenvolver em liberdade e alegria. Se você olhar os bebês, verá que têm esta capacidade natural. Como escreve Steven Shafarman em seu livro *Awareness Heals*,[4] "os bebês aprendem brincando, explorando e imitando, motivados principalmente pela curiosidade e sempre guiados por um agudo senso de conforto". Mas, embora nós humanos tenhamos esta capacidade desde o nascimento, ela nos é em boa parte roubada ao longo da nossa criação e educação dominadora.

Também sabemos que os bebês e as crianças têm uma motivação inata para aprender, praticamente desde o momento do nascimento. Este é outro maravilhoso traço humano que também é distorcido em ambientes dominadores. O tentar sentir-se bem transforma-se em tentar evitar a dor, seja pela adoção de um conformismo automatizado, seja por nos fecharmos às experiências. Assim, nossa grande capacidade de aprender muitas vezes é um tiro que sai pela culatra, porque o que acabamos aprendendo é a nos adaptar a um ambiente dominador, inerentemente dolorido e constritivo.

Mais lições dominadoras

Como a maioria de nós já sabe, nossa forma de relacionamento com o próprio eu é em grande medida moldada durante a infância. Mas isso não quer dizer que não podemos mudar. Dentro de cada um de nós está o espírito que anseia pela parceria, muito mais agradável e realizadora. Temos uma espantosa capacidade de superar condicionamentos da infância e continuar aprendendo pelo resto da vida.

Um importante passo para a mudança é reconhecer que a educação que nossos pais nos deram pelo caminho da dominação não foi intencional. Eles estavam simplesmente copiando o modo como foram educados, um legado de gerações anteriores. Compreendendo isto, podemos nos libertar da raiva reprimida que restringe o crescimento emocional e pessoal. Podemos examinar a nossa infância e evitar que os padrões destrutivos que estão ocultos em nossa história sejam perpetuados para as gerações futuras.

Você pode começar observando sua postura corporal. Quando somos crianças, aprendemos daqueles que cuidam de nós não só a linguagem verbal como também a corporal. Se esta linguagem corporal propõe uma respiração superficial, manter o corpo rígido e outras posturas tensas, características de adultos que suportam uma pesada carga dominadora, provavelmente vamos fazer o mesmo. O resultado é que muitos aprendemos a acumular medo e tensão no corpo, mesmo sem sabermos o que está causando ansiedade ou infelicidade.

As pessoas imitam os pais em muito maior medida do que percebem. Até problemas físicos supostamente herdados, inclusive doenças crônicas, podem ter sido transmitidos através da imitação dentro de famílias dominadoras. "A maioria das pessoas, inclusive cientistas," escreve Shafarman, "presume causas genéticas sempre que crianças e pais ou irmãos apresentam as mesmas doenças ou dificuldades. Entretanto, como observamos, à medida que as crianças crescem, elas imitam as posturas, gestos, atitudes e preferências dietéticas dos pais, em geral sem perceber. A asma, artrite e outras doenças podem envolver predisposições genéticas, mas é o aprendizado que determina como e quando os problemas aparecem, e até se eles vão aparecer ou não".[5]

O problema básico é que a criação dominadora de crianças inevitavelmente produz medo e tensão. A criação baseada no medo provoca tensão, enrijecimento, respiração superficial e outras formas de lidar com o medo e a dor. E precisamente porque não conseguimos viver constantemente com medo, estas posturas tensas acabam se tornando habituais, pois as assumimos para evitar entrar em contato com emoções dolorosas. Muitas vezes carregamos estes hábitos corporais por toda a vida, exceto quando nos tornarmos conscientes deles e aprendermos outras maneiras de ser.

Outra lição que as crianças aprendem em famílias dominadoras é reprimir partes de si para se ajustarem a ideias que lhes são impostas sobre ser homem e ser mulher. Esta lição não apenas molda corpo e mente dos meninos e das meninas para se encaixarem nos estereótipos de gênero, como também ensina que os homens devem dominar e as mulheres ser dominadas. Mais uma vez, esta lição ensina as crianças a aceitar os ditames de autoridades externas, até mesmo em coisas tão básicas quanto a postura e os movimentos do corpo.

Como escreve Don Hanlon Johnson,[6] os meninos aprendem "as poses e os gestos de desdém apropriados para os homens, inclusive o vocabulário não verbal que indica a superioridade que a sociedade lhes atribui sobre as mulheres". Por sua vez, as meninas aprendem "os movimentos faciais, as formas de manter as mãos e as posturas que manifestam seu papel de adjuntas aos homens".

As meninas também absorvem uma outra lição. Por maior que seja a dor, o próprio formato do corpo tem que se ajustar ao padrão que agrada aos homens. A conformidade pode significar atadura nos pés, mutilação sexual, salto alto que compromete a coluna vertebral ou dietas de fome que levam à bulimia ou anorexia. A conexão entre a propaganda e os distúrbios de alimentação de que sofrem muitas meninas já foi longamente documentada. Mas a suscetibilidade de meninas e mulheres a esses anúncios é muito mais profunda e remonta às suas primeiras lições: independentemente de dor ou desconforto, a coisa mais importante na vida é agradar aos outros.[7]

Não há nada de errado, claro, em agradar aos outros. E agir de forma a fazer com que os outros se sintam bem, e não mal, é básico para as relações de parceria. Mas tem que haver equilíbrio – e no modelo de dominação/controle é dificílimo encontrar um equilíbrio entre o atendimento das necessidades próprias e alheias.

O que realmente importa

Um dos fundamentos da vida em parceria é ser um bom parceiro de si mesmo. Isto significa tomar a Regra de Ouro e olhar o seu reverso – faça a si o que faria aos outros – e aplicá-la à sua vida.

À primeira vista, você pode achar que ser um bom parceiro de si mesmo é egoísmo, mas não é. Ser egoísta é mostrar-se insensível aos outros. Parceria consigo mesmo significa ser sensível a si mesmo e aos outros.

Lutei muito na minha vida porque não queria ser egoísta, porque fui ensinada que as "boas mulheres" se negligenciam em favor de todos os outros ao seu redor. Quando tentei me encaixar neste estereótipo feminino, sofri muito, assim como as pessoas ao meu redor. Uma rotina de autossacrifício não funciona para ninguém, como constatamos em relações em que uma pessoa está sempre servindo a outra e acaba fazendo o papel de mártir ou vítima.

Em última análise, parceria significa equilíbrio das necessidades pessoais com a capacidade de dar aos outros. A questão é como fazê-lo.

O primeiro passo é resolver o que realmente importa. Um bom exemplo é a frase: "A poeira pode esperar, mas o bebê não".

Levei muito tempo para conseguir decidir o que realmente importava na minha vida. E, mesmo depois de fazê-lo, precisei ficar me relembrando.

Uma coisa que você talvez queira fazer é anotar as primeiras três coisas que vêm à mente em resposta à pergunta: O que é importante para mim?

Outra coisa que você pode fazer, e que acho extraordinariamente eficaz, é anotar como você gostaria de se ver dentro de cinco anos. Dou a isto o nome de "imaginar um futuro melhor". Seja o mais específico possível. Escreva onde você vai estar morando, o tipo de pessoas com quem quer viver, o tipo de trabalho que deseja estar fazendo, e o que você pretende estar sentindo. Então ponha de lado o ensaio e deixe que ele habite o seu inconsciente. Depois que fiz isto, espantosamente, a maioria do que escrevi veio a acontecer – inclusive encontrar David, meu maravilhoso parceiro de vida, e dedicar-me a pesquisar e escrever.

Há diferenças nos detalhes. Acabei vivendo com um escritor em lugar de um pintor. E o córrego que imaginei não passava pelo bosque ao redor da minha casa e sim diretamente debaixo dela: o porão alagava constantemente, até instalarmos um sistema de drenagem melhor. Mas, de forma geral, imaginar este futuro melhor para mim realmente funcionou. Ele me deu o poder de pensar de maneira focada e positiva, e libertou meu inconsciente para permitir a realização de meus sonhos.

Se minha imagem de um futuro melhor tivesse sido tolhida pelo modelo dominador, meus sonhos teriam sido muito mais limitados. Eu tremo ao pensar que tipo de futuro teria visualizado para mim na década de 1950, antes que muitos pressupostos dominadores antigos tivessem sido postos em xeque pela nossa cultura. Na época, não poderia me imaginar sendo independente, criativa e vivendo com um homem que não me via apenas como uma esposa para apoiar suas ambições e talentos, mas como alguém com suas próprias ambições e talentos, que ele também apoia.

Adeus à velha programação

Isto nos leva ao segundo passo rumo a uma melhor relação com nosso eu: apagar a velha programação que carregamos na cabeça. A maioria de nós conhece muito bem as mensagens gravadas dentro de nós, as vozes que dizem: "Você nunca faz nada direito", "Você deveria ser mais como fulano", "Você está sempre arrumando confusão" e assim por diante. Muitas pessoas internalizam essas mensagens negativas, embora elas limitem e distorçam nossas qualidades humanas.

Se somos afrodescendentes, judeus, ciganos ou membros de outros grupos minoritários, provavelmente também temos uma programação que reflete os preconceitos contra nós. Sei por experiência própria de quando era menina. Quando os nazistas chegaram ao poder em Viena em 1938, as chamas adormecidas do antigo antissemitismo foram atiçadas e se tornaram labaredas de ódio. Minha mente infantil foi marcada não só por um terrível medo como também por uma sensação candente de que devia haver algo horrivelmente errado comigo e outros como eu para que fôssemos tão detestados e perseguidos. Mesmo mais tarde, quando já era capaz de olhar em retrospectiva e entender o que realmente estava por trás da propaganda nazista vilipendiando os judeus, essas mensagens internas, e a dor e o medo que as acompanhavam, continuaram a me impor um pesado tributo psicológico.

Por mais difícil que fosse lidar com essas programações, no entanto, aos poucos fui percebendo que havia outras mensagens na minha cabeça que tocavam ainda mais alto. Eram as que me inundavam com mensagens dizendo como devem ser as mulheres e os homens. Embora eu nunca tenha acreditado plenamente nas mensagens antissemitas, nunca me ocorreu questionar as mensagens sobre os estereótipos de gênero. O que me ensinaram é que aqueles papéis mostravam como as coisas deviam ser. Eles definiam como eu deveria ser, apesar de eu não conseguir fazê-lo. Foi somente quando me envolvi no movimento feminista na década de 1960 que vi como essas mensagens forçam mulheres e homens a usarem camisas de força que causam danos incríveis, tanto para nós quanto para as pessoas ao nosso redor.

Expressar raiva, inclusive com violência, é considerado normal para meninos e homens no esquema dominador. Pense em todos os filmes, programas de televisão, livros e músicas em que o herói masculino é violento. Fica claro que esta constante modelagem da violência "masculina" tem alguma ligação com o tipo de violência da nossa sociedade: mais de noventa por cento dos crimes violentos são cometidos por homens.

As meninas e mulheres, por outro lado, são em geral proibidas de expressar raiva, particularmente contra homens. A raiva pode ser usada para controlar os outros, e o que se supõe é que os homens devam estar no controle, não as mulheres. Não é de surpreender que tanto homens quanto mulheres sintam desconforto ao depararem-se com "mulheres raivosas", um termo usado para condenar as feministas e outras mulheres que se desviam do papel atribuído ao seu gênero.

Mas uma coisa que sabemos pela psicologia é que, quando a raiva é reprimida, ela inevitavelmente encontra uma forma de se expressar. O que acontece com a raiva reprimida das mulheres?

Algumas mulheres dirigem a raiva reprimida contra homens que elas percebem como fracos ou vulneráveis, por exemplo os filhos. O psicólogo David Winter constatou que as mulheres que vivem em países ou épocas de extrema dominação masculina tendem a controlar muito os filhos, porque são as únicas pessoas do sexo masculino com quem sentem ser seguro descarregar a raiva. As mulheres nessas circunstâncias abusam sutilmente – ou não tão sutilmente – dos próprios filhos. Lembro-me das histórias de uma psiquiatra que trabalhou algum tempo na Arábia Saudita. Ela contou sobre mulheres que abusavam sexualmente de bebês meninos, sob o pretexto de agradá-los. E de alguns meninos sendo incitados pela própria mãe a dirigirem em disparada para demonstrar sua intrepidez masculina – às vezes com consequências fatais.

Muitas mulheres voltam a raiva reprimida contra outras mulheres. Por exemplo, se o homem que elas amam tem um caso, a maior parte da raiva é muitas vezes dirigida contra a mulher. Esta colocação da "outra" no papel de vilã está dramatizado no filme *Atração fatal*, uma fascinante história da moralidade dominadora. Aqui, a outra (representada por Glenn Close) se torna uma maníaca homicida e o homem precisa proteger sua esposa e o filho contra ela, numa surpreendente transformação do marido mulherengo em herói!

Para as mulheres que aprenderam papéis femininos estereotipados, provavelmente a forma mais comum de lidar com a raiva reprimida é se culpar. O hábito arraigado de se culpar está extensamente documentado. Em uma enquete da revista *Glamour* em junho de 1998, por exemplo, foi pedido às participantes que anotassem diariamente quantas vezes haviam dito "desculpe". Algumas mulheres disseram que pediam desculpas mais de vinte vezes ao dia. Uma delas disse: "Eu peço desculpas ao meu namorado quando qualquer coisa dá errado". E quando ele dizia que ela não precisava se desculpar, a moça se desculpava por pedir desculpas! Outras mulheres pediam desculpas a seu funcionário por terem pedido que arquivasse alguma coisa (o que era obrigação dele), ou ao namorado porque tinham reclamado do dia, e até aos carteiros porque não estavam maquiadas. Como a *Glamour* é dirigida a um público de mulheres desde um pouco menos de vinte anos até os trinta e tantos, esta enquete mostra o quanto ainda é difícil para as jovens de hoje desvencilharem-se da socialização "feminina".[8]

A mudança dos estereótipos de gênero

A transformação da raiva em culpa é uma das molas propulsoras da famosa falta de autoestima das mulheres. Milhões de mulheres sofrem disto e muitas vezes toleram um tratamento degradante e abusivo.

Mas é possível mudar comportamentos estereotipados por gênero, inclusive padrões emocionais prejudiciais. A mudança está acontecendo em toda parte. As mulheres estão ficando mais assertivas e cada vez mais assumindo papéis "masculinos" de administradoras e líderes. Os homens estão ficando mais apoiadores e assumindo o papel "feminino" de oferecer aos bebês e às crianças o tipo de cuidado e acolhimento que até pouco tempo atrás era associado somente à maternidade.

Os papéis dos gêneros não são de pedra. Sabendo disso, fica mais fácil você dar o terceiro passo rumo a um senso mais integrado e saudável de si mesma. Depois de observar sua programação interna e depois de olhar de perto o que faz sentido e o que não faz, o próximo passo é fazer as mudanças apropriadas.

Nos círculos "nova era" fala-se muito de traços "essenciais" de masculinidade e feminilidade: traços e comportamentos considerados inerentemente masculinos ou femininos de acordo com os arquétipos junguianos. Isto pode parecer novo por causa de sua embalagem nova era, mas olhando mais de perto encontramos uma reedição dos velhos estereótipos dominadores de gênero. Por exemplo, em "João de Ferro" e outras histórias populares no movimento nova era, o herói precisa matar antes de acasalar.

Os homens não são violentos de nascença. Isto fica óbvio se observarmos quantos homens são suaves apesar da constante associação entre masculinidade e violência em histórias, brinquedos, filmes e televisão. Ao contrário dos arquétipos junguianos masculinos e femininos que estão reconquistando a popularidade, quando uma mulher é assertiva e lógica, ela está simplesmente expressando qualidades que são suas. Da mesma forma, quando um homem é gentil e cuidadoso, ele não está acessando seu lado feminino, mas expressando uma parte da natureza inerente a ele e que foi sufocada pela cultura dominadora.

Começando a reconhecer que suas boas qualidades – sejam elas consideradas masculinas ou femininas – são ótimas para a sua pessoa, você começa a melhorar seu senso de autoestima. Você para de se recriminar e acessa sua plena natureza humana, porque você está em contato consigo enquanto ser humano pleno.

Posso atestar, por experiência própria, que mudar essas noções arraigadas de masculinidade e feminilidade é uma experiência de cura – uma cura no real sentido do termo, de resgatar seu próprio equilíbrio interior e aceitar a si como de fato é. Quando me libertei da camisa de força dos estereótipos de gênero, comecei a me aceitar mais completamente. Consegui avançar em meu desenvolvimento pessoal. E, como você vai ver no próximo capítulo, foi somente depois de me tornar parceira de mim mesma que consegui atrair um verdadeiro parceiro para minha vida.

Muitas mulheres e homens estão tendo experiências similares. Não é fácil mudar, adotar traços e comportamentos que nos eram proibidos por causa de nosso sexo. Mas exatamente porque não é fácil, quando começamos a fazer estas mudanças aprendemos uma lição vital. Aprendemos que as mudanças antes inimagináveis são na verdade possíveis e muito recompensadoras.

Aprendendo a se sentir bem

À medida que avançamos para a parceria conosco, entramos em melhor sintonia com o corpo. Ainda luto com isso, pois tenho a tendência de me forçar. Mas o fato de estar mais em sintonia com meu corpo aumentou duas coisas em mim: a capacidade para o prazer e a sensibilidade para mensagens que tenho que acatar a fim de continuar com saúde.

Quando eu estava crescendo, se alguém dissesse: "Estou fora de sintonia com meu corpo", os outros iriam comentar: "Você está louco". As pessoas simplesmente não falavam sobre o corpo nesses termos. Hoje essa forma é cada vez mais parte da linguagem diária.

Os problemas emocionais também são mais e mais comentados. E cada vez mais pessoas estão aprendendo novas (ou às vezes antiquíssimas) técnicas de prevenir doenças e promover o bem-estar corporal.

Fazemos mais exercício. Tentamos comer alimentos mais saudáveis e respirar mais ar fresco. Alguns correm ou praticam ioga ou meditação para aquietar a mente tagarelante e entrar em contato com o eu profundo. Quando necessário, buscamos ajuda profissional para os males físicos e emocionais. Começamos a nos desvencilhar de velhas dores à medida que percebemos o que realmente sentimos no corpo e acessamos novos prazeres. Começamos a fazer a distinção entre o sexo como mera liberação de tensão e o real prazer sexual. E conforme aumentam a autoestima e o bem-estar, somos mais capazes de ir ao encontro do que está fora de nós, o que também nos faz sentir bem.

O primeiro passo, como há muito tempo dizem os psicólogos, é nos permitir perceber o que estamos realmente sentindo. Somente então podemos analisar conscientemente os eventos que desencadearam os sentimentos dolorosos e, em perspectiva, reavaliar esses eventos – não remoendo-os constantemente, mas trabalhando para mudar os hábitos emocionais e físicos.

A psicoterapia, o aconselhamento psicológico, programas de tratamento medicamentoso, hipnose e outras maneiras de acessar sentimentos negativos vêm ajudando as pessoas a lidar melhor com lembranças penosas e reverter, ou pelo menos diminuir, os danos. Essas abordagens também ajudam a curar a depressão crônica e outros problemas graves.

Nos últimos anos houve uma explosão de grupos de autoajuda, que haviam aparecido pela primeira vez nos anos 1960. As pessoas partilham experiências, oferecem apoio mútuo e trabalham juntas para sentir-se melhor. Os exemplos mais conhecidos são os muitos grupos de doze passos, baseado na abordagem cujos pioneiros foram os Alcoólicos Anônimos. Também há grupos usando livros como *The Partnership Way* que escrevi com meu parceiro David Loye, que inclui exercícios experienciais, temas de discussão e sugestões de ações.[9]

Como carregamos inconscientemente no corpo muitos sentimentos e experiências negativas, as novas técnicas de cura de mente/corpo podem ser particularmente úteis. Por exemplo, os métodos Feldenkrais, Alexander e Rosen ajudam as pessoas a ficar mais conscientes da dor que armazenam no corpo, a relaxar e mudar os hábitos corporais. Há também livros que oferecem sugestões para a cura corporal e emocional, tais como *The Touch of Healing* [*O toque da cura*], *Creative Visualization* e *Present Moment, Wonderful Moment: Mindfulness Verses for Daily Living* [*Momento presente, momento maravilhoso – versos para cultivar a plena atenção na vida diária.*].[10]

As afirmações positivas, que contradizem as vozes internas que nos dizem que somos ruins e merecemos punição, podem ajudar a refocalizar a atenção em aspectos de que gostamos em nós mesmos. Também podemos nos ajudar a nos sentir melhor através de práticas como ioga e meditação, que acalmam os pensamentos e as emoções, e muitas vezes trazem um senso de tranquilo contentamento.

Mas, por mais importantes que sejam estas atividades, se não fizermos mais, estaremos lidando apenas com sintomas e não com as causas subjacentes do sofrimento. Enquanto os velhos padrões dominadores estiverem vigorando em nossa cultura, nossos esforços vão encontrar oposição a cada passo.

Ampliando nossa visão

Como você viu, as relações infantis do tipo dominador/dominado tendem a nos empurrar para a negação dos fatos e a insensibilidade, a fim de escaparmos da nossa dor ou daquela que causamos a outros. Isso nos prende a hábitos dolorosos e desajustados. E nossa cultura, em grande parte, tem o mesmo efeito.

Álcool, bares barulhentos, anúncios frenéticos na televisão e entretenimento do tipo "ação" são todos dessensibilizantes, tornando mais difícil o contato com nossos próprios sentimentos.

As pessoas estão trabalhando cada vez mais horas e com mais intensidade. Não muito tempo atrás, o ritmo do trabalho e da vida permitia pausas para respirar. Hoje o ritmo é tão frenético que estamos sempre atrasados e sem tempo.

Até a maneira como estão sendo usadas algumas tecnologias contribui para o problema. Algumas tecnologias como a máquina de lavar e o computador nos ajudaram a escapar de trabalhos que deixam o corpo alquebrado e a mente entorpecida. Mas a velocidade e a onipresença das tecnologias de comunicação de hoje – internet, celulares, fax, e-mail e correio de voz – está em descompasso com os ritmos naturais do corpo. Não conseguimos acompanhar a velocidade de tanta coisa. Assim, fica difícil refletirmos sobre a vida e o mundo, e mais ainda encontrarmos tempo para fazer coisas que trazem mudanças positivas.

Encurtar distâncias e fazer muito mais em menos tempo pode ser surpreendente e maravilhoso, mas há o outro lado, como muita gente está constatando, de ver o espaço na nossa vida para sentimentos e pensamentos profundos também encolhendo. Estamos sendo empurrados para um ritmo cada vez mais frenético, o que nos aliena ainda mais da consciência de nós e do mundo. Cada vez mais, descobrimos que estamos sendo controlados pelas próprias tecnologias que deveriam nos libertar.

É claro que o problema não é a tecnologia e sim o sistema econômico que herdamos e que não foi projetado para levar em conta as necessidades humanas. Não temos um sistema econômico que usa tecnologias avançadas que levem em conta os ritmos do corpo, da mesma forma como não temos um sistema econômico que usa tecnologias avançadas que levem em conta os ritmos da natureza. Tudo isto tem um impacto prejudicial sobre a saúde.

Se o seu empregador não oferece plano de saúde – e muitos empregos de baixa remuneração não o fazem – você acaba ficando sem os devidos cuidados de saúde. Se você está nos degraus mais baixos da hierarquia dominadora, não tem recursos para comprar comida sem pesticidas, e talvez nem haja produtos orgânicos à venda no seu bairro.

As provas escolares que marcam o histórico do aluno fazem as crianças ficarem tensas e com medo do fracasso. Os empregos em que muita coisa está em jogo fazem os executivos caírem mortos por ataques cardíacos súbitos.

Quando precisa ter dois empregos para dar conta das despesas, você não descansa o suficiente. Mesmo se você está bem de vida, o mais provável é que esteja trabalhando muitas horas. Milhões de pessoas hoje têm sono atrasado. Uma das razões é que, por exemplo, os norte-americanos trabalham o maior número de horas semanais de todo o mundo industrializado, maior inclusive que no Japão.

Assim, se quisermos acessar a capacidade natural de estarmos em sintonia com o corpo, de nos sentirmos bem, e de viver de maneira favorável para nossa saúde física, emocional e espiritual, temos que prestar atenção às condições ambientais, econômicas e sociais que são as causas de muitos problemas que nos afetam – e precisamos fazer o possível para mudá-las.

É irônico que, enquanto milhões de pessoas estão tentando mudar seu estilo de vida – reduzir o ritmo e viver mais saudavelmente – bilhões de dólares estão sendo ganhos em um sistema econômico que nos empurra para a doença e não para a saúde. Bilhões são ganhos da venda de cigarros, bebidas, drogas legais e ilegais que viciam, comida de má qualidade, refrigerantes com muito açúcar e cafeína, e outros produtos prejudiciais. Bilhões são ganhos com pesticidas, produtos petroquímicos e outros, que são poluentes ambientais ou prejudiciais à saúde. E outros bilhões são ganhos pelo setor de entretenimento que empurra filmes, programas de televisão e videogames que poluem a mente e matam a empatia.

Discos que arrecadam milhões descrevem como é "divertido" estuprar a própria mãe ou organizar o estupro grupal da própria irmã menor. Eles têm letras como a de Ice Cube na música "O mundo é dos homens": "As mulheres não servem para coisa nenhuma, ou talvez para uma coisa: servir ao meu pinto". Videogames amplamente anunciados geram lucros fenomenais ensinando os jogadores a destripar e esquartejar os "oponentes" de formas horrendas, o que nos distancia ainda mais dos sentimentos de empatia e acolhimento.

A avaliação sardônica do jogo *Mortal Kombat*, escrita por um jovem, ilustra até que ponto estes produtos comerciais amortecem a empatia. "Pessoalmente", escreve ele, "eu acho um pouco perturbador o número de partes corporais voando pelos ares", mas ele rapidamente acrescenta que "não por causa da carnificina geral – eu gosto de violência gratuita tanto quanto qualquer outra pessoa. Não, minha reclamação é que quando você liquida um oponente, parece que o número de partes do corpo é desproporcionalmente grande e anatomicamente incorreto. Acho que alguns programadores devem ter faltado às aulas de biologia no ensino fundamental – o nível da educação já não é o mesmo".[11]

Claro que há excelentes videogames não violentos, mas são apenas uma pequena porcentagem. Há letras de músicas com uma incisiva crítica social, e boa parte da música popular é bela e sofisticada. Mas frequentemente é tocada num volume tão alto que não só nos insensibiliza como também danifica a audição. Até o cintilar constante da tela da televisão tem um efeito anestésico, além de diminuir nossa capacidade de atenção.

O barulho e o movimento constantes também estão embutidos em outros aspectos de nossa era de alta tecnologia. As propagandas, em particular, nos bombardeiam com mensagens em alta velocidade, dizendo que, se quisermos nos sentir bem, basta comprar, comprar e comprar mais um pouco, para conseguirmos o que, segundo eles, devem ser nosso corpo, nossa casa, roupas, filhos e vida.

Embora muitas mulheres hoje sintam-se mais liberadas do que suas mães, a sociedade agora solicita que elas sejam supermulheres – que tenham recursos interiores, tempo e energia para fazer tudo perfeitamente. E esta pressão não é só sobre as mulheres com profissão e renda, mas também sobre as donas de casa.

Milhares de donas de casa tentam se manter no nível de pessoas como Martha Stewart, a guru multimídia do estilo de vida, apresentada pelo marketing como o paradigma da perfeição doméstica, que faz tudo sozinha e ainda deixa a casa elegantemente decorada e perfumada. Não é de surpreender que haja grupos de terapia para mulheres que se acham um fracasso porque não conseguem imitar uma mulher que na verdade é um conglomerado multinacional apoiado por uma enorme equipe.

O marketing de massa de Martha Stewart é apenas um exemplo da enorme pressão comercial para nos adequarmos às mensagens externas que dizem como deveríamos ser. Tudo isto nos desconecta ainda mais não só das nossas próprias experiências, como também do nosso corpo.

Esta desconexão não é saudável. E nos tira poder. Se não sabemos nem o que está acontecendo com nosso corpo – o que realmente sentimos, do que realmente precisamos – não há esperança de acharmos o que nos traga real saúde física, mental e emocional. Se nos acostumamos a reagir a mensagens externas – até sobre coisas básicas como o formato do corpo – ficamos também condicionados a aceitar controles em outras áreas da vida.[12]

A cura

É fácil dizer que as pessoas devem ignorar todas essas pressões sociais, econômicas e culturais e viver uma vida mais saudável. Mas isto é muito difícil.

Mesmo assim, como há tanta coisa prejudicial à saúde, fala-se muito hoje sobre cura. A boa saúde é sem dúvida um elemento-chave na boa relação conosco mesmos. Assim, cuidar da saúde é uma parte da parceria com você mesmo. Mais uma vez, no entanto, temos que prestar atenção às crenças invasivas e às instituições que trabalham contra nós.

Pense em todas as doenças que resultam de instituições e estilos de vida dominadores. Milhões de adultos e crianças sofrem de problemas crônicos associados a produtos e processos comerciais prejudiciais. As doenças cardíacas são associadas a dietas de fast-food com muita gordura e açúcar, do tipo que é vendido em massa ao público das grandes cidades. As crianças de famílias pobres frequentemente têm nutrição inadequada, ficando mais suscetíveis a doenças. As pessoas pobres, e em particular os afrodescendentes pobres, têm vida mais curta devido à tensão causada pela pobreza e a falta de assistência de saúde adequada. Petroquímicos presentes em plásticos e outros produtos comerciais, bem como os pesticidas na agricultura, estão levando ao crescimento das taxas de câncer em crianças, bem como no aumento da incapacidade de aprendizado.

Ao mesmo tempo, um próspero setor médico e farmacêutico de alta tecnologia ganha bilhões de dólares tratando todas essas doenças. E infelizmente a prática médica ainda está em grande medida no modelo dominador.

Os médicos, por exemplo, já sabem há muito tempo que um grande número de doenças são relacionadas ao estresse. Mas a abordagem médica convencional para o tratamento do estresse é a prescrição de tranquilizantes e outros remédios. Os medicamentos por prescrição certamente têm o seu papel. Mas nos tornamos uma sociedade viciada em drogas legais (e ilegais) para fugir à dor e ao trauma inerentes ao estilo de vida e às relações de dominação. E as doenças ligadas ao estresse estão sendo diagnosticadas em crianças cada vez mais novas.

Hoje, o potente medicamento Ritalina é prescrito a mais de um milhão de crianças americanas. É receitado para os mais variados sintomas, inclusive a hiperatividade, embora a Ritalina tenha sido classificada pela Drug Enforcement Agency na mesma categoria que as anfetaminas e a cocaína devido ao seu potencial de causar dependência. A Ritalina pode ajudar algumas crianças com problemas graves e talvez auxilie algumas crianças hiperativas a ficarem mais calmas, tornando-as mais fáceis de controlar em casa e na escola. Mas esse medicamento também apresenta efeitos colaterais muito prejudiciais, não só criando a dependência da droga como também provocando extrema letargia, tiques faciais e, em alguns casos, até tendências suicidas.

Ao contrário disto, a abordagem de parceria para ajudar crianças hiperativas é uma combinação de melhor assistência nutricional, evitando inclusive comidas de baixo valor nutritivo, uma atmosfera de mais apoio em casa e um ambiente de aprendizado mais estimulante e voltado para a parceria na escola. Esta abordagem evita efeitos colaterais prejudiciais e tem resultados muito melhores do que meramente tornar as crianças hiperativas "mais fáceis de lidar". Como escreve John Robbins em seu livro *Reclaiming Our Health*, o tratamento ajuda a criança a aprender ela mesma a "administrar os desafios e oportunidades que a vida traz".[13]

O que é preciso, destaca Robbins, é uma medicina de parceria – uma abordagem que não descarta a medicina convencional naquilo em que ela pode ser mais eficaz, mas que focaliza mais a prevenção da doença e menos as intervenções de efeito rápido depois do fato acontecido. Precisamos aprender os fundamentos da boa saúde. Precisamos antes de mais nada aprender a prevenir as doenças percebendo as mensagens do corpo, em vez de confiar apenas no aconselhamento externo.

Esta abordagem mais holística está começando a se tornar corrente. O doutor Andrew Weil, por exemplo, que recomenda tratamentos com ervas, exercícios respiratórios, biofeedback e outras técnicas holísticas, foi tema do artigo de capa da revista *Time* (12 de maio de 1997), e os livros da doutora Christiane Northrup, incluindo *Women's Bodies, Women's Wisdom*, enfatizando o "cultivo de nosso corpo", estiveram na lista de best-sellers.[14]

Quando aprendemos a ser melhores parceiros de nós mesmos, abrem-se as oportunidades para termos melhor saúde física e mental. À medida que deixamos para trás a velha bagagem mental e emocional dominadora, ficamos muito menos estressados e com mais energia para investir em mudanças construtivas pessoais e sociais. Não apenas isso: começamos a reconhecer a unidade essencial do que chamamos de corpo, mente e espírito, um princípio de parceria que hoje é cada vez mais validado pela ciência.

A sensação natural de euforia

Os físicos sabem que, no nível subatômico, a distinção entre matéria e energia é artificial. A pesquisa científica mostra que os estados emocionais são mais do que apenas ideias na mente. As emoções têm uma existência muito real na química cerebral. Isto está começando a ser entendido por peritos como Candace Pert, ex--chefe de bioquímica cerebral no National Institute of Mental Health.

Como observa Pert, os cientistas ainda estão nos primórdios deste tipo de pesquisa bioquímica, mas já sabemos que na parceria entre o que chamamos de corpo, mente e espírito há certos comportamentos que nos fazem sentir bem.

Na verdade, a maioria das pessoas sabe disto por experiência própria. Conhecem por exemplo a euforia da paixão ou a felicidade de estar perto de um bebê. Mas o que a ciência está revelando é que há substâncias químicas por trás destas boas sensações, e que somos construídos de tal forma que amar produz substâncias em nosso corpo que nos fazem sentir bem.

Os cientistas descobriram que o cérebro libera substâncias que nos dão enorme prazer quando somos amados e também quando oferecemos amor a outros. Isto faz sentido para a evolução, já que o comportamento de cuidar é básico para a sobrevivência de crianças humanas.[15] Mas também somos biologicamente programados para nos sentir bem quando cuidamos de adultos, incluindo nós mesmos.

No livro *The Chemistry of Love*, o psiquiatra Michael Liebowitz escreve que todos nós temos substâncias químicas corporais (endorfinas) que nos recompensam quando oferecemos amor.[16] A liberação dessas substâncias explica o intenso prazer que os pais sentem ao cuidar de bebês. Também explica a euforia de nos apaixonarmos e o fato de nós humanos termos a capacidade de experimentar prazer sexual intenso e prolongado. Essas recompensas químicas explicam por que as pessoas que têm um relacionamento amoroso manifestam um grande senso de contentamento e por que as pessoas em um relacionamento profundo e acolhedor muitas vezes descrevem o prazer sexual em termos não apenas eróticos mas também emocionais e espirituais.

De fato, como observei em meu livro *O prazer sagrado*, não é por coincidência que a palavra *paixão* é usada para descrever tanto o êxtase místico quanto o sexual. Ambos são experiências-cume naturais que todos podemos sentir quando adotamos formas parceiras de pensar, sentir e viver.

A criatividade também libera substâncias químicas que nos fazem sentir bem. Mas aqui, mais uma vez, nos deparamos com o modelo dominador, que não só coloca obstáculos às relações amorosas como também à expressão da capacidade criativa. Em ambientes dominadores é perigoso sair da linha, sendo as pessoas condicionadas a restringir qualquer pensamento "diferente" e seguir aquilo que lhes parece seguro.

Até a música e a dança podem levar a experiências-cume naturais. Muitos povos tribais sabem muito bem disto. Há cenas de danças circulares rituais na arte pré-histórica, que era mais orientada para a parceria, como descrevo em meus livros *O cálice e a espada*, *O prazer sagrado* e *Tomorrow's Children*.

As experiências místicas citadas em livros de espiritualidade são outro exemplo de sensações de euforia naturais. Em uma espiritualidade parceira, que não dissocia a espiritualidade do corpo, estes picos naturais são acessíveis sem precisarmos nos tornar místicos e sem os terríveis custos pessoais e sociais do abuso de álcool e drogas.

Para resolver o problema de abuso de drogas, seria muito mais eficiente ajudar as pessoas a serem melhores parceiras de si mesmas e criar as condições sociais e econômicas que permitissem a parceria do que promover a chamada guerra às drogas. As políticas atuais para as drogas transformaram os Estados Unidos no país com a maior população carcerária do mundo, maior até que da antiga União Soviética e da África do Sul, onde se praticava a prisão em massa para evitar o fim do apartheid racial. Bilhões de dólares foram gastos para combater o tráfico de drogas. Milhares de vidas já foram perdidas nas guerras nacionais e internacionais contra a droga, entre gangues em luta por territórios de venda, para não falar na perda do potencial de vida de milhares de pessoas atualmente trancadas em prisões devido ao uso de drogas. A política do "simplesmente diga não" do governo Reagan também não funcionou, porque a fuga para o álcool e as drogas é um sintoma das condições de dominação pessoal e social.

Às vezes as pessoas, especialmente os jovens, usam drogas porque anseiam por experiências intensas. Querem ter experiências mas acabam dependentes porque encontram nas drogas uma fuga aos sentimentos e realidades desagradáveis. Aqui também a vida em parceria traz mudanças. Ela diminui o desejo de fuga e permite que os jovens constatem ser possível ter sensações de euforia sem drogas, momentos naturais de expansão da consciência em que, sem a ajuda de estimulantes artificiais, os sentidos se aguçam e o espírito fica livre para voar.

A questão torna-se então quais as condições necessárias para estas experiências. Os picos de euforia natural só são possíveis quando estamos conscientes e vivos. Não acontecem quando nos insensibilizamos. E isto é precisamente o que as pessoas tendem a fazer para evitar a dor e outros sentimentos desagradáveis inerentes à vida na dominação e aos sistemas sociais e econômicos que lhe servem de apoio.

Se vivemos em uma cultura que nos empurra para nos sintonizarmos com o exterior e não conosco, fica difícil estarmos conscientes e plenamente vivos. Se vários aspectos do nosso ser são cronicamente reprimidos a fim de nos forçar a encaixar em famílias, trabalhos e instituições sociais e econômicas dominadoras, então não apenas aprendemos a reprimir estes aspectos como também aprendemos a nos desvincular da capacidade de sentir, inclusive de nossa grande capacidade de sentir alegria e amor.

Em uma sociedade que apoie e recompense as relações parceiras com a família, com nós mesmos e em todas as áreas da vida, podemos usufruir da sensação de euforia natural do amor que é o nosso direito evolucionário. Nesta situação, as substâncias químicas naturais do corpo, que nos fazem sentir bem quando recebemos ou damos amor, fluem livremente.[17]

As experiências-cume *podem* se tornar parte da vida diária. Mas isto somente vai acontecer à medida que construirmos um mundo onde a parceria, e não a dominação, tenha precedência.

Coloque a parceria para funcionar

Todos nós, em maior ou menor grau, mantemos hábitos penosos ou desajustados que aprendemos na infância. Podemos tentar escapar pelo vício do álcool ou da comida, pelas drogas, pela compulsão ao sexo ou outras obsessões. Ou podemos nos libertar desses hábitos e aprender a nos sintonizar com o corpo e nos desenvolver com liberdade e alegria.

Nas próximas páginas estão alguns passos que você pode dar de imediato. Escolha um ou dois que tenham significado para você e use-os para ajudar a avançar rumo ao tipo de relação que você quer ter consigo mesmo.

Ações a tomar

Primeiros passos

- Observe a tensão que você armazena e hábitos como enrijecer os ombros ou prender a respiração. Apenas observe, sem criticar. Então respire fundo três vezes, expirando lentamente e sentindo a tensão ir embora, a calma e o bem-estar entrando. Thich Nhat Hahn recomenda "inspirar calma, expirar sorriso".
- Tente ficar sentado e imóvel e observar a respiração cinco minutos por dia, como forma de centrar-se.
- Pense nas coisas que lhe ensinaram que fizeram com que você encarasse seu corpo como feio ou desajeitado. Reflita como o fato de ensinar alguém a sentir-se mal com o próprio corpo é uma forma de dominação.
- Pense como os estereótipos de gênero afetam sua maneira sentir a si mesmo e seus ideais de boa aparência.
- Leia algum bom livro sobre cura holística e alimentação saudável, sobre como praticar a espiritualidade e a sexualidade com equilíbrio, e outras obras que o ajudem a se sentir mais saudável e íntegro.

Passos seguintes

- Pondere sobre a música ensurdecedora, o constante pisca-pisca e o ritmo frenético da televisão, os bares barulhentos, os filmes de violência e outras formas populares de diversão, e como elas fazem você sair de sintonia com suas próprias experiências.
- Reflita sobre o fato de o surto de adrenalina provocado por diversões violentas ou filmes de horror ser um substituto pobre da sensação de euforia natural causada pelo amor e a vida em parceria.
- Observe a euforia natural que você sente quando explora novas possibilidades, cria e ajuda a quem necessita.

Mais adiante

- Familiarize-se com as diferenças entre o modelo de dominação/controle e o de parceria/respeito (veja os anexos "Ferramentas de parceria" no fim deste livro).
- Reflita sobre o quanto sua família, seu ambiente de trabalho, grupo social e sociedade estão orientados para o modelo de parceria ou dominação e como isso influencia sua vida pessoal.
- Pense em formas de ajudar as pessoas, especialmente as crianças, a ficarem mais conscientes das mensagens dos meios de comunicação que insistem ser a dominação e a violência normais, divertidas e inevitáveis.
- Aproxime-se dos jovens e envolva-os no aprendizado de relações de parceria.
- Use a respiração, música e/ou dança para atingir êxtases espirituais naturais, que não produzem ressacas, vícios ou outros efeitos prejudiciais.
- Forme um grupo de discussão para conversar sobre o material deste livro e sobre formas de provocar mudanças construtivas na sua vida.

Capítulo 2
Questões do coração
O relacionamento com os mais próximos

Logo depois da relação conosco mesmos vêm as relações com as pessoas mais próximas. Na verdade, as duas estão entrelaçadas. Aprendemos a nos relacionar conosco através de nossas relações com nossos pais e as pessoas que cuidam de nós. Então, transferimos uma parte dessas lições para nossas relações românticas e mais tarde para nossas relações familiares, muitas vezes educando nossos filhos da forma como fomos educados.

Neste capítulo, você vai descobrir os padrões de dominação que a maioria das pessoas repete nas relações com os mais íntimos. Você vai verificar que, quando toma consciência dessa programação oculta, você começa a deixá-la para trás. Neste capítulo você vai saber ainda quais mitos sobre a natureza humana são empecilhos à mudança e ter diretrizes práticas para caminhar rumo a relações íntimas mais satisfatórias, que é o que todos queremos.

O amor, costuma-se dizer, faz o mundo girar. Mas o amor em um contexto de parceria é muito diferente de em um contexto dominador.

As relações com irmãos, pais, cônjuge, filhos e amigos têm o potencial de dar a você um prazer único e indispensável. Mas elas também podem causar muita dor. O uso de sua nova percepção dos modelos de parceria e dominação ajuda você a ter melhores relações com familiares e outras pessoas próximas.

Lembre-se que nenhuma relação segue perfeitamente o modelo da parceria. À medida que você for praticando novos comportamentos, permita-se um pouco de folga. Isto vai ajudar você a ser um melhor parceiro de si mesmo e a conquistar mais respeito e afeto dos outros. Lembre-se de não se recriminar, humilhar ou punir naquelas vezes em que você se perder e retornar às formas dominadoras de relacionamento.

Tenha em mente que a mudança, seja ela pessoal ou social, não acontece sem reveses ocasionais. Existem resistências, bem como regressões. Assim, é importante não ser muito duro consigo mesmo quando você perceber que está escorregando um pouco. O principal é estar consciente e manter a fé.

Você percebeu que as pessoas que carregam muita culpa e que são acossadas por uma voz crítica interior muitas vezes se comportam de forma defensiva? Elas se negam a assumir responsabilidade por seu próprio comportamento contundente e culpam os outros por tudo que sai errado. Se você é muito crítico em relação a si mesmo, pode também estar sendo muito crítico em relação aos outros, o que atrapalha a mudança.

Quando deixamos de mandar em nós e nos outros, quando paramos as críticas constantes a nós e aos outros, ficamos menos tensos, mais abertos e mais acolhedores. À medida que mudamos as relações rumo ao modelo de parceria/respeito, criamos condições para que nós e os outros nos sintamos bem. Ao mesmo tempo, lançamos os alicerces para famílias e comunidades que se cuidam melhor, e para um mundo menos violento.

Início

Uma vez que a infância tem um efeito tão profundo em nossas relações, refletir sobre nossas primeiras experiências de vida é um bom começo. Talvez seja uma boa ideia tomar nota das questões que venham à mente e de suas respostas espontâneas para continuar a refletir mais tarde. Você pode também adotar um diário para estas questões, para servir de guia depois que começar a fazer as mudanças.

Do que você se lembra de suas primeiras relações infantis? O que lhe ensinaram sobre o amor? Sobre a disciplina? Quais eram os tabus? Você aprendeu a ter medo de quê? Você aprendeu a sentir culpa de quê?

O que ensinaram a você sobre ser menino ou menina? Quais são suas primeiras lembranças de ser menino ou menina? Como você descobriu as diferenças sexuais? Você conseguia naquela época, ou consegue agora, imaginar seus pais fazendo amor? Você aprendeu na rua sobre sexo? Ou os seus pais foram os primeiros a falar sobre sexo de forma simples e natural? As pessoas o abraçavam ou eram distantes e reservadas? Como o amor era demonstrado na sua casa?

Em seguida, você talvez queira pensar como as pessoas da sua família se relacionam hoje. Suas respostas para as perguntas abaixo podem abrir os seus olhos.

As pessoas da sua família geralmente procuram razões para elogiar ou criticar? O que você faz mais: elogia ou critica? As pessoas da sua família engolem os sentimentos e fingem que está tudo bem mesmo quando estão fervendo de raiva por dentro? Ou elas têm meios de se comunicar e resolver conflitos que não são abusivos para elas mesmas nem para os outros? Qual destas formas você costuma utilizar?

Como são tratadas as crianças em sua família? Espera-se que elas sejam "vistas mas não ouvidas"? Elas têm liberdade total? Ou são ensinadas a respeitar e honrar as necessidades próprias e alheias?

Você ou as pessoas ao seu redor estão amarradas a estereótipos de gênero? Ou a composição da sua família permite variação, flexibilidade e crescimento? Os papéis de cuidar e apoiar são todos delegados a mulheres, e os papéis de ação e tomada de decisão reservados aos homens? Ou há um equilíbrio saudável entre esses papéis? Há outras restrições baseadas em definições culturais sobre gênero ou existe liberdade para você ser você mesmo?

Aprendemos algumas lições básicas sobre relações saudáveis nestas últimas décadas de grandes avanços terapêuticos. Sabemos agora que as relações saudáveis demandam confiança, respeito e honestidade conosco e com os outros – precisamente os fundamentos das relações de parceria. Como vimos no último capítulo, precisamos de equilíbrio entre corpo, mente e espírito. Sabemos que o que nos aconteceu quando éramos crianças tem um enorme impacto sobre o resto da vida. Há uma ligação íntima entre o que você aprendeu sobre o tratamento a ser dispensado a você mesmo e seu corpo, e o que você aprendeu sobre a conexão com outras pessoas, em particular com o "sexo oposto". A capacidade de brincar e experimentar a alegria livremente na infância é a chave do nosso relacionamento conosco e com os outros. Sem um certo senso de humor e de crescimento, as relações ficam estáticas e rígidas. As relações com uma dimensão espiritual, em que experimentamos a majestade e a beleza do amor, são profundas e duradouras.

À medida que começarmos a usar este capítulo para avançar rumo a formas parceiras de nos relacionar, lembre-se que todos temos uma capacidade inata para o amor. Lembre-se que o cerne da questão é colocar o amor em ação. Lembre-se que, uma vez que você esteja consciente da alternativa de parceria/respeito, pode conscientemente mudar os hábitos que impedem você de ter aquilo que realmente quer e precisa.

Ao aprender novas habilidades de relacionamento baseadas em respeito mútuo, confiança, não violência e acolhimento, não apenas na família e em outras relações próximas mas em todas as suas relações, tenha em mente que nossas primeiras lições sobre relações humanas não são aprendidas no ambiente de trabalho, na empresa e nem mesmo na escola, mas sim na relação entre pais e filhos e com aqueles de nossa intimidade. É aí que aprendemos pela primeira vez a respeitar os direitos alheios – ou então onde aprendemos pela primeira vez a violência, crueldade, exploração, opressão e o preconceito. É aqui que você e eu praticamos diariamente a relação dominadora ou a de parceria.

Nossas relações íntimas são fortemente influenciadas por fatores sociais, econômicos e históricos. Não vivemos dentro de uma família isolada do mundo. A forma como somos tratados na comunidade e no país influencia nosso relacionamento com os mais próximos.

Mas isto não é uma via de mão única. Temos margem de escolha na forma de nos relacionar com as pessoas, tanto na família quanto fora dela. E podemos mudar as relações para que envolvam mais acolhimento e empatia.

Somos pré-programados para relações dominadoras?

As pessoas em geral reagem dizendo que está muito bem falar sobre relações de acolhimento e empatia, mas que isso é totalmente fora da realidade. A evolução não é uma questão de sobrevivência do mais apto, uma luta impiedosa onde vence o mais forte? Não é essa a nossa herança evolutiva, da qual não há escapatória?

À medida que tentar caminhar na direção das relações de parceria, é bem provável que você ouça este argumento. Uma resposta simples seria a de que a sobrevivência do mais apto não significa a sobrevivência do mais malvado. A ciência já provou que este ponto de vista está cheio de furos e nem chega perto dos escritos do próprio Darwin sobre a evolução, particularmente no nível humano.[1] Mas há uma resposta mais interessante, baseada em um lado geralmente ignorado da evolução: a evolução do amor, da empatia e dos cuidados com os filhotes.

Quase tudo o que nos ensinam sobre a natureza humana reflete apenas uma parte do quadro evolucionário. Pense em todos os livros e documentários de TV sobre a natureza em que o foco é na agressão e predação animal. Quem caça quem, quem come quem, quanta violência é necessária para viver? Isto, segundo nos dizem, é o que determina se uma espécie sobrevive ou se extingue.

Na realidade, a empatia e o acolhimento também desempenham um papel crucial na sobrevivência ou extinção de muitas espécies. E para nós humanos a balança pende muito para este lado. Na verdade, o surgimento do acolhimento no palco evolucionário foi uma das guinadas mais dramáticas na história da vida no planeta. Foi um marco na evolução. No caso dos humanos, vemos outro marco evolucionário: o surgimento do amor.[2]

Ao contrário da maioria dos insetos, peixes e répteis, todos os mamíferos e pássaros precisam de certa dose de proteção e cuidados de seus pais para os filhotes sobreviverem. Assim, o movimento evolucionário dos répteis para os mamíferos e pássaros é também um movimento evolucionário na direção do acolhimento. Alguns répteis, como os crocodilos, mostram algum cuidado paternal. Mas a maioria dos répteis – por exemplo os lagartos e as tartarugas – põem os ovos e os deixam para eclodirem sozinhos. Pior ainda, filhotes de espécies como o lagarto arco-íris (*Agama agama*) precisam instintivamente fugir logo que saem do ovo, caso contrário são comidos pelos próprios pais. Em contraste, os filhotes de mamíferos, bem como os de pássaros, não conseguem sobreviver se não receberem comida, proteção contra predadores e orientação dos pais para aprenderem as habilidades de sobrevivência.

Entre alguns pássaros e mamíferos, os pais cuidam dos filhotes tanto quanto as mães, como por exemplo os pássaros quiuí, os saguis e alguns outros macacos. Entre os lobos, golfinhos e muitos outros mamíferos, outros membros do bando também ajudam a cuidar do filhote e protegê-lo. Os elefantes, por exemplo, formam todos um círculo de proteção ao redor dos filhotes quando há uma ameaça.

Em nossa própria espécie, essa tendência a sentir empatia e cuidar dos pequenos foi elevada ao máximo.[3] Vai muito além dos parentes próximos e inclui outros humanos e até outras espécies. Nós humanos somos capazes de arriscar até mesmo a vida quando sentimos empatia e a necessidade de cuidar dos outros – como as pessoas que arriscaram, e às vezes perderam, a própria vida ou a vida de alguém da família ao ajudar os negros a escapar da escravidão ou os judeus na Europa nazista a escapar dos campos da morte.

Assim, a empatia e o acolhimento não são traços que precisemos enxertar na brutal e cruel "natureza humana". A capacidade e necessidade de sentir empatia e cuidar dos outros estão embutidas na biologia de nossa espécie, sendo parte de nossa herança evolutiva. Para sobreviver, os bebês humanos passam por um período em que necessitam de cuidados e proteção muito mais longo do que qualquer outra espécie. Receber cuidados e empatia é uma necessidade biológica para nós.

Os sábios religiosos, psicólogos e filósofos nos dizem que o que nos faz humanos não é a nossa capacidade de infligir dor e sim nossa grande capacidade de amar. Existem até substâncias químicas no corpo que nos fazem sentir bem quando recebemos e damos amor.

Todos sabemos disto por experiência própria. Quando realmente damos amor – seja para uma criança, um amante, um amigo, um animal de estimação, nossos irmãos e irmãs humanos, ou para a Mãe Terra – recebemos recompensas bioquímicas de prazer.

Então por que algumas pessoas cuidam tão pouco dos outros e são tão fechadas emocionalmente? Aqui novamente chegamos aos efeitos dos modelos de dominação e parceria.

O amor na dominação e na parceria

Os bebês não têm o cérebro completamente desenvolvido quando nascem. Durante os primeiros anos de vida, o cérebro passa por mudanças importantes. Logo após o nascimento, o cérebro do bebê produz trilhões de conexões entre os neurônios, muito mais do que ele vai conseguir usar. Mas depois, dependendo das experiências de vida da criança, o cérebro enfraquece as conexões (ou sinapses) que são pouco ou nada usadas, e fortalece as que são usadas. O resultado é uma mente com padrões de emoção e pensamento em grande medida moldados, para melhor ou para pior, nos primeiros anos de vida.[4]

Quando os bebês recebem atenção e estímulos empáticos – isto é, quando têm pais parceiros – eles se desenvolvem intelectual e emocionalmente. Quando são tratados com insensibilidade, negligência e abuso – resultado de pais dominadores –, não conseguem desenvolver seu potencial.

Como sabemos disto? Os psicólogos há muito tempo falam da importância das nossas primeiras experiências de vida. Mas agora também temos dados provenientes da neurociência sobre a importância decisiva da primeira infância.

Pesquisadores como o doutor Bruce Perry, do Baylor College of Medicine, e a doutora Linda Mayes, do Yale Child Study Center, descobriram que as regiões do córtex cerebral e do sistema límbico, que é responsável pelas emoções, são vinte a trinta por cento menores em crianças que sofreram abusos do que em crianças normais. As áreas cerebrais de crianças que sofreram abusos também têm menos sinapses ou conexões neurais. A doutora Megan Gunnar, da Universidade de Minnesota, descobriu que crianças que passaram a primeira infância em ambientes de alto estresse também têm problemas para focar a atenção e exercer autocontrole. Isto causa hiperatividade, ansiedade e dificuldades para inibir impulsos destrutivos.[5]

Por outro lado, uma forma empática de tratar as crianças, baseada em cuidados como toque, encorajamento e afeição, tem efeitos muito diferentes sobre o cérebro jovem. Esta interação estimula a produção de dopamina e serotonina em áreas cerebrais que desempenham um papel importante na determinação dos estados emocionais. Estas substâncias produzem ondas de bons sentimentos, que por sua vez promovem estabilidade emocional e saúde mental. A liberação dessas substâncias também fortalece a capacidade de controlar impulsos agressivos e a de planejar a longo prazo.

Estas descobertas mostram que os pais parceiros são muito melhores para as crianças e para a sociedade. Mostram que cuidar das crianças com amor, sem recorrer à violência ou a ameaças, é essencial para a parceria e o respeito. Também mostram que o modelo de parceria está mais em sintonia com a evolução. Ele apoia, em vez de inibir, o movimento evolutivo iniciado há milhões de anos na direção de mais cuidados, empatia e amor.

A empatia – a capacidade de sentir o que os outros sentem – está embutida na biologia humana. Ao que parece, até os recém-nascidos já mostram empatia. Tenho uma fotografia de dois pequenos gêmeos prematuros que mostra o mais forte e saudável colocando seu braço sobre o gêmeo mais fraco e que corria mais risco. Ela me foi mandada pelos pais, que disseram que o abraço do irmão parece ter sido um fator determinante para salvar a vida do bebê mais fraco.

Todas as grandes tradições religiosas reconhecem a capacidade humana da empatia. A Regra de Ouro de "fazer aos outros o que gostaria que fizessem a você" nos manda usar esta capacidade. Mas de que forma ensinamentos religiosos de parceria como este podem ser aplicados na vida real, nas relações reais, se na infância nossa capacidade de empatizar já foi amortecida, fragmentada ou reprimida, e se grande parte de nossa cultura inibe esta capacidade em vez de apoiá-la? [6]

Educação dominadora

Como todas as capacidades humanas, a empatia precisa ser cultivada. Mas será possível cultivá-la quando é sistematicamente enfraquecida ou reprimida a fim de manter as relações baseadas em uma hierarquia de dominação?

Pense na educação masculina estereotipada que herdamos de épocas dominadoras mais rígidas. Ela não ensina que os meninos precisam ser duros, que precisam evitar a todo custo ser "gentis" como as mulheres? Mas o que é realmente a "sensibilidade feminina"? Não seria simplesmente a capacidade humana de amor e empatia que faz parte do equipamento biológico dos homens *tanto quanto* das mulheres? Os meninos e os homens são ensinados a reprimir sua característica humana básica para que aceitem obedecer ordens sem questionar, até a de matar. Não é de surpreender que, nos treinamentos militares tradicionais, os homens sejam ensinados a desprezar qualquer gesto que possa parecer feminino.

É claro que a violência também faz parte de nosso repertório biológico. Mas a questão é que nossas experiências, moldadas pela cultura à nossa volta, podem inibir ou encorajar tanto a violência quanto a não violência.

Muito sofrimento foi causado a homens e mulheres pelo fato de os meninos aprenderem que a "real masculinidade" é o mesmo que exercer dominação e violência, como escreve Rob Koegel em *Healing the Wounds of Masculinity*. Isto se vê, por exemplo, nas altas taxas de morte violenta de homens e as altas taxas de violência doméstica contra as mulheres.[7] Mas o quadro pode ser mudado.

Se você, em locais públicos, observar os pais de hoje, vai ver que milhões de homens estão descobrindo que são ainda mais homens quando se envolvem na educação e ficam próximos de seus filhos, e que ser pai não precisa ser tão diferente de ser mãe. Milhões de homens hoje estão rejeitando a associação da masculinidade com violência e dominação.

Mas outros homens, e mulheres, continuam presos a estereótipos de dominação porque as pessoas que foram submetidas a uma criação baseada no medo e na violência muitas vezes acham difícil mudar. Essas pessoas com frequência pensam ser preciso que alguém domine e alguém seja dominado em todas as situações. Dentro dessa percepção, a única alternativa a ser dominado por quem está acima deles é rebelar-se, virar a mesa e passar a dominar. Eles só conseguem pensar em termos de extremos: ou você domina e dá ordens, ou você é dominado e tem que obedecer. Você pode transformar os que estão hierarquicamente abaixo de você em bodes expiatórios, bater na esposa, chutar o cachorro, mostrar às minorias quem é que manda, aterrorizar "quem não presta" e assim por diante. Para essas pessoas não existe outra alternativa porque não tiveram a experiência da parceria.

Os meninos de famílias dominadoras são ensinados que um dia vão crescer e dominar as mulheres. E também são ensinados a aceitar a dominação e a submissão como a ordem natural das relações humanas. Esta lição pode ser aprendida indiretamente, como por exemplo quando observam que as meninas, "inferiores" a eles, são obrigadas a obedecer mais. Ou a lição pode ser aprendida diretamente através de punições severas.

De fato, infligir dor deliberadamente aos meninos é às vezes considerado necessário para que eles cresçam como "homens de verdade". Eu me lembro de um dia no parque em que ouvi os gemidos de uma criança e o som de palmadas com uma voz masculina brava dizendo: "Não vou parar de bater em você até você parar de chorar. Menino não chora". A educação infantil baseada no medo e na violência é uma prática cultural profundamente arraigada tanto no Oriente quanto no Ocidente. Até o século XIX, quando o uso da violência começou a ser questionado pelos educadores, alguns ainda advogavam, como alternativa ao espancamento, que os pais estabelecessem um "hábito de obediência" amarrando a criança a uma cadeira ou queimando levemente os dedos da criança com chá quente.[8]

O modelo de dominação/controle era ainda mais arraigado nos anos 1700 e no início dos anos 1800, quando encontramos autobiografias relatando a rotineira violência no lar e na escola, e que chegava a causar danos pelo resto da vida, ou a morte, sem que ninguém fosse processado por isso.[9] Um homem contou em seu diário que seu irmão menor morreu depois de ser espancado pelo pai. Uma mulher lembra que a babá a deixava horas em um armário escuro quando ela era "ruim" e que torcia o seu braço para ensinar "respeito". Muitos escreveram que eram punidos por professores com cordas com nós, barras metálicas ou chicotes de cavalo, e que viram crianças morrerem por causa de espancamentos.

Este tipo de prática veio de um tempo em que não obedecer às ordens de chefes autoritários, senhores feudais ou reis – ou simplesmente responder aos que detinham autoridade – podia resultar nas mais terríveis torturas e até na morte. Esta educação foi concebida para produzir pessoas que encaravam as relações de dominação e submissão como normais e naturais. É porém totalmente inapropriada para as formas de viver mais democráticas, equitativas e menos violentas que todos nós queremos hoje.

O primeiro passo para a mudança é se tornar consciente do legado de educação dominadora que ainda carregamos conosco e nossa cultura exibe. O problema é que as pessoas tendem a reproduzir o tipo de relação que vivenciaram no início da vida. Tendem a seguir as regras da dominação quando formam suas próprias famílias. Também as reproduzem na escola, no ambiente de trabalho, governo e outras instituições sociais que criam. E infelizmente a mentalidade que inspira o provérbio "é de pequeno que se torce o pepino" ainda é parte das tradições de educação infantil passadas de geração a geração no mundo inteiro, em um círculo vicioso que inconscientemente perpetua a violência e o abuso.

Mesmo hoje, a educação dominadora (isto é, abusiva) ainda é considerada moral e correta por algumas mulheres e homens. Uma montanha de livros e oficinas, indo contra aquilo que chamam de educação permissiva, advertem os pais a não "mimarem" seus filhos. Dizem para seguir "os caminhos de Deus" – que segundo eles significa educação da espinha ereta, obrigando bebês de oito meses a sentarem com as mãos na bandeja ou no colo, e silenciando qualquer desordem com ameaças e violência. Esses livros populares irresponsavelmente desinformam os pais sobre as capacidades dos bebês e das crianças, e deixam os pais com medo de seguirem seus próprios impulsos amorosos. Dão conselhos perigosos e pouco saudáveis que, como advertiu a American Academy of Pediatrics, podem até "colocar em risco os bebês por deficiência de ganho de peso e desidratação".[10]

Embora ignorem totalmente o que hoje sabemos sobre o desenvolvimento infantil, estes livros são vendidos com sucesso (um deles vendeu mais de 250 mil de exemplares) [11] porque confirmam o modelo de dominação de nosso passado. Outra razão para serem aceitos sem críticas é que a educação de pais ainda não faz parte de nenhum currículo. Em última análise, a mudança da puericultura baseada na dominação vai exigir alterações substanciais na educação, tanto na escola quanto através dos meios de comunicação de massa. Vai exigir mais pessoas que sirvam de modelos de parceria para meninos e meninas. Vai exigir que meninos e meninas, desde os primeiros anos na escola, aprendam a sentir empatia e demonstrar cuidados com os outros, para mais tarde tornarem-se pais e mães capazes de educar por parceria e não por dominação. Mas há muita coisa que você pode fazer de imediato.

Educação na parceria

Temos um grande corpo de conhecimentos científicos mostrando que a criação dominadora bloqueia o desenvolvimento infantil e que a criação por parceria ajuda as crianças a se tornarem adultos emocionalmente estáveis, atenciosos e criativos. Estes conhecimentos científicos sobre o que é e o que não é saudável na criação precisam tornar-se parte integrante da educação. Cada um de nós, tenha ou não filhos, pode trabalhar pela mudança dos sistemas educacionais para que "alfabetização" em criação e cuidados infantis se torne parte obrigatória do currículo escolar. Podemos conversar a respeito com amigos e colegas. Podemos prestar atenção ao que as crianças contam da escola e verificar se estão aprendendo violência física, emocional e verbal. Podemos falar com os professores para descobrir o que acontece na hora do recreio.

Podemos expor toda intimidação feita por crianças agressivas e contribuir para que a resolução não violenta de conflitos seja adotada na escola de nossos filhos. Podemos comentar como ainda é comum a violência contra meninas pequenas – a ridicularização, as observações maldosas e de desprezo que os meninos pequenos aprendem com os maiores, e mais tarde o assédio sexual. Podemos expor e reclamar contra todo tipo de ofensa racial e menosprezo contra as crianças que são "diferentes". Podemos usar as reuniões com professores e diretores para insistir que a escola lide com essas coisas, e escrever cartas aos jornais sobre o assunto. Podemos ir a reuniões da Associação de Pais e Mestres e discutir como ajudar as crianças a se tornarem adultos atenciosos e responsáveis.

Todos nós precisamos aprender a nos relacionar com as crianças de forma atenciosa e respeitosa – sejam nossos filhos ou não. E todos aqueles que já têm ou planejam ter filhos podem aprender a usar os princípios da educação por parceria.

Às vezes esta pode ser a mudança mais difícil, porque envolve hábitos que aprendemos inconscientemente na nossa infância. Sei disto por experiência própria. Meus pais me amavam e fizeram o melhor que sabiam. Mas houve coisas que eles fizeram e que eu me prometi não fazer com meus filhos. No entanto, quando tive meus filhos, vi-me seguindo alguns daqueles métodos tradicionais que meus pais tinham aprendido com os pais deles, métodos que focavam a punição e o controle.

Fiz algumas mudanças, mas muitas vezes eu rejeitava os métodos dominadores sem saber muito bem o que colocar no lugar deles. Hoje, ao observar como meus filhos e outros da mesma geração criam os filhos, vejo que estamos começando a ter algum progresso. Por exemplo, uma de minhas filhas descobriu que não é possível dizer a uma criança pequena: "Chegou a hora de ir embora" e esperar que ela obedientemente pule para dentro do carro. Da mesma forma como fazemos com adultos, ela informa aos filhos com antecedência o que espera deles e constatou que eles reagem bem: quando é hora de ir, em geral estão dispostos e prontos para ir. Em outras palavras, ela trata as crianças com respeito, como parceiros, em vez de simplesmente dar ordens como faziam conosco na nossa infância.

Há muitos recursos maravilhosos que simplesmente não existiam há uma geração, como os excelentes livros *The Baby Book* de Martha e William Sears, *Your Baby and Child* de Penelope Leach, *Parent Effectiveness Training* de Thomas Gordon.[12]

Estas fontes destacam os dados científicos que provam ser contraproducente a educação tradicional baseada em medo e violência, e que, quando usamos de violência contra crianças, estamos ensinando que é certo os mais fortes usarem de violência para impor sua vontade aos mais fracos.

Estudos conduzidos no Family Research Laboratory, na Universidade de New Hampshire, revelam, por enormes amostragens, que as crianças espancadas têm maior probabilidade de se tornarem agressivas. Isto contradiz a ideia de que as crianças travessas são mais espancadas porque são travessas. Ao que parece, a realidade é o contrário. Como observa a psicóloga infantil Penelope Leach: "O espancamento vem primeiro e as travessuras extras aparecem depois". [13]

O doutor Irwin Hyman, psicólogo na Temple University e autor de *The Case Against Spanking*, defende a ideia de que o debate sobre bater ou não bater em crianças está equivocado. Ele acredita que, em vez de perguntarem por que não devem espancar os filhos, os pais deveriam querer saber por que eles *deveriam* espancar os filhos. "Você bate no seu cônjuge? Nos colegas de trabalho? Nos amigos? Então por que acha certo bater no seu filho?" [14]

Muitos pais estão tentando novas abordagens, que ainda estabelecem os limites tão necessários para as crianças, mas que envolvem métodos que, até pouco atrás, eram considerados um estrago para as crianças. Tanto as mães como os pais hoje estão muito mais sintonizados e interagem melhor com os filhos. Em lugar de violência, muitos usam reforços positivos e o ensino das consequências como alternativas ao espancamento.

Em países escandinavos como a Noruega e a Suécia, o espancamento é ilegal desde os anos 1980. Isto não é uma coincidência, mas reflete a posição daqueles países mais próxima da parceria do que a maioria das outras regiões do mundo.

Mas a criação sem violência funciona? "As crianças não precisam de umas palmadas de vez em quando para se comportarem?", uma mulher me perguntou depois de uma palestra. Como muitos de nós, ela foi levada a acreditar nisso. Na realidade, a criação sem violência não só funciona como funciona melhor, como logo disseram outras pessoas da plateia que, como pais, já tinham tido a experiência.

Eu também já vi como é bem-sucedida a criação sem violência, pela forma respeitosa com que minhas filhas e genros tratam meus netinhos. A atenção e o amor que recebem não os tornou mimados ou egoístas. Como eles são encorajados a falar de seus desejos e necessidades, e ao mesmo tempo aprendem os limites e o respeito pelos outros, de forma geral são amorosos e empáticos, e sabem de seu próprio valor.

Mensagens conflitantes

Há uma urgente necessidade mundial de divulgação sobre educar por parceria. Embora estejamos vendo progresso, os padrões arraigados de violência e abuso afloram novamente em períodos de tensão social e econômica, como na atualidade. Isto é parte da reação global ao movimento pela parceria. À medida que começam a ser reconhecidos os direitos de mulheres e crianças, a violência e o abuso também aumentam a fim de forçá-las a "ficarem no seu devido lugar".

A reação dominadora é evidente nos meios de comunicação em massa. Em lugar de oferecer notícias e entretenimento que sejam exemplos de relações de acolhimento e não violência, grande parte do que passa nos meios ensina o contrário ao público. As comédias da TV são cheias de sarcasmo e humilhação, de "diversão" às custas de outrem. A violência "heroica" ou "divertida" permeia os programas do horário nobre e também os desenhos animados infantis. A música popular com letras iradas e violentas é vendida para crianças cada vez mais novas. Muitos videogames dirigidos a meninos são não apenas violentos como brutais, ensinando-os a serem cruéis e maldosos pelo exemplo e pela prática na realidade virtual, através daquilo que eles fazem rotineiramente como "entretenimento".

Todas essas mensagens dos meios amortecem a empatia e são uma escola de comportamentos insensíveis, danosos e violentos. Em lugar de ensinar aos jovens como se relacionar como parceiros, essas mensagens fazem a dominação e a violência parecerem normais, masculinas e – apesar de todo o sofrimento que causam na vida real – extremamente divertidas.

Como previne o tenente-coronel Dave Grossman em seu livro *Stop Teaching Our Kids to Kill*, os *games* supostamente inocentes que os meninos jogam terão efeitos sérios na vida real. Ele mostra que o mesmo tipo de simulação é usado pelos militares para treinar os soldados a matar – com grande sucesso.[15]

Embora muitas pessoas não encarem o assunto dessa forma, o fato de os meios de comunicação mostrarem comportamentos insensíveis e danosos aos outros como glamurosos e modernos, estabelece um padrão negativo para todas as nossas relações – inclusive as românticas. Quando vejo clipes de música na televisão, penso nas mensagens contraditórias dirigidas aos jovens – e a nós todos – sobre o relacionamento entre homens e mulheres. Por um lado, fala-se muito sobre igualdade, não violência e acolhimento. Mas na rua, e em grande parte da música popular e da TV, vemos e ouvimos exatamente o inverso. Aqui, as relações de dominação, humilhação, desigualdade e violência são apresentadas como atraentes, glamurosas e desejáveis, exibidas pelos superastros e estrelas que são os ícones dos jovens.

Claro que o problema não está somente nos meios de comunicação. Temos roteiros culturais profundamente enraizados que insistem no papel dominante dos homens e na submissão das mulheres. Segundo esses roteiros, que estão à nossa volta e *dentro* de nós, as mulheres querem ser dominadas e humilhadas, são atraídas pelos homens que as dominam. Essas mensagens nos dizem que todos acham uma delícia as relações serem desiguais.

Na realidade, não há evidência científica de que as mulheres tenham um desejo inato de serem dominadas. E também não há nenhuma evidência de que os homens tenham um desejo inato de dominar. Os homens e as mulheres foram simplesmente treinados dessa forma. Se tiverem um mínimo de oportunidade, as mulheres vão querer ser tratadas com respeito, consideração, gentileza e atenção.

E quando os homens tratam as mulheres dessa forma, cultivam autorrespeito e prazer em sua própria vida.[16]

Além disso, há os roteiros culturais que mandam as mulheres investirem principalmente em sua relação com os homens, mas que sugerem aos homens para investirem principalmente na carreira e em suas buscas pessoais, e não na relação com as mulheres. Estes são obviamente roteiros contraditórios, que representam uma situação perde-perde para mulheres e homens. As mulheres não conseguem as relações íntimas que, segundo se ensina a elas, são primárias. E os homens não conseguem entender por que as mulheres ficam tão insatisfeitas, já que aprenderam ser a carreira a principal coisa da vida, e a principal coisa que as mulheres deveriam fazer na vida é apoiar as metas dos homens.

Todos estes roteiros são variações sobre uma ideia básica de dominação: os homens têm que estar sempre no controle. Um dos resultados desta ideia é a violência contra as mulheres. Outro é a suspeita dos homens de que as mulheres tentam manipulá-los. O que é de se esperar, já que, para pessoas que "não têm direito" ao poder, a manipulação muitas vezes é a única maneira de conseguirem o que desejam. Não surpreende que tantas pessoas procurem terapias, workshops, conferências e retiros que prometem novas habilidades de relacionamento.

Por mais técnicas que aprendamos ou por mais competentes que sejamos ao usá-las, enquanto estivermos presos à armadilha das relações dominadoras, não vamos conseguir o que queremos. Não vamos atender à nossa necessidade de confiança e segurança, de respeito e consideração, de sermos reconhecidos e amados pelo que realmente somos. E livros como *The Rules*, que dão conselhos às mulheres sobre formas melhores de manipular os homens, não vão fazer nada além de nos empurrar mais ainda para o beco sem saída das relações tradicionais, baseadas na dominação e na submissão.

A mudança dos velhos roteiros de vida

As ideias antigas e desajustadas sobre mulheres e homens são um dos principais obstáculos às mudanças. Falo por experiência própria. Fui infeliz pelos muitos anos em que desconhecia totalmente o impacto que os papéis estereotipados de gênero tinham em minha vida. Eu achava que os problemas conjugais que tinha eram exclusivos meus e de meu ex-marido.

Quando acordei para a conexão entre os roteiros de vida impostos a mim pela nossa cultura e meus problemas pessoais, minha consciência e minha vida se transformaram. Isto foi nos anos 1960. As mulheres estavam organizando a segunda onda do movimento feminista moderno: o movimento de liberação feminina que começou no ponto em que havia parado o movimento do século XIX em favor do voto e da educação. Para algumas, o despertar foi gradual. Para mim, foi dramático e súbito.

Anteriormente, eu já tinha começado a fazer grandes mudanças em minha vida. Tinha saído de meu emprego em um escritório de advocacia do ramo de entretenimento em Beverly Hills, divorciado de meu marido e deixado de fumar, tudo isso em três meses. Ficou claro que eu estava pronta para uma importante mudança de direção.

Um dia, eu me vi lendo os anúncios de empregos, sem saber muito bem o que eu queria. Quando bati os olhos num determinado anúncio, soube na hora que era o que eu estava procurando. Era um anúncio pedindo um advogado voluntário para ajudar a fundar o primeiro Centro de Mulheres na costa oeste – o segundo nos Estados Unidos, depois de Nova York.

Respondi ao anúncio e dei início a uma carreira completamente nova como organizadora, defensora de direitos humanos e conferencista. Fundei o primeiro programa nos Estados Unidos para lidar com o conceito, novo na época, de legislação machista. Escrevi um apelo à Suprema Corte dos Estados Unidos, defendendo o conceito, também novo na época, de que as mulheres deveriam ser definidas como "pessoas" de acordo com a Constituição. Marchei em demonstrações, falei sobre os direitos das mulheres em universidades e outros locais, li tudo que consegui encontrar sobre história das mulheres, feminismo e a dinâmica das mudanças sociais, e ministrei os primeiros cursos na UCLA (Universidade da Califórnia em Los Angeles) sobre o tema que mais tarde viria a chamar-se Estudos de Gênero.

Como eu tinha muito pouco apoio externo ou interno para minha recente independência e como ainda estava funcionando dentro do modo dominador nas relações comigo mesma, eu me forcei tanto que fiquei muito doente. Mas a doença foi a época da maior transformação. Eu me concedi o espaço e o tempo para reavaliar a direção geral da minha vida.

E ao fazer isso, percebi uma mensagem na minha cabeça que eu nem tinha notado antes: ela dizia e repetia que eu era uma pessoa muito egoísta porque estava buscando meu próprio desenvolvimento e criatividade. Também me dei conta de que havia outra gravação dizendo que eu era uma pessoa má porque não estava trabalhando para ajudar os outros, como antes, e sim só ajudar as minhas semelhantes: meninas e mulheres. Estas gravações tocavam com tanta frequência e em volume tão alto que eu tinha que me dizer quase diariamente que nada terrível iria acontecer se eu conseguisse o que queria.

Isto se prolongou por muito tempo, até que comecei a fazer o que sempre quis: dedicar-me seriamente a pesquisar e escrever. Embora esta mudança de direção não tenha desligado as gravações, descobri depois de algum tempo que era capaz de ignorá-las e tocar minha vida em frente.

Foi uma época emocionante, de intensas mudanças que foram muito aceleradas quando, depois de escrever e publicar dois livros – um sobre as mulheres e o divórcio sem culpa, e outro sobre a proposta da Emenda de Direitos Iguais[17] – lancei-me na pesquisa que iria levar à publicação de *O cálice e a espada* e muitos outros livros e artigos.

No processo de mudar tantos velhos hábitos de pensar, sentir e me comportar, minhas relações com os homens também mudaram radicalmente. Como não estava mais disposta a desempenhar o papel "feminino" convencional, o tipo de homens com que comecei a me encontrar era bastante diferente dos que eu havia conhecido antes, ainda imersos em papéis estereotipados por gênero.

Aí encontrei David. E como consegui abandonar grande parte de minha velha programação por gênero, tenho agora – há mais de vinte anos – uma verdadeira parceria com um homem que também abandonou grande parte de sua programação por gênero.

É claro que discutimos, é claro que há momentos em que não nos entendemos, ficamos com raiva ou perturbados. Algumas questões nunca conseguimos resolver e talvez nunca iremos conseguir. Mas a maior parte do tempo somos exuberantemente gratos pelo fato de nos termos encontrado – e somos gratos por viver em uma época em que mulheres e homens podem se realizar mais completamente como seres humanos, amorosos e apoiadores, assertivos e criativos, plenamente humanos e plenamente vivos.

Como nenhum dos dois espera que o outro se encaixe dentro de um dado modelo, David e eu crescemos bastante juntos. Conseguimos apoiar o crescimento pessoal e criativo do outro. Uma parte da nossa criatividade foi canalizada para inventarmos novas formas de nos relacionar, que nos permitem manter o rumo quando não estamos nos entendendo. (No fim deste capítulo há um quadro descrevendo a "minissessão", uma técnica que usamos quando as coisas estão pesando para nós individualmente e para nossa relação.)

Então, falo por experiência própria quando digo que a parceria funciona. Seguindo o mesmo caminho que um número cada vez maior de pessoas que lutam para abandonar sua bagagem psíquica dominadora, tive a bênção de encontrar aquilo que quase já tinha perdido a esperança de ter: um verdadeiro parceiro com quem dividir minha vida e meu amor.

Sexo, prazer e amor

Mais que qualquer outra coisa, nós seres humanos queremos conexões que tenham sentido. Queremos amor e queremos prazer. Quando não conseguimos, ficamos ansiosos, desconectados de nós mesmos e dos outros, e com muita frequência desequilibrados – maus, insensíveis, cruéis, raivosos e até violentos. Esse desequilíbrio então transborda das relações íntimas para outras relações: insensibilidade à dor alheia, às políticas sociais e econômicas que perpetuam a desigualdade e iniquidade, ao crime, terrorismo e à guerra. As relações íntimas dominadoras estão na base de toda a pirâmide de dominação. Para construir um mundo melhor, é fundamental afastar as relações íntimas da dor, raiva e do medo inerentes ao modelo dominador.

As relações de dominação e submissão não conduzem nem ao amor, nem ao prazer. Elas até são obstáculo ao prazer gerado pela singular sexualidade humana.

Embora a sexualidade costume ser tachada de parte de nossa "natureza animal", a sexualidade humana é muito diferente da sexualidade de outras espécies. Nos seres humanos, o sexo pode acontecer puramente por prazer, em vez de ser limitado ao impulso para a procriação. As fêmeas têm a possibilidade de estar sexualmente ativas o ano inteiro e não apenas durante certos períodos. Os seres humanos também têm uma capacidade de prazer sexual muito mais intenso e prolongado do que a maioria dos animais. Para nós, o sexo pode proporcionar o que Masters e Johnson chamaram de "conexão pelo prazer", uma sensação de grande bem-estar e proximidade.[18] Mas não é fácil praticarmos sexo que nos dê esta conexão pelo prazer em relações onde a tensão, desconfiança, culpa, o medo, desprezo e outras emoções negativas estão sempre atrapalhando.

Para os homens, quando o sexo significa conquista sexual, quando está associado a "marcar pontos" e a controlar, fica difícil se entregarem da maneira que conduz a experiências orgásticas profundas e prolongadas. Quando os homens encaram as mulheres como objetos sexuais em vez de seres humanos plenos, é difícil experimentarem a conexão de carinho que faz do sexo uma experiência maravilhosa e não apenas um alívio de tensão.

Quando a sexualidade feminina está sob rigoroso controle masculino, surgem práticas que vão desde a mutilação sexual de meninas até o apedrejamento e assassinato de mulheres "imorais", o que deixa as mulheres, compreensivelmente, insensíveis e apavoradas, dificultando muito a possibilidade de terem contato com uma sexualidade natural e alegre. E quando as mulheres são privadas da escolha reprodutiva, como acontece em sociedades dominadoras rígidas, o sexo pode se tornar escravidão em lugar de conexão.

Acho imoral privar as pessoas dos métodos de planejamento familiar. Digo isto não só pelo que causa às mulheres, mas pelo que causa às crianças. Acho que todas as crianças têm o direito de nascerem desejadas. Também acho imoral privar as pessoas do conhecimento sobre a sexualidade humana. Parece-me evidente que privar as pessoas de conhecimento é uma forma de manter o domínio, não sendo de surpreender que um conhecimento mais amplo sobre a sexualidade, incluindo as informações sobre contracepção, ande lado a lado como o movimento pela parceria.

Quando eu estava em idade de crescimento, falar sobre sexo era tabu não somente em ambientes bem-educados como até com os amigos próximos e a família. Minha mãe nunca me explicou nada sobre sexo. Ela ficava envergonhada demais e não tinha a mínima ideia de como abordar o assunto. Até a gravidez era considerada algo inadequado para as crianças verem ou saberem. Diziam-nos que a cegonha fazia a entrega dos bebês – uma história absurda que ainda subsiste.

Devido ao movimento cultural pela parceria, muita coisa mudou. Hoje, muitos pais explicam a sexualidade humana para as crianças logo que elas perguntam. Mostram-se partos na internet, e muitas crianças assistem o nascimento de seus irmãos mais novos. Cada vez mais pessoas estão reconhecendo que não há nada de errado com o corpo (todos temos um corpo), que o sexo não é sujo (todos temos impulsos sexuais), que o sexo não é maléfico ou pecaminoso (embora a violência e dominação sexual o sejam), que as mulheres bem como os homens têm desejo sexual e grande capacidade de prazer sexual (incluindo a capacidade de orgasmos múltiplos), que algumas pessoas são homossexuais ou bissexuais (e isto não deve ser motivo de discriminação ou perseguição), que todos temos o direito à educação sobre sexualidade (inclusive educação sobre planejamento familiar), e que há uma dimensão espiritual na sexualidade humana.

Tudo isto é parte do movimento pelo tipo de sexualidade que combina com o modelo de parceria e não o de dominação. Porém, estas saudáveis tendências são apenas uma parte da história.

Há, ao mesmo tempo, muita coisa tentando nos empurrar de volta para o tipo de sexualidade apropriada para as relações dominadoras. Em nome do liberalismo sexual, a violência e a dominação são explicitamente sexualizadas em filmes, CDs e videogames, de tal forma que um ato natural, criado para nos dar prazer, acaba sendo associado à dor, humilhação e violência. Em nome da religião, há uma pressão para novamente negar às mulheres o direito à opção reprodutiva, manter um rígido controle masculino sobre a sexualidade feminina e demonizar a homossexualidade. É também constante a associação entre sexo e as conversas obscenas dos adolescentes, os insultos e os palavrões – o sexo como algo que desprezamos, algo de que temos raiva.

Usar o prisma dos modelos de parceria e dominação nos ajuda a distinguir nessas mensagens o ponto e o contraponto de duas visões muito diferentes do corpo e da sexualidade. Mas vai mais longe: ajuda-nos a perceber o que proporciona uma vida sexual mais realizadora, com mais prazer e menos dor, e os relacionamentos que têm mais amor e mais sentido, que é o que todos queremos.

Um dos fatos mais interessantes, embora não muito conhecido, da sexualidade é que os estados orgásticos têm semelhança com as experiências místicas.[19] Ambos envolvem estados alterados de consciência.

A ligação da sexualidade com a espiritualidade na verdade remonta à Antiguidade. As religiões das sociedades antigas mais orientadas à parceria celebravam o casamento sagrado de uma divindade feminina ou Deusa com seu divino amante.[20] Em descobertas arqueológicas vemos indicações de uma veneração deste ato que nos dá vida e prazer. Por exemplo, a escultura explicitamente sexual dos "amantes de Gumelnita", escavada na Romênia, data de mais de seis mil anos atrás.

A literatura mística, tanto ocidental quanto oriental, mostra muitos indícios de uma tradição espiritual mais antiga, na qual o corpo feminino, o masculino e a sexualidade eram sagrados. Encontramos nesses escritos descrições da espiritualidade em termos eróticos – com sentimentos intensos e muita paixão – e, em alguns textos místicos como o ioga tântrico, a união sexual entre mulher e homem tratada como um caminho para o sagrado.

Você pode imaginar uma espiritualidade na qual o sexo e o corpo humano sejam parte do sagrado? Você pode imaginar um mundo onde nossas relações corporais mais íntimas – as relações sexuais e o parto – sejam vistas como parte do milagre da vida e da natureza?

Liberando-nos de séculos de mensagens internas erradas, você e eu podemos começar a caminhar na direção desse mundo. À medida que formos deixando para trás os hábitos dominadores que herdamos, à medida que andarmos rumo a uma visão parceira do amor, prazer e sexo, estaremos chegando perto de um mundo onde nosso profundo anseio humano pelo amor, prazer e as conexões amorosas seja realizado.

Coloque a parceria para funcionar

A minissessão

Ter relações de parceria não significa que teremos apenas sentimentos positivos. Mas então como lidar com os sentimentos negativos?

Uma das formas é uma técnica que meu marido David Loye e eu desenvolvemos: a minissessão. Nós a adaptamos de um método chamado "reavaliação e coaconselhamento" de Harvey Jackins.[21] Em vez de recorrer a um terapeuta, os parceiros se alternam no papel de cliente e conselheiro. David e eu usamos a minissessão quando um de nós está perturbado com alguma coisa no relacionamento. Também a usamos quando estamos deprimidos por causa de algo que nada tem a ver com nosso relacionamento. A minissessão é uma forma de processar os sentimentos, intuir soluções, liberar a dor – e sentir-se melhor.

Ela funciona assim:

Quando você está perturbado com alguma coisa, você pede ao seu parceiro uma sessão. Seu parceiro não tem que ser seu cônjuge ou amante, pode ser um amigo, parente ou qualquer pessoa próxima. Você também pode tomar a iniciativa quando vir que seu parceiro está perturbado e oferecer a ela ou ele uma sessão.

A sessão pode ser bastante breve (daí o nome minissessão) mas também longa, se ambos tiverem tempo e vontade.

Para começar a sessão, você precisa compartilhar alguma coisa "nova e boa". Isto talvez seja difícil quando você está perturbado, mas é essencial porque traz sua consciência para algo positivo. Pode ser simples, como dizer "o que é novo e bom é que o dia está bonito", ou "o que é novo e bom é que ontem tive um bom jantar", ou até "o que é novo e bom é que eu pedi uma sessão".

O segundo passo é dizer algo sobre si mesmo de que você gosta. Isto também pode ser difícil. Quando estamos deprimidos e perturbados, tendemos a não gostar de nós mesmos. Mas este passo também é essencial, porque ele também redireciona a consciência do negativo para o positivo. Você pode dizer uma coisa simples como "o que gosto em mim é que basicamente sou uma boa pessoa" ou até "o que eu gosto em mim é que tenho cabelo bonito".

O terceiro passo é dizer alguma coisa de que você gosta no parceiro. Isto pode ser fácil se o assunto da sessão não tiver nada a ver com ele ou ela, mas duro se a razão da sessão é algo que seu parceiro tem feito e que você não está gostando. Mas é justamente por esse motivo que é importante dizer algo positivo. É um bom lembrete de que, por mais que você esteja com raiva de seu parceiro, ela ou ele tem boas qualidades. Isto também pode ser simples, como "o que gosto em você é que você sabe ouvir", ou "o que gosto em você é que você é uma boa pessoa", ou até "o que gosto em você é que você realmente sabe dançar".

Estas etapas preliminares preparam o cenário para a minissessão. Depois você tem a oportunidade de expressar desapontamento, raiva, sentimentos feridos, medo, ciúme ou outros sentimentos profundos. Muitas vezes você se dá conta, ao começar a falar, de que aquilo que está perturbando lembra uma experiência dolorosa anterior. Em outras palavras, você descobre que a intensidade de sua atual dor tem origem em um ferimento mais profundo do passado.

Por exemplo, você pode estar perturbado porque seu parceiro se esqueceu de uma ocasião importante. Isto, por si só, já é irritante e perturbador. Mas para algumas pessoas é ainda mais perturbador devido a experiências passadas com um pai, mãe ou parceiro anterior insensível. Falar sobre esta experiência anterior ajuda a diluir a intensidade do sentimento, ainda que as antigas gravações emocionais talvez nunca parem de tocar. Também ajuda seu parceiro a entender por que algo que parece de menor importância está causando tanta dor.

Primeira regra: Quando o tema é algo que o seu parceiro está fazendo, fique focado nos seus sentimentos. Não diga: "Você me fez sentir...," ou "Quando você faz isto, eu sempre sinto..." Faça o possível para dizer de forma que não pareça uma acusação, como por exemplo: "Quando tal e tal coisa aconteceu, eu senti..."

Segunda regra (e esta é vital): Seu parceiro não pode interromper sua fala durante a sessão. As discussões típicas envolvem pessoas se interrompendo mutuamente, em um jogo para ver quem consegue dominar o outro, até o ponto em que nenhuma ouve mais nada do que a outra está dizendo. Queremos evitar isto.

Há duas exceções para a regra de "não interromper". Uma é que quem está ouvindo pode delicadamente interromper com validações caso quem fala esteja sentindo-se tão mal em relação a si mesmo que só consiga pensar em termos negativos para sua própria pessoa. A outra exceção é que, se você está muito aflito, a pessoa que está falando pode gentilmente perguntar: "Qual foi a primeira vez em que você sentiu isto?", o que ajuda quem fala a ir mais fundo e entender melhor por que sua angústia é tão grande, já que é comum um sofrimento grande atual ter raízes em experiências dolorosas anteriores.

Cabe à pessoa que está recebendo a sessão terminá-la, a menos que vocês dois tenham combinado anteriormente um limite de tempo. Também há regras para acabar a sessão.

Você termina dizendo ao parceiro alguma coisa boa que você está esperando. Pode ser um determinado evento, como concluir uma tarefa difícil, encontrar um amigo ou sair para jantar. Se você não conseguir pensar em nada, pode dizer que espera sentir-se melhor. Seja como for, este fechamento é uma forma de focalizar sua consciência em algo positivo e não negativo.

A minissessão não substitui uma terapia ou outro tipo de ajuda profissional, mas é uma boa ferramenta para manter um senso de perspectiva e equilíbrio. David e eu constatamos que o papel de parceiros numa minissessão nos ajuda a superar os pontos difíceis, de modo que a raiva ou as mágoas não se acumulem.

Um grande cuidado com a minissessão é não usá-la para brincar de psicólogo e psicanalisar seu parceiro. A tarefa do parceiro que está ouvindo não é interpretar, mas sim estar lá como um amigo que apoia e acolhe o outro.

Ações a tomar

Escolha, dos passos abaixo, aqueles que têm mais significado para você. Não tente fazer todos ao mesmo tempo. Trabalhar mesmo com uns poucos já ajuda a construir o tipo de relacionamento que você deseja.

Primeiros passos

- Pense no relacionamento presente em sua vida que mais se aproxima do modelo de dominação. Como você se sente nessa relação? Observe e anote como você sente os ombros, a garganta e o estômago quando você pensa nessa relação.
- Agora pense na relação que, na sua experiência, mais se aproxima do modelo de parceria. Novamente observe e anote o que está acontecendo com seus músculos e a respiração.
- Observe e anote como você se relaciona consigo mesmo e com os outros, de modo que você fique mais consciente de seus hábitos emocionais. Não tenha a expectativa de ser perfeito.
- Observe e anote seus hábitos de criar e cuidar dos filhos, para ficar mais consciente de suas atitudes e comportamentos.
- Faça um levantamento dos brinquedos, jogos, músicas e vídeos que seus filhos têm e pense no que eles estão aprendendo sobre si mesmos e sobre a relação com os outros.
- Escreva alguns exemplos de sua programação de gênero. Escolha o que você quer manter e o que quer abandonar.
- Pense nas formas em que a linguagem reflete as atitudes culturais de vergonha e desprezo pela sexualidade, e pense nas maneiras de falar de sexo que honram o corpo próprio e alheio.

Próximos passos

- Use a minissessão descrita neste capítulo para melhorar suas relações com as pessoas que ama.

- Use alternativas positivas de educação para evitar métodos tradicionais de disciplina, tais como gritar, ameaçar, ridicularizar, bater. Lembre-se de ser suave consigo mesmo quando você não for perfeito.
- Limite, e quando possível evite, a televisão para seus filhos e você mesmo.
- Compre brinquedos, jogos e filmes que sirvam de exemplo para a criatividade, a capacidade de tomar providências, o cuidado com os outros, os papéis flexíveis para os gêneros, o respeito pela diversidade e a resolução não violenta de conflitos.
- Se você não tem filhos, mesmo assim pode modelar relações de parceria com uma criança: uma sobrinha ou sobrinho, ou o filho de um amigo ou vizinho. Gastar apenas meia hora brincando com uma criança de forma respeitosa e cuidadosa pode dar a ela um grande bem-estar, além de aliviar um pai estressado.
- Converse com amigos sobre os efeitos dos papéis estereotipados de gêneros na nossa vida, e sobre a diferença de papéis nos modelos de dominação e parceria.
- Anote o que vem à sua mente sobre o tema "revolução sexual". Considere quais aspectos são parte do movimento para a parceria e quais reforçam as atitudes e relações dominadoras. Discuta isto com outras pessoas.
- Descubra mais sobre nossa evolução biológica e cultural. *Tomorrow's Children*, *O cálice e a espada* e *O prazer sagrado* são boas fontes.

Avançando mais

- Forme um grupo de estudo para explorar em profundidade os modelos de parceria e dominação. *The Partnership Way* é uma boa fonte para discussão e exercícios experienciais.
- Informe editores de livros infantis, fabricantes de brinquedos, livreiros, donos de lojas de brinquedos, editores de CDs quais os tipos de livros, brinquedos e CDs que você compra e quais não compra.
- Trabalhe para que a escola inclua noções de educação infantil; vá a reuniões de Associações de Pais e Mestres e converse com a administração de sua

escola e outros tomadores de decisões sobre o tipo de educação que você quer para seus filhos.
- Ensine a seus filhos que a sexualidade é uma parte sagrada e natural da vida, e apoie a educação sexual nas escolas de sua área.
- Organize um fórum público de conscientização sobre o impacto que os primeiros anos da vida têm não apenas na vida de cada um, mas também no mundo em que vivemos.
- Apoie, associe-se e seja ativo em organizações que trabalham pela mudança cultural e pelas estruturas sociais necessárias para a saúde psicológica e dos relacionamentos. O Center for Partnership Studies [Centro de Estudos de Parceria], https://centerforpartnership.org/, fundado depois da publicação de *O cálice e a espada* para apoiar a pesquisa sobre parceria e educação, é um bom lugar para se começar.

Capítulo 3
Amplia-se o círculo de amizades
O relacionamento com o trabalho e a comunidade

Depois das relações com as pessoas mais próximas, nossas relações mais imediatas são as do trabalho e dentro de nossa comunidade. Seja trabalhando fora, seja em tempo integral em casa limpando, cozinhando, lavando roupa, cuidando das crianças ou de parentes idosos, é provável que sua principal atividade todos os dias seja o trabalho. Assim, a maneira como nos sentimos e somos tratados pelos outros no trabalho são uma parte importante da vida. Como também nossas relações com vizinhos, empresas locais, repartições do governo e pessoas na comunidade ao nosso redor. A qualidade dessas relações também afeta diretamente o que sentimos em nosso dia a dia.

Neste capítulo, você vai ver como os modelos de dominação ou parceria impactam as relações no trabalho e na comunidade, e como a mudança para relações de parceria contribui para uma melhora substancial dos sentimentos existentes em você e naqueles que estão ao seu redor.

Uma das primeiras perguntas que as pessoas fazem quando se encontram é: "O que você faz?", querendo saber: "Que tipo de trabalho você exerce?". O motivo é que muitas pessoas definem a si mesmas e aos outros pelo trabalho.

Quando eu ficava em casa com meus filhos e as pessoas perguntavam o que eu fazia, lembro como ficavam pouco impressionadas quando eu dizia: "Sou dona de casa". A reação delas deixava bem claro que este trabalho não é valorizado.

O seu trabalho é valorizado? Ele tem sentido, é útil, traz satisfação? Requer que você use o seu potencial?

Como você se sente no trabalho? Se você tem um trabalho fora de casa, ele deixa tempo suficiente para a família? Como você é tratado e como trata os outros? O salário e os benefícios são adequados? As condições de trabalho são seguras? Os produtos e processos produtivos de sua empresa são prejudiciais para você, para outros ou para o meio ambiente? Você se sente respeitado e acolhido ou suas ideias e sentimentos não são levados em conta?

Passando à comunidade, aqui estão mais algumas perguntas que você talvez queira colocar. Ao fazê-las, pense como você gostaria que fossem as respostas e como elas realmente são.

Qual é o teor dos relacionamentos na sua comunidade? Você teme que alguém faça mal a você ou aos seus entes queridos, na rua ou mesmo no lar? Como você se sente ao conversar com vizinhos ou quando visita empresas locais, escritórios ou repartições públicas? Você vive em uma comunidade onde as pessoas se ajudam mutuamente? Ou só são ajudados aqueles que estão no grupo dominante, enquanto os "diferentes" não são vistos ou, pior ainda, são humilhados ou até perseguidos? Existe preconceito contra minorias raciais ou outras? As escolas em bairros pobres recebem poucos recursos? Ou existe um espírito de cuidar de todas as crianças e os necessitados?

As pessoas no poder cuidam da sua saúde e segurança? Qual é a posição dos influentes a respeito de julgar conforme a classe e a aparência? Dão a impressão de tomar decisões para favorecer a eles próprios e os amigos? Ou as decisões são tomadas para o bem comum? As pessoas que querem impor a outros suas crenças religiosas têm controle sobre as diretrizes em escolas, hospitais ou meios de comunicação? Ou as diretrizes de sua comunidade promovem respeito e iguais serviços para todos?

As respostas a todas estas perguntas sobre o trabalho e a comunidade vão depender do grau em que as relações seguem o modelo de dominação/controle ou o de parceria/respeito. Isto é verdade independentemente de a sua comunidade ser rural, suburbana ou urbana, ou de o seu trabalho ser no setor de varejo, indústria ou serviços. Suas respostas também vão dizer muito sobre o tipo de vida que você e seus filhos têm, se você se sente bem ou mal, e até sobre a sua provável longevidade.

No entanto, até não muito tempo atrás, era arriscado fazer qualquer destas perguntas, que podem irritar os que ocupam posições de autoridade no trabalho ou na comunidade. Pense na Idade Média, quando você podia ser queimado vivo se dissesse a coisa "errada". Pense nos tempos da Revolução Industrial, quando a segurança dos trabalhadores – aliás, qualquer direito dos trabalhadores – era uma ideia subversiva, pela qual você seria imediatamente despedido ou até baleado, como aconteceu com alguns dos primeiros sindicalistas.

O fato de podermos fazer perguntas críticas sobre o ambiente de trabalho e a comunidade mostra que houve um certo afastamento do modo dominador/controlador nos relacionamentos profissionais e públicos. Esta é a boa notícia.

A má notícia é que muita coisa no nosso ambiente de trabalho e na comunidade ainda está longe do modelo de parceria/respeito. Aquilo que cada um de nós promover para avançar rumo às relações de parceria/respeito no trabalho e na comunidade vai fazer uma enorme diferença na nossa vida e na de nossos entes queridos.

Sentir-se bem é bom para você e para os negócios

Se você trabalha em um lugar onde os talentos de todos são valorizados e utilizados, você se sente bem. Se você trabalha em uma empresa nova, você pode sentir-se bem simplesmente pelo entusiasmo de ser parte de um novo empreendimento. Se você trabalha em um lugar em que os gerentes são encorajados e recompensados por tratarem bem as pessoas, mostrando respeito e consideração, isto também faz você se sentir bem.

Muitas pessoas não têm essa sorte. Elas não se sentem bem no trabalho. Você provavelmente conhece pessoas assim. Você mesmo pode ser uma dessas pessoas.

Durante séculos, os trabalhadores não podiam questionar suas próprias condições de trabalho. Você pode imaginar um escravo ou servo questionando a ideia de que as pessoas trabalham melhor quando são açoitadas? Você pode imaginar alguém de nove anos de idade, trabalhando dezesseis horas numa mina de carvão ou em outro emprego mal pago, pedindo ao chefe para ajudá-lo a sentir-se bem no trabalho?

Mesmo agora, há pessoas que dizem que sentir-se bem não tem nada a ver com o trabalho. Acham que sentir-se bem é um luxo que interfere no trabalho a ser feito. Isto foi ensinado a muitos. Mas não é verdade.

Estudos científicos mostram que, quando nos sentimos bem, trabalhamos muito melhor. Em uma série de experiências, a psicóloga Alice Isen e seus colegas descobriram que sentir-se bem melhora a capacidade de pensar com clareza.[1] Sentir-se bem leva a uma maior criatividade na solução de problemas e nas negociações. Torna a tomada de decisões mais eficiente e completa.[2] As pessoas, quando estão felizes, têm mais ideias, enxergam mais associações entre ideias e veem mais semelhanças ou diferenças entre as coisas do que as pessoas em um estado emocional neutro.[3] Outras experiências indicam também que sentir-se bem promove a inovação e a capacidade de associar ideias de formas novas e úteis.[4]

Estas descobertas científicas têm implicações importantes. Uma vez que sabemos que aprendemos e trabalhamos com mais eficiência quando nos sentimos bem, faz sentido, pelo menos economicamente, passarmos para o modelo de parceria.

Nos primeiros tempos da industrialização, os trabalhadores eram vistos apenas como engrenagens da máquina industrial. A empresa costumava ser organizada como uma pirâmide, com rígidas hierarquias de controle de cima para baixo.

Os homens ocupavam quase todas os cargos de propriedade e gerência, e suas ordens tinham que ser obedecidas ao pé da letra. Não somente as mulheres, mas também os assim chamados valores femininos como o acolhimento e a compaixão, ficavam de fora da cultura empresarial. Esta era regida por uma grande dose de medo e às vezes até violência aberta contra organizadores sindicais que protestavam em favor de condições de trabalho mais humanas. Isto não quer dizer que não houvesse mulheres trabalhadoras. Nos primeiros tempos da Revolução Industrial, as mulheres e crianças foram dos primeiros a serem contratados para trabalhar em más condições de saúde, saneamento e segurança. Um caso tétrico foi o incêndio da Triangle Shirt Waist Company, em que 146 mulheres perderam a vida porque as portas eram trancadas para evitar que elas saíssem para pausas.

Mas as mulheres eram excluídas da governança, bem como os valores "femininos" como a sensibilidade e o acolhimento, que em uma mentalidade dominadora são considerados impróprios para homens.

O custo humano deste modelo de negócios para homens e mulheres foi enorme. No entanto, de forma geral acreditava-se que essa forma de produzir, baseada no medo e na completa falta de cuidados para com os seres humanos, era necessária para a produtividade econômica.

Hoje, a experiência nos negócios mostra que estas atitudes, que antes eram o padrão, são na verdade obstáculos à produtividade e criatividade. No livro *When Giants Learn to Dance*, Rosabeth Moss Kanter, professora da Harvard Business School, apontou para o fato de que a grande empresa hierárquica tradicional "não é suficientemente inovadora ou ágil; fica engessada em seus hábitos, cheia de política de quem-manda-em-quem e fechada a novas ideias ou influências externas."[5] No livro *Em busca da excelência*, os consultores de empresas Tom Peters e Bob Waterman relataram que as "companhias excelentes" estão abandonando as hierarquias rígidas de controle de cima para baixo e enfatizando o trabalho em equipe e a participação dos trabalhadores nas tomadas de decisão, em vez de cadeias de comando verticais.[6] John Naisbitt e Patricia Aburdene assinalaram, no livro *Reinventing the Corporation*, que o número cada vez maior de mulheres que entram no ambiente de trabalho, juntamente com a crescente aceitação nos negócios, por parte de homens e mulheres, dos valores mais estereotipicamente femininos, contribuiu para a "humanização do ambiente de trabalho".[7]

O que está gradualmente vindo à tona é uma visão do ambiente de trabalho mais orientada para a parceria. Como escreve Clement Russo em "Productivity Overview: Recognizing the Human Dimension", este é um ambiente de trabalho onde podemos "transformar as 'humilhações diárias' do trabalho em uma atividade que dá sentido, direção e autorrealização" à vida. É um ambiente de trabalho que pode oferecer "a oportunidade para cooperar com outros em um empreendimento comum que estimule o respeito, a criatividade e o comprometimento e venha beneficiar a todos".[8]

O ambiente de trabalho de parceria

O que você pode fazer para ajudar a criar um ambiente de trabalho mais orientado para a parceria, onde você sinta menos estresse, esteja mais à vontade consigo mesmo e tenha melhores relações com colegas e chefes?

Os estudos de Alice Isen podem ajudar a convencer os tomadores de decisão de sua empresa e os seus colegas de que as relações de parceria geram resultados melhores. O que costuma ajudar ainda mais são casos reais de organizações bem-sucedidas que estão marchando para o modelo de parceria.

Já nos anos 1960, nas fábricas da Volvo na Suécia as equipes de trabalhadores se reuniam para decidir como dividir as tarefas, quando iniciar e parar as linhas de montagem e até o horário de trabalho. Os resultados foram maior produtividade e menor número de carros defeituosos.[9] No artigo "Creating a new company culture" na revista *Fortune*, Brian Dumaine conta que uma fábrica da DuPont em Towanda, na Pensilvânia, foi "organizada em equipes de trabalho autodirigidas em que os empregados encontram a solução para os problemas, estabelecem seus próprios horários e até opinam nas contratações". A produtividade aumentou 35 por cento.[10]

Em muitas empresas, a administração está comprovando que a parceria faz sentido comercial. A companhia Saturn de automóveis, por exemplo, dá a cada empregado, desde os mecânicos até o pessoal de escritório, o direito a opinar nas decisões e diretrizes da companhia. Os gestores destas companhias mais orientadas à parceria tratam as pessoas com respeito. Confiam às pessoas a tomada de decisões em vez de vigiarem cada gesto. Estas diretrizes vêm trazendo inovações e uma maior produtividade.

Outras companhias de sucesso estão descobrindo alternativas para a velha estrutura organizacional de cima para baixo. Por exemplo, quando Dee Hock montou a rede VISA de cartões de crédito, que é altamente bem-sucedida, conectou milhares de donos/membros, formando uma nova estrutura que ele chama de "caórdica" e que não é uma organização de cima para baixo e sim uma em que todos os membros cooperam e competem.[11]

Uma das melhores maneiras de tornar uma companhia mais bem-sucedida é prestar atenção às necessidades dos empregados: pensar neles como pessoas inteiras, que têm a responsabilidade de cuidar de outras fora do trabalho. Por exemplo, as cadeias de hotéis Marriott International e Hyatt, a Aetna Insurance e as cadeias Target recentemente se reuniram para ver como poderiam ajudar os empregados a cumprirem melhor as responsabilidades profissionais e familiares. Reconheceram que uma das maiores preocupações dos trabalhadores hoje é o equilíbrio entre fazer o que é preciso para seus familiares e trabalhar bem.

Um proprietário inovador mandou que o ônibus que levava os empregados à empresa no caminho deixasse os filhos deles na escola, instalou máquinas de lavar para que os empregados pudessem lavar a roupa no trabalho e ofereceu subsídios para creches e aulas para pais. Em um único ano, os lucros aumentaram oitenta por cento, a rotatividade caiu para quase zero e o absenteísmo quase desapareceu. Não é preciso dizer que a lealdade dos empregados subiu como um foguete, assim como a produtividade. Por quê? Porque esta companhia reconheceu que o melhor investimento é em empregados felizes, empregados que realmente sentem-se cuidados.

Se você é presidente de uma empresa, diretor de uma divisão ou tem seu negócio próprio, obviamente pode fazer muito para implementar diretrizes de parceria, que cuidam mais das pessoas e também são mais eficazes. Por exemplo, Harry M. Jansen Kramer, presidente e CEO (Chief Executive Officer, principal executivo de uma empresa) da Baxter International, atenta para que os empregados de sua empresa, que é altamente bem-sucedida, consigam ter tempo para estar com os filhos, não só quando ficam doentes mas também em ocasiões importantes como um jogo de basquete ou uma apresentação de balé. Como muitos trabalhadores da Baxter International têm filhos, isto os ajuda a sentirem-se bem.

O próprio Kramer, desde o topo, dá um exemplo que deixa os outros à vontade para fazer isso. Por exemplo, ele avisa em uma reunião que tem que sair a tal hora para ir ao jogo de beisebol do filho. Dessa maneira, incorpora os valores da parceria nas diretrizes da companhia e também na sua própria vida.

É claro que você não precisa ser um gerente para dar exemplos de parceria. Você pode aplicar os princípios de parceria em sua comunicação com as pessoas com quem trabalha. Por exemplo, você vai ter melhores resultados se não colocar as pessoas na defensiva, se não puser a culpa nelas nem as envergonhar. Quando você valoriza as pessoas pelo que elas fazem bem, reforça os comportamentos que deseja. Quando você é um bom ouvinte, não apenas aprende mais como também promove boas relações com clientes, colegas, empregados e gerentes. Se você cuida mais dos outros, provavelmente eles vão retribuir na mesma moeda.

Esta questão de cuidar é chave em um ambiente de trabalho parceiro. Quando Bill Brandt, CEO da American Woodmark, implantou o modelo de parceria em sua empresa, deu um passo sem precedentes: incluiu no programa de treinamento gerencial uma unidade sobre acolhimento. Inicialmente, o programa pareceu estranho para muita gente. Mas, à medida que a nova atitude foi se firmando, a satisfação no trabalho e as vendas deram um salto.

Para ajudar as empresas a implementarem a percepção de que o cuidado com os empregados conduz a um melhor trabalho, surgiram novas organizações, tais como a Work-Life Alliance e o periódico *Work & Family Life*. Eles oferecem assistência profissional e informações úteis para donos de empresas, gerentes e empregados. Outro grupo novo, Child Care Action Campaign, faz lobby em favor de diretrizes governamentais e empresariais que ajudem os trabalhadores a cumprir sua responsabilidade de cuidar dos seus.

As empresas que incorporam plenamente o modelo de parceria em sua estrutura organizacional ainda são exceções. Mas há movimentos aqui e ali rumo à estrutura de parceria. Todos nós podemos ajudar a acelerar este movimento.

O que é uma organização parceira?

É significativo que o enunciado da missão das empresas frequentemente use o termo *parceria*. É comum que falem de responsabilidade não só perante os acionistas e clientes como também estendendo-se aos empregados, à comunidade e ao planeta. Dizem querer atender as necessidades dos empregados, em vez de os tratarem como se não tivessem vida fora do trabalho. Tudo isso é sinal de uma mudança de consciência.

Participação nos lucros, conselhos que incluem representantes sindicais e empregados que possuem ações da empresa são tendências ainda mais concretas de parceria.[12] Quando as pessoas participam dos benefícios de seu trabalho, trabalham mais e melhor. Isto também beneficia os empregadores e a economia.

O mesmo é verdade quando os trabalhadores são mais ouvidos nas decisões da companhia. Eles trabalham mais, são mais criativos e produzem melhores resultados.

O trabalho em equipe e a maior participação dos trabalhadores na tomada de decisão não são bons apenas para os negócios como também para a saúde nacional. Um estudo sobre funcionários públicos trabalhando em rígidas hierarquias dominadoras descobriu que os que estão nos degraus mais baixos da hierarquia, com pouca autonomia, têm maior risco de morte por doenças coronárias, infartos, câncer, doenças gastrintestinais, acidentes e suicídios. O risco de morrer de um ataque cardíaco para trabalhadores na camada mais baixa era mais de 2,5 vezes maior do que para os da camada mais alta.[13]

O movimento rumo a uma estrutura organizacional de parceria pode nos ajudar a superar este tipo de estatística e o sofrimento humano que reflete. Pode ajudar os empregados a desfrutarem de melhor saúde e até viverem mais, porque o senso de realização, autoestima e controle sobre o trabalho e a vida traz tremendos benefícios para a saúde e o bem-estar.

Mas à medida que nos afastamos do velho modelo dominador, precisamos ter o cuidado de não confundir uma estrutura de parceria com uma organização completamente igualitária ou com uma em que tudo se faça por consenso. Nem a organização igualitária nem o consenso obrigatório contribuem para organizações de parceria. É importante ter isto em mente, pois quando estas ideias extremas não funcionam na prática – como costuma acontecer –, as pessoas tendem a dizer que o fracasso prova ser preciso reintroduzir controles rígidos de cima para baixo.

Embora em uma organização parceira haja muita consulta entre trabalhadores, e algumas decisões de grupo sejam tomadas por consenso, isto não significa que todas as decisões em uma cultura de parceria precisem ter a concordância de cada um. Na verdade, exigir que todas as decisões sejam aprovadas por cada indivíduo pode levar a um novo tipo de dominação. Quando o consenso é obrigatório, uma pessoa passa a ter poder para impedir que se faça qualquer coisa.

Embora a conexão, e não a hierarquia, seja um princípio básico da parceria, todas as organizações, para serem eficazes, precisam de algumas hierarquias ou linhas de responsabilidade. Mas estas hierarquias são muito diferentes em um contexto de parceria. Elas são o que chamo de *hierarquias de realização* em lugar das *hierarquias de dominação*. Em hierarquias de realização, os líderes de grupo dão poder aos outros, em vez de retirar poder. Os gerentes não funcionam como policiais ou controladores e sim como mentores e facilitadores.

Algumas pessoas temem que uma mudança no modelo de controle da administração possa solapar a liderança. Na realidade, uma organização por parceria naturalmente facilita o surgimento de mais indivíduos com real capacidade de liderança. Com mais flexibilidade e melhor comunicação, um maior número de empregados é capaz de usar seus conhecimentos e capacidades para enfrentar novos desafios nos negócios.

Mas a liderança em hierarquias de realização é muito diferente da liderança em hierarquias de dominação. O estilo gerencial é mais estereotipicamente feminino, incentivando todos a darem o melhor de si, como faz uma boa mãe. Não por coincidência, as companhias com estilos gerenciais mais orientados para a parceria são com frequência aquelas com mais mulheres em cargos gerenciais.

Isto não quer dizer que somente as mulheres funcionem em parceria. Apesar da educação das mulheres no sentido de mostrarem empatia, serem cuidadosas e apoiarem os outros, há mulheres que se orgulham de serem "duras como o ferro". Por outro lado, muitos homens são empáticos, cuidadosos e apoiam seus colegas. Rotular de traços femininos a empatia, o cuidado e o apoio é uma forma de pensar característica da dominação. Tanto homens quanto mulheres têm estas capacidades, e em uma organização parceira os homens têm mais espaço para expressá-las.

Mas como as mulheres não são socializadas para funcionarem no "mundo dos homens", elas com frequência contribuem com habilidades eficazes nas organizações orientadas para a parceria. As mulheres tendem a ter um estilo gerencial mais encorajador e que transmite mais poder aos colegas. Os estudos também mostram que, como as mulheres são ensinadas a prestar atenção nos relacionamentos, muitas vezes elas são melhores negociadoras.

O problema é que as mulheres que se veem em organizações dominadoras são promovidas apenas quando adotam as formas de operar estereotipicamente masculinas ou "duras". Vemos isto no famoso caso das duras políticas e estilo de administração da ex-primeira-ministra britânica Margaret Thatcher, às vezes chamada de "o melhor homem da Inglaterra".

Na outra ponta do espectro estão as inovações, usadas por administradoras bem-sucedidas, para alterar fundamentalmente o ambiente de trabalho, como descreve Sally Helgesen no livro *The Female Advantage: Women's Ways of Leadership*. As organizações dirigidas por essas mulheres, escreve Helgesen, são mais uma "teia de inclusão" do que uma hierarquia de exclusão. Sendo mais orientadas para a parceria, elas têm sucesso porque permitem maior fluxo de informação entre mais pontos de contato do que organizações onde o fluxo de informação é exclusivamente para cima ou para baixo, por canais determinados.[14] E são muito mais agradáveis de se trabalhar.

A cultura de acolhimento no ambiente de trabalho

A entrada das mulheres – e com elas os valores mais estereotipicamente femininos – na administração foi uma grande força propulsora de inovações empresariais tais como horários flexíveis, programas de creches, licença para os pais e outras medidas que tratam os empregados como seres humanos, com uma vida e responsabilidades fora do trabalho. Mas homens e mulheres precisam se unir para criar uma estrutura e cultura empresarial mais humana, inclusiva e cuidadosa – e, em última análise, mais produtiva e criativa.

As leis introduzidas na segunda metade do século XX, proibindo a discriminação por gênero, raça e idade no ambiente de trabalho e na contratação, foram importantes passos para a parceria. Infelizmente, o ambiente de trabalho típico ainda é em grande medida estratificado por raça e gênero, com preponderância de afrodescendentes e mulheres nos empregos de menor remuneração e status.

A exclusão de minorias e mulheres das posições administrativas de topo também é ainda a regra. Levou pelo menos cinquenta anos para os profissionais de nível universitário americanos aceitarem, respeitarem ou mesmo promoverem mulheres e minorias como iguais e competentes.

Em meu primeiro ano de faculdade de direito, nos anos 1950, eu era uma das cinco únicas mulheres em uma classe de quase quatrocentos. Fomos recebidos pelo corpo docente, totalmente masculino, e pelos demais estudantes com uma mistura de olhares curiosos, comentários insinuando superioridade, risadas cínicas e assobios. Dizer que nos deram a impressão de estarmos fora do ninho é pouco. Éramos invasoras, e todos os dias alguém nos lembrava o fato. Os professores entravam na sala de aula e diziam: "Cavalheiros, hoje vamos..." – às vezes olhando diretamente para uma de nós. Os estudantes homens nos excluíam dos seminários preparatórios para as provas. Quando falávamos na classe, sabíamos que não íamos ser levadas a sério, mesmo quando alguma de nós obtinha as notas mais altas da prova. Na verdade, quando isto acontecia, éramos abertamente hostilizadas.

Em meu segundo ano de direito, que foi dez anos mais tarde, nos anos 1960, as coisas tinham melhorado um pouco. Havia um pouco mais de mulheres na minha classe, e na minha condição de "velha" de boa aparência (tinha trinta e poucos anos), eu despertava um interesse considerável entre os homens. Fui convidada por um grupo dos melhores estudantes homens para um seminário em uma de minhas classes. Mas quando tive uma das melhores notas daquela classe, fui outra vez deixada de fora.

Quando me formei, estava entre os melhores dez por cento da minha classe. Isto significava que eu automaticamente deveria ser entrevistada pelos escritórios de advocacia mais prestigiosos. Mas nem eu nem duas outras mulheres, com notas astronomicamente altas, fomos convidadas para trabalhar em nenhum escritório.

Hoje há mais mulheres e minorias em escolas de direito e medicina.[15] Há mais mulheres e minorias em firmas e cargos gerenciais de prestígio. Mas ainda há grande perda de talento e diversidade de abordagens no ambiente de trabalho, que está longe de ser inclusivo.

Vejo entretanto sinais positivos. Um deles uma cultura empresarial cada vez menos dura ou estereotipicamente "masculina". Quero enfatizar mais uma vez que estamos falando aqui de estereótipos de gênero e não de homens e mulheres individuais. Também quero ressaltar outra vez que uma cultura mais orientada para a parceria não significa um estilo laissez-faire ou "cada um faz o que quer" em um ambiente totalmente horizontal. Pelo contrário, envolve expectativas claras, padrões e diretrizes – mas sem o medo e a rigidez inerentes às velhas abordagens "duras" e estereotipicamente masculinas.

À medida que nossa sociedade caminha para a parceria, cada vez mais homens, inclusive CEOs de empresas, vão rejeitando os velhos valores dominadores.

Mas se os homens estão achando possível adotar valores e comportamentos mais apoiadores e estereotipicamente femininos, isso se deve em grande parte à elevação do status das mulheres, que é acompanhada de uma valorização dos comportamentos e valores "femininos".

Ainda me lembro com vergonha de um diálogo que tive com o sócio sênior de um escritório de advocacia de Beverly Hills onde trabalhei na década de 1960. Eu estava muito feliz de ter conseguido o emprego e fiquei ainda mais feliz no dia em que fui convidada a entrar no luxuoso escritório do tal sócio sênior porque ele queria elogiar meu trabalho.

"Você não pensa como uma mulher", ele me disse sorrindo – e eu sorri de volta.

Hoje fico pensando como não notei que estava sendo desmerecida, como não notei o desprezo pelas mulheres refletido no "elogio". Eu gostaria de poder dizer que naquela época era assim mas que hoje é diferente. Infelizmente isso não é verdade. Muita gente ainda acredita que os homens pensam e trabalham melhor que as mulheres.

Trata-se, evidentemente, de uma crença sem fundamento. Os homens e as mulheres têm grandes variações em sua capacidade, mas não há absolutamente nenhuma evidência de que os homens de forma geral trabalhem melhor que as mulheres. Na verdade, as mulheres muitas vezes têm que trabalhar melhor para "provar" sua capacidade e superar os preconceitos.

Os homens e as mulheres também estão cada vez mais preocupados com questões semelhantes. Como escreve Susan G. Butruille, as tendências que hoje vemos no ambiente de trabalho caminham lado a lado com importantes tendências na vida pessoal e familiar – especialmente a tendência de homens e mulheres compartilharem papéis no trabalho e no lar. Butruille relata que os homens estão cada vez mais interessados em "assuntos de mulher" como cuidar das crianças, dos idosos, ter horários flexíveis e licenças para pais.[16]

À medida que as relações no trabalho e na família caminham para a parceria, vemos que a linha divisória entre atitudes e papéis estereotipicamente ligados a cada gênero vão se desfazendo.

Conforme mais mulheres assumem posições gerenciais e o status das mulheres se eleva, os homens deixam de ver a mudança para valores e comportamentos estereotipicamente femininos como uma perda ameaçadora de status, seja no ambiente de trabalho, seja em outras esferas da vida.

Em resumo, a mudança para uma cultura de trabalho mais humana – e portanto mais eficaz – é parte de uma transformação social e econômica maior. O movimento para a parceria nas relações de trabalho, familiares, raciais e de gênero está ligado ao movimento em direção ao acolhimento e a igualdade nas nossas comunidades. Subjacente a tudo isto está o reexame de uma questão fundamental, à qual voltaremos muitas vezes neste livro: o que realmente valorizamos na vida – no trabalho, no lar e na comunidade?

O que realmente valorizamos?

Da mesma forma que muitas mulheres e homens hoje, se você é casado ou casada, ou se mora com alguém, provavelmente cada um faz uma parte do trabalho doméstico, das compras e da comida. Isto é muito diferente de há poucas décadas, quando a maioria das famílias era como meu primeiro casamento, em que era esperado que eu, como esposa, cuidasse sozinha das crianças e do lar. Agora, meu segundo marido e eu dividimos as responsabilidades do lar. Somos ambos pesquisadores e escritores, de modo que ambos temos papéis profissionais e familiares.

Dado que o número de mães que trabalham fora não para de crescer, há boas chances de que, se você é uma mulher com filhos, tenha também um emprego ou profissão. Então um dos seus principais problemas é provavelmente gerenciar seu tempo para fazer justiça a ambos os papéis.

Se você é pai de crianças pequenas, ao contrário de seu pai, você provavelmente também toma conta delas diariamente. Então você também está tentando o malabarismo entre seus papéis no trabalho e na família.

Embora em empresas progressistas haja algum movimento rumo a políticas mais amigas da família, o problema subjacente vai muito mais fundo. É que você e seu cônjuge não recebem nenhuma renda ou apoio financeiro por todo o tempo e esforço que vocês gastam neste trabalho básico que é cuidar de crianças.

Assim, ainda que aconteçam coisas no ambiente de trabalho para facilitar um pouco a sua vida, o tempo, a habilidade e a energia que você coloca neste trabalho essencial de prestar cuidados não é recompensado de nenhuma forma que nos ajude a colocar comida em casa ou garantir um teto sobre a cabeça. Este trabalho de cuidar não é incluído em qualquer dos medidores de produtividade econômica, como o Produto Interno Bruto (PIB), que em vez disto leva em conta trabalhos como a fabricação e o uso de armas, produção e venda de cigarros e outras atividades que destroem a vida em vez de apoiá-la.[17]

Até mesmo quando o trabalho de cuidar é feito mediante pagamento, este é muito mais baixo que em outras profissões. Com frequência, aqueles que trabalham cuidando de crianças – as pessoas a quem você confia seu filho – recebem salários mais baixos do que manobristas de estacionamento – as pessoas a quem você confia seu carro. Isto não faz absolutamente nenhum sentido.

Por que se dá tão pouco valor ao trabalho de cuidar de crianças? Estaríamos todos mortos se alguém não cuidasse de crianças, idosos e doentes. Sofreríamos muito se as necessidades diárias de alimento, roupa limpa e um lugar habitável para morar não fossem atendidas. Não haveria nem mesmo uma força de trabalho para ir para o emprego se não fosse por esse tipo de trabalho. Fica claro então que a razão pela qual este trabalho essencial recebe pouco ou nenhum valor nada tem a ver com a lógica.

Para entender a desvalorização do trabalho de cuidar temos que olhar para além da lógica – para aquilo que era considerado valioso ou sem valor em sociedades dominadoras rígidas. Aqui voltamos ao enorme impacto das crenças culturais e regras econômicas que herdamos de épocas dominadoras mais rígidas.

Como você viu anteriormente, um dos pilares do modelo dominador de relações é situar a metade masculina da humanidade em um nível superior ao da metade feminina. Isto levou à desvalorização de qualquer coisa estereotipicamente associada às mulheres, inclusive o "trabalho de mulher" de cuidar de crianças e da casa. Em outras palavras, com a subordinação das mulheres aos homens, atribuía-se maior valor a qualquer coisa associada ao estereótipo de gênero dos homens e da masculinidade do que a qualquer coisa associada ao estereótipo de gênero das mulheres e do feminino. O resultado foram os sistemas econômicos – tribal, feudal, capitalista, comunista – que dão pouco ou nenhum valor ao trabalho de cuidar.

Obviamente, tanto os homens quanto as mulheres são capazes de oferecer cuidados a quem precisa. Alguns homens o fazem melhor que algumas mulheres. Mas, de acordo com o sistema de crenças que herdamos, este trabalho não é adequado para "homens de verdade". Em sociedades dominadoras rígidas, considera-se que os cuidados devem ser prestados gratuitamente pelas mulheres, em lares controlados por homens. É simplesmente considerado um direito dos homens, como o ar que respiram, de forma que este trabalho não tem visibilidade.

O trabalho de cuidar, especialmente o das mães, é muitas vezes idealizado na teoria, como quando se fala da mãe como o ser mais nobre do mundo. Mas, na prática, ser mãe não é valorizado. Por exemplo, em programas para ajudar famílias com filhos dependentes, não se dá nenhum valor econômico ao trabalho de cuidar das crianças. E mesmo quando este trabalho é pago, o pagamento é menor do que o de trabalhos associados aos homens. As profissões que envolvem cuidados, como cuidar de crianças ou lecionar em escolas de nível fundamental, em que predominam as mulheres, são em geral muito mais mal pagas do que aquelas em que os cuidados não são parte integrante do trabalho, tais como a de encanador ou engenheiro, nas quais predominam os homens. As pessoas que trabalham em creches frequentemente recebem apenas um salário mínimo e nenhum benefício.

Como é característico de mentalidades dominadoras, as atuais regras e práticas econômicas são baseadas numa veemente negação dos fatos. São baseadas em uma sistemática negação de que cuidar tenha um valor econômico tangível, de que seja de fato a atividade humana mais indispensável e valiosa. Estas regras também se baseiam em outro viés dominador característico: as atividades estereotipicamente masculinas recebem mais atenção na educação e na economia do que as estereotipicamente femininas.

Assim, foi-nos ensinado que é natural ter treinamentos custeados pelo governo para "trabalhos de homem" como guerra e armamento, inclusive pensões para soldados. Mas nos ensinaram a achar estranho ter treinamento custeado pelo governo e pensões para aqueles que desempenham "trabalhos de mulher" como cuidar das crianças e dos doentes. E continuam a nos ensinar isso – embora cuidados de alta qualidade sejam necessários ao bem-estar e desenvolvimento das crianças, e embora muito provavelmente estaríamos todos mortos sem este trabalho.

É claro que isto é ilógico. Também é desumano. Isto nos impede de imbuirmos a vida e a comunidade com aquilo que todos queremos: mais cuidados.

Lares, ambientes de trabalho e comunidades de cuidado

Pense em todas as notícias que você lê diariamente no jornal sobre relações onde há falta de cuidado: de pessoas baleadas, esfaqueadas e outras brutalidades. De vizinhos ou amigos de confiança de pessoas idosas que fogem levando suas economias da vida inteira. De mulheres que apanham de maridos ou amantes. De moças estupradas ou sexualmente maltratadas a título de "diversão". De crianças mortas por outras crianças ou até pelos pais. De executivos de empresas para quem os lucros estão acima do bem-estar ou até da vida humana. De desabrigados sendo espancados nas ruas. De tumultos, assassinatos e crueldade.

Os políticos inventam programas e projetos bonitos no papel, dos quais falam com a boca cheia na mídia. Mas na hora de cuidar de crianças, doentes, idosos e desabrigados, as políticas estão longe de serem cuidadosas.

E por que as políticas haveriam de ser cuidadosas quando a desvalorização do "trabalho de mulher" de cuidar está profundamente arraigada não só em nosso inconsciente como também nas regras e modelos econômicos que os políticos inconscientemente aceitam? É realista falar em um sistema econômico mais equitativo se o trabalho de cuidar, indispensável para sustentar a vida, recebe belas palavras mas pouco ou nenhum incentivo econômico ou recompensa? De fato, como podemos falar a sério de comunidades mais cuidadosas e acolhedoras se continuamos com essas velhas regras dominadoras?

Aprender a valorizar ou desvalorizar o cuidado com o outro é uma lição básica da vida. Aprender ou não aprender a habilidade de cuidar de uma pessoa é outra lição básica da vida. Todas as nossas relações são profundamente afetadas quando aprendemos uma ou outra dessas duas lições tão diferentes.

Tire um momento para pensar em toda a dor de que você teria sido poupado se todos ao seu redor tivessem aprendido a realmente valorizar o ato de cuidar. Pense em todo o prazer que você teria tido se todos tivessem aprendido a habilidade de cuidar. Pense no tipo de comunidade e no tipo de mundo que teríamos se realmente déssemos valor, através da educação e da economia, ao ato de cuidar.

Pense em toda a conversa que hoje ouvimos sobre a economia pós-industrial da informação, que requer "capital humano de alta qualidade" – pessoas que têm a capacidade de se relacionarem facilmente, serem flexíveis, produtivas e criativas. E pense no que estamos aprendendo através da neurociência sobre os efeitos da qualidade dos cuidados infantis sobre nossa capacidade de nos relacionar, sermos flexíveis, produtivos e criativos.

O tipo de caminhos neurais e bioquímicos estabelecidos durante a infância afeta nosso espírito de aventura, criatividade, capacidade de resolver conflitos sem violência e capacidade de trabalhar com pares ou de receber ordens superiores. Como você viu no capítulo 2, o tipo de caminhos neurais que são estabelecidos depende em grande medida do tipo de cuidados e educação que as crianças recebem nos primeiros anos de vida. O desenvolvimento de uma força de trabalho de alta qualidade, necessária para a economia pós-industrial, depende em larga medida de cuidar bem das crianças e estimular uma educação infantil decente desde cedo.[18]

Mas será que podemos falar a sério de oferecer melhores cuidados às crianças enquanto este trabalho é tão mal pago no mercado e enquanto não se atribui nenhum valor econômico aos cuidados no lar? Esta é uma expectativa realista? O que precisa mudar de modo que o trabalho de cuidar não seja sistematicamente desvalorizado?

Um bom lugar para começar é nossa própria relutância em dar real valor ao trabalho de cuidar. Não estamos acostumados a pensar nele como atividade prestigiosa e bem remunerada. Desvalorizá-lo, considerando-o "trabalho de mulher", é um hábito de pensamento dominador que herdamos. Sei por experiência própria. De início, atribuir real valor ao trabalho de cuidar foi uma ideia estranha e desconfortável para mim.

Também tive que lidar com uma questão que provavelmente já lhe ocorreu: se o trabalho de cuidar for associado a recompensas materiais, alguém vai querer fazê-lo gratuitamente?

Mas considere que cuidado gera cuidado. Considere também que, se a atividade de cuidar se tornar realmente valorizada, as pessoas vão querer se envolver com ela, seja remunerada com dinheiro ou não.

Mesmo hoje, as pessoas imitam os comportamentos que os meios de comunicação retratam, como se fossem um ideal a ser perseguido. Se cuidar se tornasse uma coisa "bacana", se fosse associado à aceitação pelos pares, a honras e glamour, mais pessoas iriam querer fazê-lo. Pense no quanto as pessoas, jovens ou idosas, imitam os trajes e comportamentos de atores e esportistas visíveis e bem pagos.

À medida que as habilidades de cuidar forem ensinadas e mostradas tanto na educação formal como na informal, mais pessoas irão aprendê-las. Vão sentir a recompensa bioquímica de prazer que o corpo nos dá ao cuidarmos dos outros. Quando a habilidade de cuidar for ensinada em todo o sistema educacional – o que deveria acontecer – mais pessoas vão também ter a experiência de fazer bem alguma coisa. À medida que as crianças receberem melhores cuidados, vão aprender pelo exemplo. Vão imitar esses comportamentos e elas próprias sentir o prazer gerado pelo ato de cuidar de alguém.

Mais pessoas vão crescer valorizando e praticando os cuidados com os outros. Serão pais, amigos, empregadores, trabalhadores e funcionários públicos mais cuidadosos. Mais pessoas vão fazer o trabalho voluntário não remunerado de cuidar dos necessitados na comunidade. Ao mesmo tempo, a atividade de prestar bons cuidados a crianças, idosos e doentes vai crescer em prestígio e remuneração. Consequentemente, vamos ter mais pessoas que cuidam, bem como lares, empregos e comunidades mais acolhedoras.

Invenções da economia relacionadas ao acolhimento

Tudo isto vai levar tempo. Como primeiro passo, você pode aumentar a conscientização sobre a primordial questão do real valor de cuidar dos que precisam. Você pode falar a respeito com amigos e colegas. Pode convidá-los a reavaliar as regras e modelos em que se baseiam os atuais sistemas econômicos e pensar no que pode ser feito para promover invenções econômicas que deem real valor ao trabalho de cuidar.

Tudo o que está envolvido na vida econômica é uma invenção: bolsas de valores, trabalho pesado, bancos, seguridade social. As leis que permitiam a escravidão ou a posse pelos homens do trabalho das mulheres foram invenções econômicas para servir a um sistema econômico dominador. As leis proibindo o trabalho infantil e dando às mulheres o direito à propriedade atendem a um sistema econômico de parceria. O mesmo fazem as regulamentações de segurança no trabalho, o seguro-desemprego, as leis contra discriminação no ambiente de trabalho e a licença-maternidade.

Em resumo, as invenções econômicas são como qualquer outra invenção humana. São criadas por pessoas que querem alcançar certas metas.

Já temos algumas invenções econômicas que dão valor monetário à atividade de cuidar. Nos Estados Unidos, a licença-maternidade bem como a licença-paternidade e as opções de trabalho flexível estão se tornando mais difundidas. Nos países escandinavos, assim como na França, Alemanha, Grã-Bretanha e outras democracias industrializadas, existe a licença-maternidade ou paternidade *remunerada*. Também há subsídios governamentais para cuidados com crianças e cuidados domésticos com os idosos (*não* apenas crédito tributário), bem como programas de emprego em trabalhos comunitários para jovens desempregados. Todas estas novidades esclarecidas são invenções econômicas de parceria.

Algumas das invenções mais interessantes estão surgindo no seio de comunidades. O trabalho de cuidar é reconhecido como economicamente valioso por muitos novos sistemas monetários locais que contornam os sistemas monetários nacionais. Estes sistemas são usados por pessoas em uma comunidade para trocar localmente mercadorias e serviços. Cuidar de crianças pode assim ser valorizado no mesmo nível que uma declaração de impostos ou outro serviço profissional. No Japão existe um interessante programa de troca de serviços de cuidados entre Tóquio e Kyoto. Se alguém cuida de um ancião em um lar de idosos em uma dessas cidades, os pais dessa pessoa na outra cidade podem receber serviços semelhantes. Em outras palavras, o crédito econômico pelos cuidados é transferido de uma comunidade para a outra. As comunidades locais que oferecem transporte público gratuito e outros serviços públicos para voluntários inventaram outra forma de dar visibilidade e valor econômico ao trabalho de cuidar.[19]

Se realmente valorizamos cuidados de qualidade da mesma forma que valorizamos uma assessoria jurídica de qualidade, precisamos insistir para que os profissionais que cuidam de nossas crianças e idosos sejam bem treinados e credenciados. Faz sentido exigirmos treinamento e licença para motoristas e esteticistas, enquanto em muitos lugares não há qualquer requisito de treinamento ou licenciamento para cuidar de crianças em domicílio? Precisamos de programas de treinamento de alta qualidade para quem cuida dos outros. Também precisamos de programas de certificação que ajudem os pais a escolherem as melhores pessoas para cuidar das necessidades específicas dos filhos. E precisamos de apoio da comunidade para ajudar os pais a pagarem os cuidados da melhor qualidade. Todos nós podemos apoiar estas mudanças.

O investimento comunitário em cuidados se paga em menos que uma geração. Vai gerar um lucro enorme. Pense na enorme despesa comunitária de *não* investir em bons cuidados infantis: crime, doença mental, abuso de drogas, perda de potencial humano e as consequências econômicas de um "capital humano" de qualidade inferior.

O investimento da comunidade em bom treinamento, remuneração e benefícios pelos trabalhos de cuidar vai chamar a atenção para o valor dos cuidados de qualidade, sejam eles praticados no lar ou na economia de mercado. Aqui, também, pode parecer uma ideia estranha dar valor econômico aos cuidados em casa. Mas o que vai ou não ser economicamente recompensado é uma questão de valores e não de leis econômicas fixas. Estes valores são muito diferentes em contextos dominadores e parceiros. Os novos modelos e regras econômicas de parceria vão reconhecer o valor econômico do trabalho daqueles que ficam em casa cuidando da família. Haverá novas invenções econômicas, tais como a educação de pais financiada pela comunidade, a educação para cuidados como parte do currículo escolar e as reduções tributárias e aposentadorias para aqueles que cuidam de outros. (Abordo esse assunto no artigo "Changing the Rules of the Game").

Como propus em *Tomorrow's Children*, cuidar da vida – da sua própria, da dos outros e da Mãe Terra – deve ser um tema que faça parte da educação desde a pré-escola até a pós-graduação. Deve ser parte integrante da educação de qualquer criança.

Não é estranho que nossas escolas ensinem tudo exceto a habilidade essencial de cuidar dos outros? Isto também é parte de nossa herança de sociedades anteriores, baseadas na dominação, onde a empatia e o cuidado eram um obstáculo à organização das pessoas em "superiores" e "inferiores", imposta pelo medo e a força.

Precisamos mudar isto. Enxergar a característica ganha-ganha da parceria vai nos ajudar a dar o real valor à atividade de cuidar.

Como esta questão é fundamental para toda e qualquer relação, vou retornar a ela muitas vezes. Mas não vou pregar que devemos ser mais acolhedores. Vou sempre focar no que aprendi em matéria de *criar as condições que encorajam as relações de cuidado e acolhimento, em lugar de inibi-las*.

Se realmente queremos mais cuidados, se queremos ruas mais seguras e lares com mais amor, se queremos um ambiente de trabalho mais humano e produtivo, se queremos que nossos filhos recebam uma educação que os equipe para crescerem orientados para o bem, precisamos apoiar e recompensar melhor os cuidados no lar, na escola, no ambiente de trabalho e na comunidade.

É muito bonito falar de comunidades mais acolhedoras. Mas se queremos crianças mais saudáveis, precisamos trabalhar por um melhor sistema de saúde para as crianças. Se queremos menos crimes na comunidade, precisamos prevenir os crimes oferecendo boa nutrição, habitação e educação para todos, em vez de despejar dinheiro na construção de mais prisões para armazenar populações inteiras. Se queremos acabar com a fome, precisamos ajudar a construir estruturas sociais, cultura e diretrizes sociais – inclusive regras de parceria e modelos econômicos – para prevenir a pobreza e a fome.

Depois de anos de pensar, observar e pesquisar, sei que o reconhecimento e a recompensa ao trabalho de cuidar dos outros é essencial para criar ambientes de trabalho e comunidades mais sustentáveis, equitativas e humanas. Mas também sei que, para tornar realidade essa meta, vamos precisar de muitas pessoas hábeis.

Às vezes o progresso será lento e vamos sentir-nos desencorajados. Isto me acontece às vezes. Mas relembro o que já foi conquistado e como era mais difícil progredir em épocas mais rigidamente dominadoras. Também relembro que, se um número suficiente de pessoas se engajar, como pedras que provocam círculos crescentes em uma lagoa, as ondas de nossas ações vão se espalhar.

À medida que você se envolver neste empreendimento de transformar a forma de ver o trabalho e a comunidade, você inevitavelmente vai encontrar oposição e hostilidade. Mas você também vai encontrar pessoas maravilhosas e fazer novos amigos com quem dividir interesses e preocupações – pessoas que se engajam, que fazem você sentir-se cuidado e com quem você sente-se bem. Quanto mais você se envolver, melhor vai sentir-se.

Sei isto por experiência própria, por todos os amigos e colegas que encontrei e que tanto enriquecem minha vida. É bom experimentar novas ideias e testá-las em ação. É bom saber que não estamos sentados à margem. Você sente menos solidão. Sua criatividade acorda. Você se torna mais aventureiro em todos os aspectos da vida. E você passa a ser parte de uma crescente comunidade nacional e internacional de pessoas que compartilham seus valores e seu compromisso de trazer a parceria a todos os aspectos da vida.

Coloque a parceria para funcionar

Tudo na vida é uma questão de relacionamentos – conosco, com outros na família e na comunidade, ou com a Mãe Terra. Todas estas relações são interconectadas.

Quando você percebe que os hábitos sociais dominadores impedem sua mudança pessoal, talvez sinta que não há muito que possa fazer a respeito de "coisas tão grandes" como essas. Eu costumava pensar assim. Então, comecei a me envolver em causas e defender as coisas em que acredito, em vez de apenas reclamar que as coisas não estavam certas. Esta foi uma das mudanças mais emocionantes da minha vida. A sensação de que eu realmente podia provocar uma mudança foi ótima. Saber que eu estava pondo em prática ideias em que acreditava deu mais sentido à minha vida.

Talvez você seja jovem demais para se lembrar do tempo em que tínhamos uma sociedade muito mais segregada. Não apenas os restaurantes, hotéis e elevadores eram segregados por raça, mas os anúncios de jornal de empregados procurados eram segregados em "Procura-se homem" e "Procura-se mulher". Os empregos mal pagos, do tipo beco sem saída, estavam na seção feminina e os bem pagos, com um futuro promissor, estavam na seção masculina. Como advogada, fui uma das mulheres que trabalharam para mudar isto. Comecei o primeiro programa legal com a meta de mudar as leis e práticas que tiram o poder das mulheres. Hoje, consideramos normal haver leis proibindo, em vez de promovendo, a discriminação contra meninas e mulheres. Mas foi preciso que muita gente – gente como você e eu – trabalhasse enfrentando muita oposição para conseguir fazer passar essas leis.

A questão é que não precisamos de gente "especial" para fazer mudanças sociais. Precisamos de gente como Jeffrey Wigand, que desmascarou os executivos de companhias de cigarro e seus cientistas contratados para dar falso testemunho de que não havia evidência científica de que o fumo causa câncer; pessoas como Rachel Carson, que enfrentou as companhias petroquímicas e seus cientistas para suspender a pulverização de DDT em nossos alimentos. Há inúmeras pessoas como estas, e neste livro você vai encontrar algumas. Cada conquista que realizamos foi porque pessoas como você e eu desafiaram tradições enraizadas de dominação – desde o autoritarismo e a escravidão até o "legítimo" controle dos homens sobre as mulheres e crianças.

Cada um de nós é especial, cada um de nós pode fazer sua parte e todas as mudanças são importantes, por menores que sejam.

Ações a tomar

Primeiros passos

- Observe sua relação com os colegas de trabalho, familiares e pessoas da sua comunidade. Quais comportamentos trazem os resultados que você quer e quais os que não quer? Anote um comportamento que você deseja mudar. Por exemplo, se você tende a ser crítico, escreva um lembrete com os dizeres: "Eu elogio as pessoas", cole no espelho do banheiro e adquira o novo hábito de se elogiar pelas boas coisas que você faz.
- Faça um balanço dos aspectos de parceria e dominação em seu ambiente de trabalho. Como eles afetam a você e aos outros? Pense como você

pode conduzir seu emprego, sua família e comunidade em direção à parceria.
- Se você é casado, faça durante algumas semanas a lista de quem faz o que na casa. Os trabalhos são igualmente valorizados?
- Pense como os comportamentos de parceria no lar reforçam as mudanças que você quer fazer no ambiente de trabalho e como as interações familiares dominadoras têm o efeito inverso.
- Anote de que forma o trabalho de cuidar dos outros é valorizado ou não em seu local de trabalho, sua família e sua comunidade. Pense no que você e as pessoas ao seu redor podem fazer para reconhecer e recompensar esse trabalho.

Passos seguintes

- Converse sobre os modelos de parceria e dominação no trabalho, em casa e com as pessoas ao seu redor que sejam receptivas. Obtenha delas ideias e sugestões, e planejem em conjunto uma forma de implementá-las.
- Se você tem um cargo de tomada de decisões no trabalho, planeje colocar em prática as ideias deste capítulo. Colha informações com sua equipe e empregados. Deixe claro que você tem por meta uma estrutura organizacional de parceria, com linhas claras de responsabilidade, e não um ambiente de vale-tudo onde cada um faz o que quer.
- Leia mais sobre ambientes de trabalho parceiros. Procure informações sobre empresas inovadoras que estão experimentando novos modos de organizar sua força de trabalho.
- Se você é um administrador, seja um exemplo de comportamentos de parceria e defenda-os junto àqueles que podem ajudar a mudar a estrutura e a cultura de sua empresa numa direção mais produtiva, criativa, humana e prazerosa. Convide para dar palestras pessoas que possam dividir o conhecimento e a experiência prática sobre parcerias.
- Forme um grupo para estudar como a parceria pode ajudar a você e a sua comunidade.

Mais adiante

- Apoie, inscreva-se e seja ativo em organizações que trabalham para criar mudanças culturais e estruturas sociais de parceria.
- Trabalhe pela introdução de educação de parceria nas escolas e universidades de sua comunidade.
- Conscientize seus colegas de trabalho, sua família e comunidade sobre a necessidade de reconhecer e recompensar o trabalho de cuidar dos outros. Faça *brainstorm* para achar maneiras criativas de mudar a situação de desvalorização da atividade de cuidar.
- Organize um fórum para conscientizar o público sobre o valor da atividade de cuidar das pessoas. Mostre a ligação entre bons cuidados e a redução de crimes nas ruas e da violência no lar, bem como o fortalecimento da comunidade.

Capítulo 4
Participação política faz diferença
O relacionamento com nosso país

O que significa ter uma relação com seu país? Talvez você ache que não tenha esse relacionamento. Mas lembre-se que as crenças, leis e políticas do país têm impacto direto sobre questões como: Você tem segurança para dizer o que quer? Seus filhos têm segurança na escola? Seu dinheiro pago em impostos é gasto nos serviços sociais necessários? Você pode planejar quantos filhos quer ter? Há muitas outras questões fundamentais que influenciam profundamente sua vida diária.

Neste capítulo você vai ver que o relacionamento com seu país é uma via de duas mãos na qual você não apenas é influenciado por crenças, leis e políticas nacionais como também pode influenciá-las. Você vai ver por que se envolver neste processo e como conseguir efeitos a cada passo que der.

A tomada do poder pelos nazistas em minha terra natal, a Áustria, quase me custou a vida. Meus pais conseguiram comprar vistos de entrada em Cuba, que juntamente com Xangai era um dos poucos lugares do mundo cujos governos estavam dispostos a receber refugiados escapando dos nazistas. Nossa conta bancária foi congelada pelas autoridades austríacas e não tivemos permissão de levar nada exceto as malas que podíamos carregar. Mas escapamos do holocausto no qual foram assassinados seis milhões de judeus, inclusive meus avós e a maioria de minhas tias, tios e primos. Naturalmente, com esta experiência, foi fácil eu perceber o tremendo impacto que políticas nacionais – e portanto a política em geral – podem ter sobre a vida.

O impacto das políticas nacionais em sua vida também seria óbvio se você fosse uma mulher vivendo no Afeganistão do Talibá. Se você perdesse seu emprego, se não tivesse o direito de educar suas filhas, se tivesse de ficar fechada em uma casa com as janelas pintadas de preto de modo que nenhum homem pudesse vê-la acidentalmente, se fosse forçada a se cobrir da cabeça aos pés, ficando reduzida a uma trouxa de roupa ambulante, e se corresse o perigo de ser apedrejada até a morte apenas por falar com um homem que não fosse seu marido ou parente, você também estaria bem consciente de que as políticas nacionais têm muito a ver com sua vida diária.

Você também pode ver essas conexões se vive numa favela sem água encanada e distante de qualquer serviço público. Mas se você vive em um bairro de classe média e passa o dia todo indo e vindo do trabalho, cuidando das crianças, tentando relaxar em frente da televisão depois de um longo dia, o que acontece no nível nacional pode parecer distante do que acontece a você e sua família. E mesmo quando se dá conta de que as coisas boas e ruins da sua vida têm muito a ver com o tipo de país em que vive, talvez pense que há pouco que você possa fazer para criar políticas, leis e atitudes culturais mais esclarecidas.

Na realidade, quase todas as coisas boas às quais estamos acostumados – jornadas de trabalho de oito horas, regulamentações de segurança no trabalho, seguridade social, acesso legal à contracepção e educação pública – devemos a pessoas que se deram conta de que eram capazes de fazer mudanças. Até o direito ao voto, em outras épocas, era negado a mulheres, negros e homens brancos que não possuíam terras.

Devemos essas mudanças a pessoas que decidiram lutar contra as tradições de dominação. Foram pessoas como você e eu: homens e mulheres como Frederick Douglass, o ex-escravo autodidata que se tornou líder do movimento para libertar os afro-americanos; Mary Jones, a fogosa sindicalista cuja cruzada em favor de condições de trabalho mais seguras lhe valeu o nome de Mãe Jones; Margaret Sanger, a mulher de classe média que foi jogada na prisão pelo "crime" de abrir a primeira clínica nos Estados Unidos que distribuía contraceptivos depois de ver mulheres morrendo por ficarem grávidas com excessiva frequência.

As milhares de pessoas que trabalharam para tornar nosso país mais justo e decente eram de diferentes raças, classes e origens étnicas. Mas todas tinham uma coisa em comum. Perceberam que as políticas, leis e crenças nacionais afetam profundamente nossa vida no dia a dia – e resolveram trabalhar por mudanças que melhoraram enormemente, e em alguns casos salvaram, nossas vidas.

Hoje nosso país está em uma encruzilhada. Tire um momento para listar as coisas que fazem você se preocupar com o seu futuro e o de seus filhos, coisas que fazem você sentir-se uma vítima ou com medo. Você verá conexões entre seus temores e preocupações e aquilo que acontece no âmbito nacional. Se a cultura popular continuar a glorificar a violência física e emocional, se o ódio e o ato de apontar bodes expiatórios continuarem a ser justificados e considerados morais e corretos, se o fosso entre os que têm e os que não têm continuar a se alargar, se a proteção de nosso ambiente natural continuar a ser enfraquecida, se nosso governo continuar a apoiar regimes repressivos e ditatoriais – em suma, se continuar o retrocesso ao modelo de dominação – por mais que você trabalhe e poupe, aquilo que você mais preza vai estar em risco.

Uma das razões pelas quais muitos não percebem essas conexões é que somos levados a acreditar que nossas escolhas pessoais ocorrem no vácuo. Tome a questão da alimentação que examinamos antes. Como você viu, para uma dieta saudável primeiro temos que estar cientes de quais comidas são boas e quais ruins para nós. Então temos que mudar nossos hábitos alimentares e comer mais legumes e frutas, em lugar de comidas saturadas de gordura e açúcar. Mas infelizmente não basta fazer opções sensatas.

Como foi destacado em um número recente da revista *Consumer Reports*, o espinafre, a vagem, as frutas e outros alimentos que dizemos para nossos filhos comerem para que cresçam fortes e com saúde muitas vezes apresentam altas concentrações de pesticidas.[1] Assim, se quisermos ter certeza de que os alimentos encontrados na feira ou no supermercado não contêm substâncias tóxicas que façam mal a nós e nossos filhos, teremos antes que mudar as políticas, leis e práticas nacionais.[2]

Este é apenas um dentre muitos exemplos. A questão é que, por mais essencial que seja mudar nossos hábitos pessoais, se quisermos ter uma vida melhor precisaremos também mudar a sociedade ao nosso redor, devido ao seu profundo impacto sobre quase todos os aspectos da nossa própria vida.

O primeiro passo é mudar apenas um hábito que muitos temos: acreditar que você e eu não fazemos diferença.

Pergunte a si mesmo duas questões básicas. Que tipo de relações as nossas políticas, leis e crenças nacionais promovem? São relações baseadas no modelo de dominação/controle ou no modelo de parceria/respeito? E então dê seu apoio às políticas e leis que promovem relações baseadas na parceria e no respeito, e trabalhe para mudar as que não o fazem.

Pouco importa se você se considera politicamente conservador ou liberal. A parceria não é uma questão de direita ou esquerda, mas de andar para frente e atender ao interesse de todos.

Já existe um forte movimento político de base em direção à parceria – um movimento em que os jovens são muitas vezes líderes. Porém, boa parte deste movimento está fragmentado e espalhado, e prisioneiro de velhos debates na linha liberal/conservador, de esquerda/direita, religioso/não religioso. O que é urgentemente necessário é uma agenda política de parceria que seja unificadora, que possa nos fazer superar os debates e classificações convencionais.

A coisa mais importante que você pode fazer é nos ajudar a superar a política partidária e passar a uma política de parceria, que alargue e aprofunde a visão de um país mais justo e acolhedor. Este capítulo e as tabelas no anexo no fim deste livro oferecem a base e as ferramentas práticas para colocar em ação uma agenda política de parceria.

A política sob um novo prisma

Quando você vê televisão ou lê jornal, pode ter a impressão de que a política é como um jogo de futebol ou um debate na TV, em que o que conta é quem faz uma manobra melhor do que o outro, como em uma competição com ganhadores e perdedores. Quais as táticas mais eficazes? Quem consegue trazer para seu lado o eleitor indeciso com um simples slogan? Quem consegue jogar mais lama? Quem pode arrecadar mais dinheiro? Qual candidato tem uma personalidade mais carismática?

Quando você olha para a política pelo prisma analítico do *continuum* de parceria/dominação, enxerga uma luta mais profunda. Você vê a luta entre os que conservam a visão antiga de poder – o poder de dar ordens, de controlar e de tirar o poder de outros – e aqueles que querem usar sua posição de poder para dar poder aos outros.

De fato, esta vem sendo a luta política básica há muito tempo – embora não seja o que nos ensinam na escola em história.[3] Bem, você pode achar que a história não importa porque ela já aconteceu. Mas, como diz o velho ditado, os que não aprendem com a história estão condenados a repeti-la. Reexaminar a história sob o prisma da parceria e dominação abre os nossos olhos e é essencial se quisermos avançar.

Na escola, provavelmente ensinaram a você que a democracia moderna começou com o movimento pelos "direitos do homem" nos séculos XVII e XVIII. Mas não ensinaram que este movimento questionava a tradição de dominação: o poder dos reis "escolhidos por Deus" sobre seus "súditos". Da mesma forma, não ensinaram a você que o movimento dos "direitos da mulher", ou feminista, desafiava outra tradição de dominação: o controle dos homens sobre mulheres e filhos no "castelo" do lar. Os movimentos abolicionista e pacifista do século XIX questionaram outras tradições arraigadas de dominação: a escravização de uma raça por outra e a força como meio de um país controlar outro.

Olhando a História pelo prisma da dominação e parceria, você consegue ver que outros movimentos, aparentemente não relacionados, também são desafios à tradição de dominação. O movimento para humanizar o tratamento dos doentes mentais desafiou a prática de espancá-los e acorrentá-los para controlar seus "instintos antissociais". Os movimentos de reforma educacional desafiaram o castigo corporal para controlar as crianças na escola.

No século XX, os movimentos de direitos civis, de independência das colônias, de liberação das mulheres, de direitos dos povos indígenas, de pacifismo e de direitos dos homossexuais também desafiaram e desafiam as tradições de dominação. O mesmo faz o movimento ambientalista, que desafia a outrora considerada honrosa conquista da natureza.

Nos últimos trezentos anos, estes desafios às a tradições de dominação trouxeram muitas conquistas. Note que o trabalho infantil, os ambientes de trabalho inseguros ou insalubres, as jornadas de trabalho de doze horas e outras características do período inicial do capitalismo ainda seriam legais se não fosse pelas lutas dos sindicalistas. Sem o movimento de direitos civis, a discriminação racial ainda seria legal e veríamos negros sendo insultados como parte da vida diária. Sem o movimento feminista, as mulheres hoje ainda não poderiam frequentar a universidade, ter ou administrar propriedades, ter um negócio próprio ou votar.

Um movimento novo e muito importante aborda a questão da dominação e violência nas relações íntimas. Ele desafia crimes como o estupro, espancamento de esposas, abuso de crianças e incesto, que até pouco tempo atrás eram atos de violência não comentados e não criminalizados, frequentemente imputados à vítima. Como você vai ver, este recente movimento contra a violência doméstica é um dos fundamentos de uma política integrada de parceria.

Mas a mudança para a parceria encontrou oposição feroz a cada passo. Foi também periodicamente forçada a retroceder por regressões ao modelo dominante.

Embora superficialmente pareçam ter pouco em comum, os regimes mais repressores dos tempos modernos – desde a Alemanha de Hitler até o Afeganistão do Talibã – foram regressões à essência do modelo de dominação/controle. Todos foram um retorno a uma estrutura brutalmente repressora. Todos tentaram colocar as mulheres de volta em seu "tradicional" lugar subserviente. Todos propuseram e usaram a violência para estabelecer e manter hierarquias de controle de cima para baixo, de homens sobre mulheres e homens sobre homens.

Também houve periodicamente regressões dominadoras em outros países do mundo como os Estados Unidos, embora em forma mais branda. E uma das razões pelas quais precisamos urgentemente de novas políticas de parceria é que estamos hoje em um destes períodos.

O retrocesso

Quando você olha para as notícias pelo prisma da parceria/dominação, vê que muitas coisas que o perturbam, neste país como no mundo, são parte de um retrocesso ao modelo de dominação. Nos Estados Unidos, líderes demagógicos (muitas vezes apelando injustamente à religião) pregam a intolerância, o que levou ao aumento da violência contra grupos marginalizados como os homossexuais. Pedem uma volta a valores familiares de eras mais autoritárias: domínio masculino e educação punitiva. Ao mesmo tempo, cresceu a violência contra mulheres e crianças: bate-se nelas para que voltem a ser submissas.[4] Até a separação entre Igreja e Estado, que está incluída em nossa Constituição para evitar o controle e a violência religiosa que outrora predominava (e que ainda predomina em alguns lugares), está sob ataque. E uma parte decisiva deste retrocesso dominador é uma reconcentração maciça do poder econômico.[5] A maioria de nós tem uma vaga consciência das sérias implicações destes fatos, embora raramente sejam analisados em profundidade em jornais ou na TV. Pense sobre estas estatísticas econômicas:

- Você sabia que durante o tão falado período de crescimento econômico até os anos 1990, a renda da quinta parte da população americana que está no nível intermediário na verdade diminuiu, enquanto que a receita do um por cento do topo subiu como um foguete? A receita do um por cento do topo deu um salto de 78 por cento. Mas a receita do quinto intermediário caiu 5,3 por cento.[6]
- Você está ciente de que há uma história oculta por trás da tão divulgada estatística do censo, segundo a qual de 1995 a 1996 a média da receita dos americanos subiu 1,2 por cento? A estatística oculta o fato de que, enquanto a receita para os vinte por cento mais ricos aumentou 2,2 por cento, a receita dos vinte por cento mais pobres na verdade *caiu* 1,8 por cento.[7]
- Você sabia que em 1999 – o nono ano da mais longa expansão econômica da história dos Estados Unidos – a fatia da receita nacional que coube aos trabalhadores permaneceu 2 a 4 por cento abaixo dos níveis atingidos no final da década de 1960 e início da de 1970?[8]
- Você sabia que o valor total das quatrocentas pessoas mais ricas dos Estados Unidos, na lista da revista *Forbes*, foi um trilhão de dólares?[9]

- Você está ciente de que aproximadamente quinhentos bilionários em um punhado de países como Estados Unidos, França, México, Tailândia e Arábia Saudita têm uma riqueza total equivalente à riqueza de 52 por cento dos bilhões de habitantes deste planeta?[10]

Esta reconcentração de riqueza[11] tem enorme significado político, já que com ela vem o controle maciço que os interesses dos endinheirados exercem sobre os políticos e os meios de comunicação de massa que determinam as políticas nacionais. Muitos desses indivíduos e empresas enormemente ricos, que controlam a maior parte da riqueza do mundo, também exercem enorme controle sobre a maior parte dos governos do mundo. Em alguns países, este controle é acintosamente exercido através de pagamentos ou subornos, aceitos como prática tradicional. Nos Estados Unidos este controle é geralmente exercido através de grandes doações para campanhas eleitorais e por lobistas que têm influência sobre questões decisivas tais como: quem recebe redução de impostos, quais programas governamentais são custeados por impostos, quais leis e regulamentos são apoiados ou não por pessoas em cargos eletivos e, naturalmente, quem é eleito.

Muitas empresas trocam contribuições políticas por favores políticos, que incluem subsídios e outras formas de "previdência empresarial", bem como a proteção do governo para injustas atividades monopolísticas. Veja a Archer Daniels Midland Corporation (ADM), um dos mais destacados beneficiários de previdência empresarial na história recente dos Estados Unidos. A ADM e seu presidente, Dwayne Andreas, doaram milhões de dólares a ambos os partidos políticos e em contrapartida colheram bilhões de dólares dos contribuintes e consumidores sob a forma de proteção federal ao setor açucareiro, subsídios ao etanol, subsídios à exportação de grãos e vários outros programas.[12] Veja os enormes aumentos de preço de companhias como a Enron e a Duke depois que os preços de energia da Califórnia foram desregulados. A Duke aumentou seus preços no início do pico de 2001 para 3.880 dólares por megawatt-hora, quando a média em 2000 tinha sido de 76 dólares! Estes altos preços de energia foram então repassados aos consumidores da Califórnia. As contas domésticas e empresariais duplicaram e triplicaram, com consequências desastrosas para pequenos negócios, famílias pobres e muitos idosos que vivem de aposentadoria. Mas quando o presidente Bush veio à Califórnia em maio de 2001, negou-se a mudar a política energética, que havia sido habilmente montada por conselheiros com laços estreitos com gigantes do gás natural tais como a Enron, uma das maiores contribuintes à campanha presidencial de Bush no ano 2000.[13]

Estes não são casos isolados. A questão é que nos Estados Unidos temos uma forma legal de corrupção política. Temos um sistema em que a compra de políticos e de políticas governamentais é legal. Mas embora estes esquemas estejam à vista de todos, os comentaristas políticos raramente fazem a conexão. Na verdade, você raramente vê análises de esquemas de dominação – domésticos ou empresariais – nos meios de comunicação de massa.

Controle da mídia e a massificação

É óbvio que a informação de que dispõem os eleitores sobre os candidatos e o que defendem influencia o resultado das eleições para cargos políticos. Aqui enfrentamos outra ameaça à democracia e à qualidade da vida no dia a dia: a concentração da propriedade dos meios de comunicação nas mãos de cada vez menos pessoas.

Em muitos países, por exemplo no Irã fundamentalista, os jornais que não se ajustam aos ditames oficiais são fechados. Qualquer discordância das políticas, crenças ou dogmas religiosos oficialmente aprovados é censurada e severamente punida. Felizmente, não temos este tipo de controle dos meios de comunicação nos Estados Unidos. Mas também aqui estamos vendo uma radical diminuição das fontes de notícias e opiniões.

Cada vez mais jornais independentes são fechados ou engolidos por enormes companhias de comunicação que controlam muitas publicações. Até a internet está ficando mais controlada centralmente, à medida que o acesso e o conteúdo vão sendo recentralizados nas mãos de cada vez menos entidades comerciais tais como a AOL/Time-Warner e a Microsoft Network.

Na primeira edição de seu renomado livro *The media monopoly*, publicada em 1983, Ben Bagdikian chocou o país quando relatou que cinquenta companhias controlavam a maior parte dos meios de comunicação em massa dos Estados

Unidos – jornais, revistas, livros, filmes, rádio, televisão, cabo e música. Na edição de 1997 do livro, o número havia encolhido para dez. Na edição de 2000, havia descido para apenas seis: AOL/Time-Warner (que também é dona de substancial quantidade de meios impressos, incluindo 24 revistas, entre elas *Time, Fortune* e *People*), Disney (proprietária de 22 subsidiárias importantes, incluindo seus enormes parques temáticos, o Canal Disney e a ABC), Viacom-CBS-Paramount; Bertelsmann (proprietária de um império internacional de meios de comunicação que inclui a editora gigante americana Random House e suas muitas subsidiárias, bem como a Bantam Books, Doubleday e Dell); a News Corporation de Rupert Murdoch (que controla outro império internacional incluindo HarperCollins, Twentieth Century Fox, Canal Fox, 132 jornais e 25 revistas, incluindo uma percentagem do *TV Guide*); e a General Electric (que conta com a RCA e sua subsidiária NBC)[14].

Como você pode constatar simplesmente ligando a TV, estes e outros gigantes empresariais estão disseminando mensagens destrutivas sobre o que é normal e desejável nas relações humanas. Isto não quer dizer que há gente ruim nessas organizações. A maioria está simplesmente repetindo, e com frequência intensificando, o teor de mensagens que aprenderam a aceitar. São pessoas que foram educadas e que agora vivem segundo regras dominadoras profundamente arraigadas. Portanto, eles também muitas vezes tendem a filtrar, barrar ou negar informações que contradigam sua visão de mundo.

A negação é característica de personalidades dominadoras que aprendem desde cedo este comportamento medroso de barrar e filtrar suas percepções. Ao mesmo tempo, também é característica de pessoas que tentam justificar suas crenças, ações e estilos de vida. Assim, não estamos lidando com uma conspiração ou com pessoas más. É um problema embutido em sistemas dominadores que, para se manterem, bloqueiam qualquer coisa que os ameace.

Enfatizo isto porque o cenário que estou esboçando não tem a intenção de culpar as pessoas dos meios de comunicação, os ricos e nem mesmo as empresas que controlam os meios. É para alertar você de uma situação perigosa que só vai mudar se houver um número suficiente de pessoas entre nós, e também nas megaempresas que hoje exercem tanto poder, conscientizando-se do que está acontecendo nos meios – e que nos influencia.

Hoje as crianças crescem em lares onde a televisão fica ligada em média sete horas por dia – o que é mais tempo do que as crianças gastam com os pais ou na escola. A criança média provavelmente terá visto na tela oito mil assassinatos e mais de cem mil atos de violência quando chegar ao final do ensino fundamental. Na idade adulta, a violência parece natural e as relações abusivas são aceitáveis e até divertidas para essas pessoas.

Como escreve George Gerbner, ex-reitor da Escola Annenberg de Comunicação da Universidade da Pensilvânia, toda essa carga de imagens violentas "cultiva um senso exagerado de insegurança, desconfiança e ansiedade ao respeito do mundo mau que se vê na televisão [...] A violência nos meios de comunicação demonstra poder e prepara o caminho para a repressão." [15]

Para dizer de forma simples, a violência nos meios de comunicação e a banalização da insensibilidade favorecem a política dominadora. Quando toleramos, apoiamos e exportamos violência nos meios, estamos ajudando a criar mentalidades receptivas a líderes do tipo "homens fortes" que conseguem "manter a ordem" com políticas punitivas em vez de cuidadosas.

A proporção de homens para mulheres na televisão nos Estados Unidos apoia ainda mais as crenças, hábitos e políticas dominadoras. Pasme: é de dois para um.[16] Este desequilíbrio maciço está comunicando o que às crianças e aos adultos? Não será que os homens são mais importantes que as mulheres? E não é só isso: o que é comunicado pelo fato de as mulheres serem desproporcionalmente veiculadas no papel de vítimas de crime e violência? Isto também não reforça a mensagem de que os homens são ativos e as mulheres passivas, e que a violência contra as mulheres é natural?

A baixa proporção de pessoas pobres na televisão, a colocação desproporcional de pessoas de cor no papel de criminosos ou vítimas de crimes também não invalidam as experiências reais, os sonhos e necessidades de afrodescendentes? O enorme custo em energia e a força heroica necessária para viver cada dia superando o estresse do racismo, e a pobreza que frequentemente o acompanha, é praticamente invisível na TV.

Os homens brancos, ao contrário, recebem a todo instante papéis heroicos, inclusive papéis em que têm muito poder. Além disso, estes personagens masculinos com frequência adquirem e usam o poder através da violência, o que reforça ainda mais os estereótipos dominadores da masculinidade e mais uma vez comunicam que a violência é normal e até desejável nas relações humanas.

Este problema é particularmente sério em programas de televisão e filmes para crianças, onde a violência é sistematicamente apresentada como máscula e divertida. Em *As tartarugas ninjas* e sua continuação, *O segredo de Ooze*, por exemplo, há uma média de 133 atos de mutilação por hora. Como escreve Gerbner, nessa série os homens "brigam, torturam, se empanturram de pizza (marca da pizza claramente visível), queimam, esmagam, mutilam e matam". Quanto às mulheres, em *As tartarugas ninjas* elas são representadas por "um solitário objeto sexual em miniminissaia (intrépida repórter com chefes mandões e mal-educados) que é agredida, intimidada, vitimizada e salva pelo menos três vezes" até que "ela também mate e ouça o comentário apreciativo: 'Você é uma matadora natural, irmã.'" [17]

Pense o quanto estas vívidas imagens de violência, apresentadas como normais, heroicas e divertidas, influenciam os cérebros infantis em desenvolvimento. Como discutimos em capítulos anteriores, as redes neurais e bioquímicas do cérebro – e com isto os hábitos de pensamento e comportamento – são em grande medida moldados na infância por aquilo que vivenciamos, inclusive no que é mostrado como exemplo para nós. Estes programas de TV e filmes com sua nítida brutalidade têm um impacto sobre o cérebro em desenvolvimento da criança. Os *videogames* são ainda mais brutais,[18] e as músicas de rap costumam apontar sua crueldade e violência para meninas e mulheres – sendo exemplo os discos de Two Live Crew, Ice Cube, NWA, Cannibal Corpse e Eminem, que apresentam músicas com títulos tais como "Larga do meu pinto" e "Estou mandando vir aqui, sua sem-vergonha". Mesmo nos noticiários, as manchetes mais destacadas são reservadas aos atos de violência.

Todo este "entretenimento" violento – que é exportado para o mundo todo – envenena a mente não só de crianças como também de adultos. Dá a falsa impressão de que a dor e a violência são os acontecimentos e comportamentos mais interessantes e dignos de noticiário. Comunica constantemente, em nível consciente e inconsciente, que o que conta na vida é quem inflige dor e a quem a dor é infligida – o ponto básico da política dominadora.

Os meios de comunicação e a democracia

Eu não costumava pensar nos meios de comunicação como algo político. Eu não achava que os meios difundem uma agenda política regressiva e acreditava nos figurões do mundo empresarial e político quando reclamavam que os meios são "muito liberais".[19] Somente quando comecei a analisar sistematicamente o conteúdo dos meios de comunicação de massa que ficou evidente para mim – apesar de todo o falatório sobre democracia, liberdade e igualdade – que os meios frequentemente apoiam o contrário.

Os meios não apenas tendem a retratar as relações baseadas em dominação e até em violência como a ordem inevitável das coisas, eles, com poucas exceções, também vêm continuamente "emburrecendo" seu conteúdo. Isto é verdade não só para a televisão como também para os meios impressos, onde também houve uma maciça concentração das publicações de livros, jornais e revistas em poucas empresas.

Embora este emburrecimento seja às vezes comercialmente justificado (a ideia que o justifica é corresponder ao que as massas querem), ele é na verdade uma forma de emburrecer o público, tornando-nos mais manipuláveis comercial e politicamente. Como ficou evidente muitas vezes nos debates entre Bush e Gore na campanha presidencial americana de 2000, os meios forçam os candidatos a emburrecerem os discursos e suas mensagens, e comportarem-se como comediantes em programas idióticos. Esta cobertura garante o fornecimento de frases de efeito e tiradas superficiais no lugar da discussão de ideias e questões importantes.

Considere que, no mesmo período em que a Ajuda para Famílias com Crianças Dependentes foi maciçamente cortada, o governo dos Estados Unidos deu milhões de dólares a enormes empresas para ajudá-las a anunciarem seus produtos no exterior: por exemplo, dezesseis milhões para a Gallo, nove milhões para a Pillsbury, quatro milhões para a M&M doces, um milhão para a McDonald's, um milhão e meio para a Campbell's Soup e dois milhões para a Fruit of the Loom.[20] Mas a grande imprensa não apontou para o fato de esta "previdência empresarial" ser o resultado direto de contribuições políticas feitas pelos interesses empresariais, que estão literalmente fazendo suas próprias leis.[21]

É escandaloso ver que, quando os gigantes do tabaco deram milhões aos políticos para que seguissem suas ordens, isto só rendeu pequenas notícias nas últimas páginas da maioria dos jornais. Não é preciso ser um gênio para deduzir que a derrota da legislação antifumo promovida pelos conservadores em 1998, que teria levantado 516 bilhões de dólares ao longo de vinte e cinco anos para melhorar a qualidade da educação e outros serviços sociais, tem relação direta com as doações das companhias de tabaco aos republicanos. No período de 1997-98, a Philip Morris doou dois milhões de dólares aos republicanos (e apenas 490 mil aos democratas) e a R.J. Reynolds deu ao Partido Republicano um milhão (e apenas cem mil ao Democrático).[22]

Analogamente, as contribuições políticas do setor de comunicação e eletrônica aos candidatos federais no ciclo eleitoral de 1995-96 totalizou mais de 53 milhões de dólares. Entretanto, mal foi mencionado nas notícias o fato óbvio de que estas contribuições influenciaram a aprovação em 1996 da Legislação de Telecomunicações, que legalizou a maior concentração de controle dos meios de comunicação da história dos Estados Unidos.[23]

Outra coisa que você não vai achar nas manchetes de primeira página é a natureza despótica de alguns regimes e pseudorregimes que nosso governo vem armando e treinando. Até mesmo depois do ataque terrorista de setembro de 2001 aos Estados Unidos, que matou mais de cinco mil pessoas, somente os meios alternativos destacaram que na década de 1980 o governo Reagan apoiou – na realidade, ajudou a criar – o Talibá para forçar os soviéticos a sair do Afeganistão. E somente as fontes alternativas de notícias notaram o fato de que muitos assistentes de Osama bin Laden, e possivelmente o próprio bin Laden – as pessoas que o governo dos EUA agora considera responsáveis por este massacre – receberam apoio militar e financeiro da CIA e de fundamentalistas paquistaneses subsidiados pelos Estados Unidos.[24]

A restrição à informação de que dispomos vai além da sutil, ou às vezes nem tão sutil, censura interna dos meios, que foi exaustivamente documentada por Ben Bagdikian, Robert McChesney, Dean Alger e outros.[25] Como foi documentado por Sheldon Rampton e John Stauber na obra *Trust Us, We're Experts*, quase metade das nossas notícias são geradas por firmas de relações públicas a serviço dos interesses de grandes empresas.[26]

Um estudo da Columbia Journalism Review constatou que, em um exemplar típico do *Wall Street Journal*, mais da metade das notícias baseava-se unicamente em comunicados à imprensa vindos de firmas de relações públicas. E não só isso: vídeos de notícias – histórias inteiras escritas, filmadas e produzidas por firmas de relações públicas – são transmitidas por satélite ou pela internet para milhares de estações de TV em todo o mundo. Estas firmas de relações públicas são contratadas especificamente para criar uma imagem positiva das empresas e suas atividades.[27] Portanto não nos deve surpreender que as notícias sejam fortemente filtradas antes mesmo de chegarem às mãos das pessoas que decidem o que é adequado ser irradiado ou impresso.

A seriedade de nossos problemas ambientais é outro assunto tratado com extrema reserva pelos meios de massa. Os cientistas constantemente nos previnem quanto ao aquecimento global, buracos na camada de ozônio, perda de biodiversidade e outras ameaças ao equilíbrio ecológico – e consequentemente à saúde de cada um de nós e até à sobrevivência da nossa espécie. Mas estes alertas raramente chegam à primeira página dos jornais. Por exemplo, em 1992, 1.700 cientistas, incluindo a maioria dos ganhadores do prêmio Nobel de ciências, escreveram o documento "Alerta dos cientistas mundiais à humanidade", que dizia com todas as letras que, "se não forem contidas, muitas práticas atuais põem em sério risco o futuro [...] e muitas alteram o mundo vivo a tal ponto que ele será incapaz de sustentar a vida".[28] O sombrio alerta não foi sequer noticiado pela maioria dos jornais e noticiários de TV. E quando foi, apareceu como um pequeno item sem mais detalhes nem comentários editoriais. No dia de sua divulgação, o *New York Times* dedicou espaço na primeira página para uma história sobre as origens do rock and roll, e o *Globe and Mail* abriu espaço na sua primeira página para uma grande foto de carros estacionados formando o desenho do Mickey Mouse.[29]

Os grandes meios de comunicação são de propriedade de empresas gigantes, cujos clientes anunciantes são empresas gigantes. Assim, os meios constantemente pressionam para um consumo ainda maior de bens – e raramente mencionam o esgotamento ambiental e a poluição causadas pelo superconsumo. Também raramente mencionam que muitos dos produtos que anunciam são prejudiciais à saúde. Por exemplo, enquanto os anúncios de cigarros foram grandes fontes de receita, os meios raramente noticiaram a ligação entre cigarros e câncer.

Da mesma forma, raramente vemos notícias de que os laticínios são na verdade prejudiciais a muitas pessoas devido a alergias ou de que há provas de que aumenta a incidência de câncer da próstata.[30]

Quando pela primeira vez enxerguei estas tendências, fiquei alarmada e com raiva. Com raiva porque dependemos dos meios para nos dar informações confiáveis. E alarmada porque, com informações filtradas e emburrecidas, torna-se difícil para nós – inclusive para quem elabora políticas governamentais e empresariais – fazer escolhas inteligentes e ainda mais difícil participar efetivamente de eleições e outros processos democráticos.

O que é fundamental

Agora, você pode perguntar como deixamos tudo isto acontecer em um país que se orgulha de seu credo de liberdade, igualdade e democracia? Como foi que nossas eleições se tornaram um circo de marketing de massa, onde os resultados podem ser controlados por grandes doadores? Como foi que o fluxo de informação ficou tão estrangulado por aqueles que detêm o controle econômico e portanto político? Como é que, cada vez mais, nos encontramos em um país onde a divisão entre "superiores" acima de "inferiores" é protegida pelas políticas governamentais, independentemente dos custos para a saúde e o ambiente?

Uma das razões, é claro, são os próprios meios de comunicação, que constantemente nos distraem ao chamar nossa atenção para um horripilante julgamento de assassinato, um escândalo sexual, esportes, moda, enquanto oferecem apenas a mais superficial, e muitas vezes tendenciosa, cobertura dos assuntos que importam de verdade para nossa vida. Outra razão é que estamos ocupados ganhando a vida. Os americanos hoje trabalham mais horas que os trabalhadores em qualquer outro país industrializado, incluindo o Japão. Quando voltamos cansados para casa e queremos apenas passar algum tempo com a família ou relaxar, é difícil fazer um esforço extra para descobrir o que realmente está acontecendo no mundo.

Mas o problema vai muito mais fundo. Um dos aspectos mais marcantes do atual retrocesso à dominação é a pressão sistemática a favor do tipo de relação entre pais e filhos e entre homens e mulheres que promove as hierarquias de cima para baixo em tudo. De fato, um dos aspectos mais perigosos desse retrocesso ao padrão dominador é a pressão mundial para fortalecer as relações familiares e de gênero do tipo que alicerça toda a pirâmide de dominação.

Você pode achar que a política nada tem a ver com o que acontece nas relações íntimas e vice-versa. Mas se for verdade, por que então você acha que os retrocessos políticos – sejam de direita ou esquerda, religiosos ou seculares – se empenham tanto em nos empurrar de volta para a dominação e submissão nas relações entre pais e filhos e entre mulheres e homens?

A razão é que estas relações íntimas são onde primeiro aprendemos a aceitar a dominação e o controle como se fossem normais, inevitáveis e corretos, e onde aprendemos maneiras parceiras de viver. É por isso que os mais repressivos regimes modernos – a Alemanha de Hitler, a União Soviética de Stalin, o Irã de Khomeini e o Afeganistão do Talibã – brotaram onde as relações familiares e de gênero baseadas na dominação e submissão estão firmemente estabelecidas. Também é por isso que, uma vez no poder, esses regimes insistiram vigorosamente em políticas cuja meta é o retorno do pai punitivo com controle completo sobre sua família.

Vemos este padrão com toda clareza num dos mais sérios aspectos do retrocesso dominador de nossos tempos: o crescimento do assim chamado fundamentalismo religioso. Digo *assim chamado* porque, olhando de perto, fica claro que aquilo que os líderes fundamentalistas pregam – seja no Oriente Médio ou nos Estados Unidos – não é fundamentalismo religioso e sim o modelo de dominação/controle com um toque religioso.

Se você examinar os ensinamentos e políticas defendidas pelos líderes da direita cristã, vai perceber que eles são muitas vezes o extremo oposto dos ensinamentos de Jesus. Enquanto Jesus questionava a rígida administração das hierarquias religiosas de seu tempo, estes homens (e ocasionalmente mulheres) estão decididos a controlar todos os aspectos da nossa vida – desde as relações familiares até as políticas. Enquanto Jesus ensinava o acolhimento, a compaixão, a empatia e a não violência – em resumo, os pontos fundamentais da parceria –, os líderes conservadores cristãos insistem em pregar os pontos fundamentais do modelo de dominação. Eles ensinam o medo, como em: "As pessoas precisam sentir o temor a Deus"; a culpa, como em: "Você é pecador"; o preconceito, ao vilipendiarem pessoas de raças ou orientações sexuais diferentes, e a busca de bodes expiatórios, como em: "As feministas estão querendo destruir a família."

Se você vir os Evangelhos, vai verificar que Jesus não disse nada no sentido de fortalecer o poder dos homens sobre as mulheres. Pelo contrário, quando pregou contra o divórcio, era para proteger as mulheres contra a possibilidade de serem jogadas à rua pelos maridos, já que na época o divórcio era um direito apenas dos homens. Ele nada disse no sentido de deixar as mulheres de fora do sacerdócio. Sabemos até pelo Novo Testamento que muitos líderes das primeiras comunidades cristãs eram mulheres.[31] Sabemos pelos Evangelhos Gnósticos que, em vez de uma prostituta, Maria Madalena foi uma das principais figuras da liderança cristã nos primeiros tempos.[32] Quanto à violência contra mulheres, Jesus impediu a morte por apedrejamento de uma mulher acusada de independência sexual.

Em contraste, o objetivo dos líderes fundamentalistas – seja nos Estados Unidos, Índia, Irã ou Paquistão – é empurrar as mulheres de volta para seu lugar controlado. Em alguns países muçulmanos as mulheres ainda são apedrejadas até a morte. Os assim chamados assassinatos de honra, por membros da própria família, de meninas e mulheres suspeitas de qualquer independência sexual são socialmente tolerados. Nos Estados Unidos, o bombardeamento de clínicas de planejamento familiar e o assassinato de médicos, enfermeiras e voluntários que ajudam as mulheres a exercerem seu direito constitucional à opção reprodutiva é incitado por alguns líderes fundamentalistas. No Afeganistão, Osama bin Laden e outros líderes fundamentalistas ordenam que as mulheres que não seguem seus ditames opressores sejam mortas. E uma das razões da ira que sentem contra os Estados Unidos é que vêem a posição mais valorizada das mulheres ocidentais como uma ameaça à sua ordem social regressiva.[33]

Se você prestar atenção ao programa político dos fundamentalistas – muçulmanos, hinduístas, judeus ou cristãos –, verá que o que realmente interessa a eles é reimpor o sistema rígido de controle de cima para baixo que é básico para a configuração dominadora. Esta configuração consiste no governo por homens fortes tanto na família quanto no Estado, em posicionar a metade masculina da humanidade acima da metade feminina, e no medo e na violência institucionalizados para manter a hierarquia – seja ela do homens sobre a mulher, do homem sobre o homem, de raça sobre raça ou religião sobre religião. (O perfil desta configuração está nas tabelas 1 e 2 sobre o *continuum* parceria/dominação nos anexos "Ferramentas de parceria" deste livro.)

Uma peça central do programa político fundamentalista é que as mulheres sejam colocadas de volta no lugar "tradicional" da família onde a autoridade paterna seja inquestionável. É claro que às vezes as mulheres mandam nos homens, mas nesses casos são vistas como usurpadoras, como nas expressões "megera" e "na família, ela é que usa calças".

Esta meta de impedir a igualdade dos gêneros é o motivo pelo qual a aliança entre fundamentalistas e direitistas nos Estados Unidos se mobilizou para derrotar a Emenda de Iguais Direitos à constituição americana, que iria simplesmente declarar que as leis federais e estaduais não podem discriminar com base em sexo. É por isso que os líderes fundamentalistas nos Estados Unidos se opõem tão furiosamente à liberdade reprodutiva para as mulheres, que são tão venenosamente hostis aos gays (que, aos seus olhos, infringem a ordem divina de que um homem nunca deve estar em posição subserviente a uma mulher), e que até se opõem a legislações federais para proteger as mulheres da violência, à concessão de fundos governamentais para abrigos para mulheres que sofrem abusos (como na chamada Lei de Proteção à Família do ex-senador Laxalt). É também por isso que organizações como os Promise Keepers oferecem aos homens a falsa opção entre negligenciar ou abandonar a família e "retomar o controle".

Outro elemento básico do programa fundamentalista dos Estados Unidos é que as crianças precisam, sob pena das mais severas punições, aprender que a vontade dos pais é lei. É por isso que os fundamentalistas apoiam programas que, segundo eles, ensinam os pais a criarem seus filhos "de acordo com Deus", como vimos no capítulo 2 – programas planejados para reduzirem os bebês, pelo terror, à obediência absoluta. Infelizmente, como esta forma de estruturar as relações é conhecida e portanto confortável para pessoas que trazem consigo dor, frustração e raiva de uma criação dominadora, tais programas prosperam.

Você talvez pergunte: "O que isto tudo significa para mim? Eu não tenho e nem quero ter este tipo de família." Esta agenda dominadora pode não afetar diretamente a sua família, mas ela leva a atitudes, políticas e comportamentos sociais regressivos que contrariam o fundamento americano de liberdade e igualdade para todos.

Estas tendências, nos Estados Unidos e no mundo, são perigosas para todos nós. Pode parecer que afetam somente os que são diretamente impactados por elas, mas na verdade solapam séculos de movimento em prol da parceria. São projetadas para reinstaurar as tradições de dominação e submissão nas relações entre pais e filhos e entre os gêneros sobre as quais repousa toda a pirâmide de dominação.

Reforçar ou desmantelar os alicerces da dominação

Se quisermos uma sociedade verdadeiramente democrática, não poderemos nos dar ao luxo de ignorar a importância política das relações entre pais e filhos e homens e mulheres, dentro das quais aprendemos e continuamente praticamos relações democráticas ou não democráticas. Quando as crianças crescem em famílias onde aprendem que os homens são superiores às mulheres e que as ordens paternas devem ser obedecidas a qualquer custo, aprendem a aceitar como normais e justas as relações baseadas em dominação e submissão. É claro que nem todos permanecem presos nesta armadilha. Alguns tentam, da melhor forma que conseguem, transcender a criação dominadora. Outros tentam até mudar esses padrões no mundo. Mas muitos outros transmitem inconscientemente, de geração em geração, os hábitos de dominação.

O problema é que muitas pessoas que só vivenciaram relações de dominação e submissão na sua infância acreditam que haja apenas uma alternativa: ou você domina ou é dominado. Não conseguem imaginar outra coisa. No mapa mental que essas pessoas têm das relações, as hierarquias de dominação e submissão são inevitáveis e até morais. Essas pessoas sentem-se extremamente desconfortáveis com qualquer coisa que ameace esta "ordem natural". Em períodos tensos de mudança rápida como o atual, elas podem ser facilmente manipuladas por líderes demagógicos que prometem "impor novamente a ordem".

Dado que a obediência e mesmo o amor foram duramente exigidos por seus pais punitivos, muitas pessoas criadas no modo dominador ficam furiosas com quem "não permanece em seu devido lugar". E da mesma forma que crianças abusadas reprimem a raiva contra os pais abusivos (pois elas precisam sobreviver) e a redirecionam para crianças que enxergam como fracas, essas pessoas frequentemente tomam como bodes expiatórios os grupos que veem como fracos e femininos – sendo que feminino é o mesmo que fraco para a mente dominadora.

Elas expressam desprezo por homens mais sensíveis em expressões populares como "maricas", "capacho da mulher" e "filhinho da mamãe". As minorias raciais e étnicas, mulheres, gays e lésbicas são muitas vezes seus alvos de vilipêndio e perseguição. As pessoas cuidadosas são descartadas com desprezo como "pouco realistas" e "corações moles". Os líderes de governo que não se comportam de forma "devidamente masculina" acabam vilipendiados e se possível expulsos do cargo. Por outro lado, os líderes que basicamente apoiam o controle e a punição são respeitados e até amados – o que é mais um reflexo dos hábitos emocionais aprendidos em famílias dominadoras.

As políticas de líderes sequestrados por mentalidade e hábitos dominadores também segue um padrão bem conhecido. Uma vez que o apoio e os cuidados com os outros estão associados ao "trabalho de mulher" da maternidade, é impensável, para uma psique dominadora devidamente socializada, uma política guiada por uma definição mais estereotipicamente feminina de poder que conceda poder em lugar de retirá-lo.

Um artigo chamado "The ideology of sensitivity", publicado no periódico direitista-fundamentalista *Imprimis,* ilustra o quanto é chocante esta ideia para tais pessoas. Na visão do autor, uma política mais empática e acolhedora é perigosa, ridícula e não americana. Como diz sarcasticamente, ela "substituiria o Big Brother pela Big Nanny" (o Grande Irmão pela Grande Babá).[34]

O que realmente está por trás deste horror à sensibilidade e aos cuidados na política é uma dinâmica psicossocial profundamente arraigada nas relações dominadoras da família. Assim como o pai ou a mãe acolhedor é a metáfora da política de parceria, o pai ou a mãe distante e punitivo é a metáfora da política de dominação. Eu digo pai ou mãe acolhedor ou punitivo apesar de, em sociedades dominadoras, o caráter punitivo ser principalmente associado ao pai (como em: "Espere seu pai chegar em casa") e o acolhimento à mãe.

Seguindo a política de dominação, os políticos apoiados pela aliança conservadora fundamentalista americana sempre conseguem fundos para os "trabalhos de homem" como guerras e armamentos maiores e mais caros, como o escudo de defesa contra mísseis de vários bilhões de dólares.[35] E isto apesar de a mais séria ameaça à nossa segurança nacional hoje ter sido o terrorismo por meio de aviões em voo doméstico lançados contra prédios, como foi o caso nos horríveis ataques em Nova York e Washington em setembro de 2001, e de agentes biológicos e outras tecnologias de armas portáteis, contra os quais o escudo de defesa contra mísseis seria inútil (admitindo que ele funcionasse, o que já é duvidoso).

Seguindo ainda o antigo papel do chefe masculino da família, este tipo de político sempre encontra fundos para punir em vez de apoiar (já que apoiar é um papel estereotipicamente feminino). Não tem dificuldade em obter financiamento para construir cada vez mais prisões, por exemplo. Mas nunca acha dinheiro para fornecer melhores cuidados para as crianças – embora já tenha sido provado que cuidar bem das crianças não só previne a violência como também é fundamental para o desenvolvimento humano.[36]

Precisamos mudar isto. Se quisermos fortalecer as instituições democráticas, se quisermos relações de respeito mútuo e parceria em todos os aspectos da vida, precisamos ajudar os outros a perceberem essas conexões. Temos que ajudá-los a entender que aquilo que muitas vezes é promovido hoje como fundamentalismo religioso não é uma questão de religião mas sim de garantir que as duas pedras fundamentais de uma sociedade de parceria – relações parceiras entre pais e filhos e relações parceiras entre homens e mulheres – não venham a substituir o tipo de relação fundamental para uma sociedade dominadora.

Acima de tudo, precisamos retomar a iniciativa política. Se quisermos ser politicamente proativos em vez de apenas reativos, precisamos nos unir para desenvolver e promover uma nova agenda política de parceria que apoie relações de respeito pela dignidade e os direitos das pessoas, tanto nacional quanto internacionalmente.

A política da parceria

Como as gerações futuras irão ver nossa época? Será que vão olhar para trás e enxergar um período em que os Estados Unidos afastaram-se da visão que inspirou seus fundadores? Estarão vivendo em um país em que salta aos olhos o contraste entre pobreza e riqueza, um país onde faltam casas, falta esperança e falta coração? Vão ver nos meios de comunicação de massa, e em grande parte da realidade, uma cultura violenta, polarizada e cínica? As futuras famílias e as escolas vão se sujeitar a tradições de dominação em vez de apoiar a real democracia? Ou vão ver um novo florescimento da visão de igualdade, democracia, respeito e liberdade para todos?

Como você viu, muitas conquistas do passado estão em perigo hoje. É fácil ficar desencorajado ou, como no provérbio da criança com o dedo no dique, tentar estancar a enchente do retrocesso dominador um furo de cada vez, e sempre em uma posição defensiva. Mas esta abordagem fragmentada não vai nos ajudar a construir nada de substancial para o futuro e nem prevenir novas ondas de retrocesso.

É precisamente em períodos de retrocesso que precisamos ser proativos e não apenas reativos. No primeiro estágio do movimento moderno pela parceria, a ênfase recaiu sobre o topo da pirâmide de dominação, nas relações econômicas e políticas da assim chamada esfera pública. Muito pouca ênfase foi colocada na chamada esfera privada de relações – as relações entre pais e filhos e entre as metades feminina e masculina da humanidade – que era vista como "assunto de mulher" e "assunto de criança" e portanto secundária. O resultado é que ainda nos faltam alicerces sólidos nos quais apoiar uma sociedade verdadeiramente democrática e equitativa.

Hoje estamos no limiar de um segundo estágio, crucial no desafio às tradições de dominação: uma política de parceria abrangendo tanto a esfera pública quanto a privada das relações humanas.

Esta agenda política integrada de parceria se concentra em quatro pontos básicos:

- Parceria nas relações na infância
- Parceria nas relações dos gêneros
- Economia de parceria
- Crenças culturais, mitos e histórias que apoiem a parceria.

Há peças estratégicas para promover cada um desses pontos básicos – e todos nós podemos ajudar na sua construção.

Uma coisa que todos podemos fazer é resgatar palavras emocionalmente carregadas tais como *tradição, moralidade, família* e *valores*. Essas palavras estão sendo mal utilizadas para nos empurrar de volta aos "bons tempos", quando todas as mulheres e a maioria dos homens sabiam qual era seu devido lugar nas rígidas escalas de dominação.

Quando alguém disser a você que precisamos fortalecer a família, você pode perguntar que tipo de família – e explicar que as famílias democráticas são as fundações de uma real democracia. Você pode apontar para o fato de que a expressão "valores da família" está sendo usada para impor novamente uma família com controle masculino, onde as mulheres podem manipular mas não se afirmar (o que é uma receita para a desgraça, tanto para homens como para mulheres), e onde cedo se ensina às crianças que o amor é condicionado à absoluta obediência às ordens, por mais injustas ou dolorosas que sejam.

Quando disserem que precisamos ser morais, você pode perguntar se é moral ou imoral dominar e até matar pessoas de crenças ou estilos de vida diferentes. Quando disserem que precisamos voltar aos "valores tradicionais", você pode chamar a atenção das pessoas para as antigas tradições – tradições de parceria e não de dominação, que datam de milhares de anos atrás.[37]

A tabela "Vocabulário de parceria e dominação" incluída nos anexos "Ferramentas de parceria" ao final deste livro oferece alternativas parceiras a estas palavras tão carregadas de conotações emocionais.

Uma das grandes metas da agenda política de parceria é acabar com a violência contra crianças e mulheres, que tradicionalmente é usada para manter e funcionar como exemplo de relações de dominação e submissão. Se os mesmos recursos aplicados em campanhas como a "guerra às drogas" forem destinados a uma campanha nacional e internacional para acabar com a violência doméstica, o impacto será enorme. Uma campanha assim pode ajudar milhões de pessoas que são espancadas, estupradas e que correm o risco de serem mortas. Pode ajudar tanto as vítimas como os algozes a reconquistarem sua dignidade humana essencial. Pode reunir pessoas de todos os segmentos do atual espectro político – religiosas e seculares, bem como conservadoras e liberais. E pode nos ajudar a desmontar dois alicerces da pirâmide de dominação: as relações dominadoras entre pais e filhos e as relações dominadoras entre homens e mulheres.

É fácil encorajar as organizações a se unirem por uma tal campanha antiviolência: talvez baste escrever uma carta pedindo que o seu cheque de contribuição seja usado desta forma. Você pode então passar a doar preferencialmente a organizações que cooperam com este objetivo.

Você pode convidar líderes comunitários a afirmarem que a violência é imoral, intolerável e precisa ser combatida. Um bom começo é procurar líderes religiosos. Algumas organizações religiosas já estão se aliando a grupos de direitos humanos para condenar a violência familiar. Por exemplo, em outubro de 2000 o imã Abdul Khan e outros clérigos muçulmanos, juntamente com Bonita McGee, uma ativista muçulmana que oferece apoio a mulheres espancadas, participaram de uma reunião organizada para tratar da violência doméstica entre imigrantes do Oriente Médio e da Ásia.[38]

Imagine o que aconteceria se cardeais e bispos, bem como rabinos, pastores, sacerdotes e mulás, regularmente pregassem no púlpito que é pecado bater na mulher e nos filhos. Ou se as mensagens antiviolência de astros do cinema como Clint Eastwood e Mel Gibson, ou de heróis do esporte como Junior Seau e Tiger Woods, separassem os ideais de real masculinidade da violência? Ou se a apresentadora Oprah desse prioridade máxima a uma campanha para acabar com a violência contra crianças e mulheres? O mundo poderia mudar da noite para o dia.

Às vezes, simplesmente conversar com um amigo ou colega sobre a agenda política de parceria pode ser um poderoso passo à frente. Você pode fazer coisas simples, como dar a um amigo um artigo que você achou interessante e que exemplifica o modelo de parceria em ação. Um lugar onde você encontra informação em abundância (em inglês) é a página de internet do Center for Partnership Studies, https://centerforpartnership.org/.

Você pode também comentar sempre que ouvir as expressões "livre empresa" e "livre mercado" que estas são muitas vezes uma forma cifrada de dizer economia predatória, exploração de trabalhadores e degradação ambiental – práticas em grande parte resultantes de regras e modelos econômicos ruins e não de pessoas ruins. A economia não é livre quando as megaempresas ditam as regras. Regimentos empresariais que exijam responsabilidade social e ambiental; uma reforma do financiamento de campanhas eleitorais impedindo que os políticos sejam legalmente comprados por grandes contribuintes; e invenções econômicas que reconheçam e remunerem adequadamente o trabalho de cuidar dos outros são coisas que podem nos ajudar a construir a terceira pedra angular de uma sociedade parceira: a economia parceira.[39]

Sem novas regras e normas empresariais exigindo responsabilidade não só perante os acionistas, mas perante todos os envolvidos – incluindo empregados, a comunidade local, a comunidade internacional e o meio ambiente que são impactados – não podemos ter expectativa de mudança nas práticas econômicas dominadoras. Sem uma real reforma do financiamento das campanhas eleitorais – isto é, não apenas limitando as doações de campanha mas também limitando o financiamento de campanhas com dinheiro público – não podemos falar de democracia real.

Sem o apoio comunitário para treinamento e remuneração econômica adequada para o trabalho social essencial que é cuidar das crianças, dos idosos e dos doentes, tanto na economia formal quanto na informal, não vamos ter o capital humano de alta qualidade necessário para a economia pós-industrial. E nem vamos conseguir acabar com a pobreza e a discriminação, ou garantir uma vida melhor para nossos filhos e netos.

Como você vai ver na tabela "Os quatro fundamentos da política de parceria" nos anexos "Ferramentas de parceria" deste livro, também há muita coisa que você pode fazer para ajudar a construir o quarto pilar de uma sociedade parceira: as crenças, mitos e histórias culturais que espelham a parceria. Para começar, você pode trabalhar para persuadir o maior número de organizações possível a apoiarem a educação para a parceria, que inclui aulas na escola sobre como criar e cuidar de crianças. Você pode arregimentar líderes empresariais, assinalando que é preciso ter uma tal educação para assegurar ao país a força de trabalho de alta qualidade necessária para a economia pós-industrial. Você pode introduzir ideias e programas de educação para a parceria em reuniões da Associação de Pais e Mestres. Você mesmo pode se tornar um educador para a parceria e inspirar os jovens a fazerem o mesmo.[40]

Como você viu em todo este livro, o primeiro passo para a mudança é expandir a consciência. Quando Thomas Jefferson e os outros idealizadores da Declaração de Independência dos Estados Unidos se reuniram na Filadélfia em 1776 para afirmar que "todos os homens são criados iguais", expandiram a consciência não só dos seus contemporâneos como também de gerações futuras quanto à possibilidade de parceria/respeito nas relações políticas. Quando Elizabeth Cady Stanton e outras ativistas se reuniram em Seneca Falls, Nova York, em 1848 para formular uma declaração de independência mais inclusiva, afirmando que "todos os homens *e mulheres* são criados iguais", desencadearam outra grande expansão de consciência. Quando Martin Luther King, Rosa Parks e outros ativistas de direitos civis desafiaram o sistema de ônibus segregados em Montgomery, Alabama, em 1956, também expandiram a consciência. Em todos estes casos, a expansão da consciência conduziu a ações muito eficazes e úteis.

Incontáveis outras pessoas, cujos nomes não estão nos livros de história, também expandiram nossa consciência e lançaram importantes ações. Uma *socialite* de Boston que assumiu o nome de Laura X gastou todo o dinheiro que tinha para aumentar a consciência sobre o estupro marital, lançando estado a estado uma campanha bem-sucedida para a criação de leis contra estes crimes de violência sexual. Mary Hernandez, uma auditora de seguros e mãe de três filhos, e Sylvia Herrera, mãe de dois filhos, organizaram a PODER – People's Organization in Defense of the Earth and its Resources – e enfrentaram a Exxon, Chevron e outras gigantes do petróleo para proteger as crianças das emissões tóxicas.[41] Dois estudantes secundários, Jeff Johnson e Margarita Herrera, organizaram uma equipe de jovens para transformar terrenos baldios infestados de mato em hortas, trazendo empreendedorismo social, bons alimentos, beleza e renda para os bairros centrais da cidade.

Susanna Martin, uma bancária de 22 anos do Bronx, bairro de Nova York, fundou um dos primeiros centros para mulheres espancadas dos Estados Unidos depois que uma amiga apanhou do marido até morrer. Morris Dees e Joe Levin fundaram o Southern Poverty Law Center, que processou com sucesso os supremacistas brancos e outros grupos praticantes de crimes de ódio. Belfie Rooks desenvolveu oficinas para empoderar crianças afro-americanas e hispânicas através de histórias reais de jovens que têm o que eu chamo de coragem espiritual – a coragem de se erguer não violentamente contra a injustiça.

Todas essas pessoas – jovens e velhas, negras e brancas, mulheres e homens – fizeram alguma coisa que mudou para melhor o país. Assim, você vê que as pessoas "comuns" como você e eu fizeram e continuam fazendo coisas extraordinárias.

Precisamos trabalhar juntos. Precisamos ser mais focados e determinados. Temos que entrar nisso para o longo prazo. Ninguém pode fazer tudo. Mas todos juntos podemos fazer alguma coisa.

Incentivar as mudanças necessárias para uma cultura de parceria não vai ser fácil. Cada passo encontrará feroz resistência. Mas trabalhando juntos pela agenda integrada de parceria que descrevemos neste capítulo (e na tabela "Os quatro fundamentos da política de parceria" no final deste livro) podemos ajudar a realizar o sonho de liberdade e igualdade para todos.

Coloque a parceria para funcionar

Podemos nos considerar de direita, esquerda ou apolíticos, mas nenhum de nós leva vantagem quando nosso país se afasta dos ideais de democracia, igualdade, respeito e liberdade que inspiraram sua criação.

Pense nos candidatos políticos. As suas ações apoiam ou se opõem às relações de parceria? Se lhe parece que nenhum candidato entende a parceria, vote no que está mais próximo dos princípios de parceria, mesmo que você não concorde com tudo o que faz ou diz. Se você não votar, estará dando sinal verde para candidatos retrógrados.

É difícil, pelos meios de comunicação populares, descobrir se um candidato representa um programa de parceria ou dominação. Você pode obter informações úteis nos sites que acompanham as votações dos políticos e seu histórico, ou ler as notícias prestando atenção a esse viés.*

....

* No livro original, há referência de algumas organizações: League of Women Voters; Common Cause; National Association for the Advancement of Colored People (NAACP); The Simon Wiesenthal Center; People for the American Way; Children's Defense Fund, Children Now, Older Women's League (OWL); the American Friends Service Committee (Quakers); International Partnership Network (IPN); Greenpeace; Friends of the Earth; Rainforest Action Network; e Co-op America. Indica também as seguintes publicações alternativas: *Women's International Network (WIN) News; Too Much; Ms.; New Moon; E Magazine; The Utne Reader; Yes!; The Nation; Business Ethics; Mother Jones* e *The Washington Spectator*. [N. da R.]

A lei antitruste precisa ser usada para quebrar o monopólio dos meios de comunicação. Você pode desempenhar um papel na aplicação dessas leis, persuadindo organizações que você apoia a participarem de uma coalizão com este fim.[42]

Você pode dizer aos políticos em quem votou que você quer que promovam uma agenda política de parceria. À medida que você for se envolvendo mais em política, talvez você próprio queira se candidatar. Você pode começar pelo conselho da escola, de seu bairro ou algum dos muitos conselhos municipais.

O principal é aumentar a consciência, sempre que possível, sobre a alternativa da parceria e recrutar outros para trabalharem por uma política de parceria. A tabela "Os quatro fundamentos da política de parceria " no fim deste livro é uma ferramenta útil. Uma segunda tabela, "A agenda da política de dominação", compara a política dominadora à de parceria. Você pode usar as tabelas dos anexos "Ferramentas de parceria" e este capítulo para persuadir organizações a apoiarem esta agenda política unificada.

Ações a tomar

Primeiros passos

- Observe o que vem à sua mente quando você pensa em poder. Veja como o poder em relações dominadoras é definido como poder sobre outros. Então anote palavras ou expressões que descrevem o poder nas relações de parceria.
- Quando ler o jornal ou assistir a TV, note como sua vida no dia a dia é afetada quando as decisões governamentais e empresariais apoiam relações dominadoras ou de parceria. Anote os eventos do modelo dominador comparando-os aos orientados à parceria.
- Reflita como as "comédias" de situação na TV promovem relações baseadas em menosprezo, insultos e violência, fazendo as relações dominadoras parecerem normais e até divertidas.

- Observe como os detentores do poder econômico controlam o debate público e o fluxo de informação, e como a democracia está comprometida pela influência desenfreada dos interesses econômicos sobre a política e os meios de comunicação.
- Discuta sua nova perspectiva sobre a política e os meios com sua família e amigos.

Passos seguintes

- Leve as discussões para além das velhas categorias como direita versus esquerda, capitalismo versus comunismo, liberal versus conservador e religioso versus secular. Encoraje os outros a também procurarem padrões dominadores e de parceria.
- Forme um grupo para discutir e agir com base no material deste capítulo. Use as tabelas 3 e 4 do anexo "A política de parceria" no fim deste livro.
- Seja assinante de jornais, periódicos e boletins que ofereçam uma visão independente a respeito das questões atuais.
- Trabalhe em prol de meios de comunicação mais democráticos e da introdução de estudos de comunicação na escola e na comunidade.
- Nas próximas eleições, pense na posição dos candidatos pela perspectiva do *continuum* parceria-dominação.
- Promova a agenda política de parceria pela internet, escrevendo cartas ao editor, telefonando para programas de rádio e escrevendo artigos para boletins de organizações e associações às quais você pertence, ou para jornais, revistas e outros grandes meios.

Mais adiante

- Inclua este capítulo e as tabelas 3 e 4 dos anexos "Ferramentas de parceria" deste livro em cartas a chefes de organizações e convide-os a trabalharem pelos quatro pilares da agenda política de parceria.
- Convide seus amigos, colegas e líderes religiosos para formarem uma força-tarefa para acabar com a violência íntima. Convide celebridades, líderes

empresariais e pessoas da área governamental para serem participantes e patrocinadores. Solicite a funcionários municipais, estaduais ou federais para alocarem dinheiro para este esforço.
- Organize um fórum público para conscientizar as pessoas da necessidade de uma imprensa realmente livre.
- Estimule as organizações a formarem uma aliança para apoiar uma valoração econômica mais alta do trabalho de cuidar, um dos pontos fundamentais de uma economia mais justa, equitativa e cuidadosa.
- Reúna-se com pais e professores para discutir como as escolas podem incorporar os recursos deste capítulo em aulas de história e de temas cívicos. Trabalhe com líderes comunitários para introduzir a educação parceira nas escolas. *Tomorrow's Children* é uma boa fonte. Você pode obter mais recursos no Center for Partnership Studies https://centerforpartnership.org/.
- Forme um grupo e troque ideias sobre a construção de um modelo parceiro de organização política, e ponha em prática essas ideias, local, nacional e internacionalmente.

Capítulo 5
O mundo ao nosso redor
O relacionamento com outros países

O que significa para nós viver em uma "aldeia global"? Isto realmente afeta nossa vida ou é apenas mais uma expressão que pegou? E mesmo que as coisas que acontecem a vinte mil quilômetros de distância tenham algum impacto sobre nossa segurança, saúde e finanças, existe alguma coisa que possamos fazer?
Neste capítulo você vai ver que, como vivemos numa era em que não apenas as tecnologias de informação mas também as tecnologias de destruição tornam as distâncias irrelevantes, urge mudar da dominação para a parceria. Você vai ver também que há muito o que cada um de nós pode fazer para ajudar a apoiar e acelerar esta mudança.

Muitas coisas de que desfrutamos são trazidas de outros lugares. Dançamos ao som da música africana. Usamos roupas francesas e italianas. Deliciamo-nos com a comida chinesa e japonesa. Como o nosso país é formado de pessoas de muitas regiões do mundo, podemos aprender com nossos amigos e conhecidos sobre diferentes tradições culturais.

Sei, por experiência própria de ter sido imigrante e passado minha infância em três países diferentes, como é fascinante aprender sobre diferentes culturas. Ter que fugir de nossa casa na Áustria para escapar da perseguição nazista foi extremamente doloroso para mim e meus pais. Mas mudar de uma cultura para outra também enriqueceu muito minha vida e minha compreensão do mundo. Aprendi a amar muitas heranças musicais – as valsas vienenses e a música clássica da Europa, a música de Cuba com suas influências espanholas e africanas, e mais tarde a música folclórica e afro-americana dos Estados Unidos. Aprendi três línguas – alemão, espanhol e inglês – e noções de francês e italiano. E aprendi muito sobre a influência das diferentes tradições culturais sobre nossa forma de ver o mundo.

Tendo nascido em Viena, fui exposta à sua bela herança cultural de música, arquitetura e artes plásticas. Ao mesmo tempo, senti o peso de sua tradição de antissemitismo. Crescendo em uma área pobre de Havana mas frequentando as melhores escolas particulares, porque a prioridade de meus pais era minha educação, aprendi como podem ser diferentes as crenças e hábitos dos ricos e dos pobres, até no mesmo país. Vim a amar o calor de muitos cubanos, sua tradição de hospitalidade e suas incríveis comparsas, danças em que, a cada ano durante o carnaval, homens e mulheres fantasiados rodopiavam sensualmente pelas ruas da cidade. Mas, vivendo em Cuba quando estava sendo fomentada a revolução contra uma pretensa democracia dominada pelas companhias americanas de cultivo de açúcar e tabaco, e por presidentes cubanos que embolsavam milhões, também aprendi sobre as tradições de corrupção. Meu aprendizado incluiu ainda as tradições de violência presentes nas batalhas entre as diferentes facções revolucionárias e na violência doméstica que era comum entre nossos vizinhos.

Tudo isto me ensinou duas lições básicas que me foram muito úteis na vida e na academia. Aprendi que aquilo que as pessoas consideram "natural" varia conforme o lugar. E aprendi que nem todas as tradições culturais devem ser preservadas.

A valorização da diferença é básica para relações de parceria. Devemos valorizar as pessoas de diferentes tradições culturais. Sempre que possível, devemos preservar tradições étnicas e históricas. Mas é sábio olhar para as tradições culturais da mesma forma como olhamos para o comportamento individual. Devemos nos perguntar se cada tradição cultural promove crueldade e abuso, ou acolhimento e respeito.

Há uma enorme diferença entre sentir uma ligação profunda com nossas raízes étnicas ou religiosas e o pensamento "nós contra eles", que é uma herança dominadora. Para constatar isso, basta olhar para as "limpezas étnicas" que aconteceram na Bósnia e em Kosovo, a carnificina da guerra tribal em Ruanda e a forma como está sendo usada a religião para disseminar o ódio e a violência, como no caso de terrorismo contra crianças, mulheres e homens pelos assim chamados fundamentalistas muçulmanos. Quando os terroristas matam e mutilam inocentes que eles nem conhecem em nome de Deus e da tradição, como nos ataques de 2001 ao World Trade Center e ao Pentágono, quando bandidos em trajes ocidentais atiram em mulheres por não estarem envoltas na roupagem islâmica tradicional, quando explodem ônibus de crianças, o que está sendo proposto em nome das tradições religiosas ou culturais são as tradições da violência.

Não estou falando que devamos adotar uma atitude do tipo "nós contra eles". Trata-se de aplicar os mesmos padrões de direitos e responsabilidades humanas do modelo de parceria a todas as culturas – tanto a nossa quanto a dos outros.

Isto não é idealista, é realista. Numa época em que as tecnologias de comunicação e destruição dão a volta ao mundo quase instantaneamente, criar um mundo melhor é uma questão de interesse próprio. Se acreditarmos sem qualquer exame crítico em todos os hábitos e práticas culturais que desvalorizam e brutalizam a vida humana, não vamos conseguir ajudar a quem mais precisa. E perpetuaremos desequilíbrios de poder arraigados, que podem explodir não só em violência intranacional como também internacional – inclusive contra nós.

Pense no tipo de mundo onde vão viver seus filhos. Ainda vai ser um lugar onde, por trás de uma fachada de lindas propagandas turísticas – praias pitorescas, hotéis caros e jovens dançarinas exóticas – a vasta maioria das crianças, mulheres e homens irão viver na mais abjeta pobreza? Ainda vai ser um lugar onde a vasta maioria dos países serão ditaduras ou falsas democracias? Os Estados Unidos vão continuar a fornecer armamentos para regimes ditatoriais que irão continuar treinando futuros terroristas, como foi o caso no Afeganistão dos fanáticos *mujaedin* que compõem o bando de Osama bin Laden?[1] Nossas políticas vão deixar de apoiar o planejamento familiar, mesmo se a população global continuar a explodir?

Pense no efeito de nossas políticas nacionais. Pense no sofrimento – a fome, pobreza e violência – causado por tantas de nossas decisões políticas. E pense que hoje há cada vez mais pessoas no mundo que vêem a você e seus filhos como inimigos simplesmente por serem ocidentais.

Lembre-se que algumas dessas pessoas fazem parte de governos que possuem gases neurotóxicos, armas biológicas ou bombas nucleares, que alguns são terroristas que sequestram aviões de passageiros e detonam prédios, que invocam tradições culturais e religiosas para justificar seus atos brutais. E então pense se você quer aceitar tudo isto passivamente ou se prefere ajudar o nosso mundo a transformar seus hábitos e relações dominadores em hábitos e relações de parceria.

Ajuda para todos

Vivemos em um mundo interconectado por novas realidades ecológicas, tecnológicas e econômicas. As doenças infecciosas como a AIDS, a doença da vaca louca e a tuberculose rapidamente se espalham de continente em continente. Nossa economia é impactada pelo que acontece em países estrangeiros e vice-versa, como vimos em 1998 quando a economia dos "pequenos tigres" asiáticos despencou e os Estados Unidos as resgataram com dinheiro dos nossos contribuintes. A limpeza ou a poluição do ar e dos mares de um país também é assunto internacional. Como afirma o preâmbulo da proposta Carta da Terra, hoje "todos compartilham a responsabilidade pelo bem-estar presente e futuro da família humana e do mundo vivo em geral".[2]

Certamente não podemos resolver os problemas de todos os povos do mundo. Mas cada vez mais eles não são problemas deles, mas nossos também.

Nem sempre pensei assim. Houve uma época em que eu nem queria pensar sobre a injustiça e o sofrimento do mundo. Achava que não havia nada que pudesse fazer e, de qualquer maneira, sentia-me pequena diante da enormidade dos problemas. Cuidar da minha vida pessoal era mais do que suficiente.

Então comecei a perceber que muitos problemas pessoais meus estavam ligados a problemas sociais, e que eu teria de lidar com ambos, gostasse ou não. À medida que minha consciência foi mudando, tornei-me uma ativista social, primeiro em minha comunidade e nação, mais tarde internacionalmente.

Em 1984, por exemplo, fui à antiga União Soviética com um grupo de mulheres da Europa e dos Estados Unidos para conversar com mulheres soviéticas sobre soluções não violentas para problemas globais. Constatei que, apesar de nossas diferenças, tínhamos em comum um profundo desejo de paz. Em 1985 fui ao Quênia com meu marido para assistir à Terceira Conferência das Nações Unidas sobre as Mulheres. Mais uma vez, embora as pessoas naquele histórico encontro viessem de diferentes cantos do mundo, todos tínhamos preocupações e metas em comum.

Foi uma experiência extraordinária estar com milhares de mulheres de todas as regiões do planeta que também tinham concluído que precisamos nos unir para construir um mundo melhor, não apenas para nossos filhos mas para todas as crianças. Foi uma potente reafirmação do que eu já sabia em meu coração: que todas as pessoas da Terra estão indissoluvelmente ligadas. Também fiquei mais consciente de que a maior parte dos problemas internacionais resulta de um modelo dominador de relações – e que, se um número suficiente de pessoas se reunir para mudar essas relações para a parceria, iremos fazer uma grande diferença.

O primeiro passo é tomar consciência dessas interconexões. A partir da nova consciência, segue-se a ação. Nossas ações são cumulativas e, por menor que pareça a ação de cada um em relação aos vastos problemas do mundo, o que cada um faz – ou deixa de fazer – é importante.

Você sem dúvida sabe da devastação causada pelas guerras entre tribos em lugares como Ruanda e Sudão. Mas talvez você não saiba que a maior parte das armas que matam e mutilam milhões de crianças e adultos africanos foram exportadas por países ocidentais como os Estados Unidos, a França e a Rússia. Fabricantes de armas como General Electric, General Dynamics, Lockheed, Hughes e Thompson enriquecem a si mesmos e aos seus acionistas às custas deste derramamento de sangue. Talvez você queira refletir se, sem perceber, você não está contribuindo para esta carnificina na medida em que tem ações destas companhias ou de fundos de investimento que investem nelas.

Em vez disso, você pode investir em empresas social e ambientalmente responsáveis. Há fundos que filtram os investimentos, tais como Calvert, Women's Equity, Domini e Parnassus. Muitos têm um excelente desempenho. Por exemplo, o Domini superou a maioria dos fundos mútuos em 1997, 1998, 1999 e 2000.

Você também pode se perguntar se, ao comprar seus produtos, não está apoiando empresas que pagam mal a seus funcionários e não proporcionam condições seguras de trabalho. Muitas multinacionais mantêm fábricas na Ásia e na América Latina onde os funcionários, em geral jovens mulheres chamadas de *maquiladoras*, trabalham em troca de centavos por hora. Você pode parar de comprar produtos dessas empresas e sugerir a outras pessoas que façam o mesmo.

Esses boicotes fazem diferença. Um boicote à Nike forçou sua administração a investigar o abuso contra trabalhadores em fábricas no exterior. A Co-op America e outras organizações disponibilizam listas de companhias social e ambientalmente responsáveis. Você pode usar essas listas para fazer com que seu dinheiro trabalhe em prol do mundo que você deseja.

Você talvez queira se questionar também se votou em políticos que cortaram verbas destinadas ao planejamento familiar. Ou se, deixando de votar, você os ajudou a se elegerem. Quando os legisladores dos Estados Unidos cortam recursos para o Fundo Populacional da ONU e outras agências internacionais, causam enorme sofrimento humano. E colaboram para a extinção de muitas espécies. Pense em todos os animais e as plantas selvagens que desaparecem em consequência do fato de a população na África dobrar a cada quarenta anos.

Quando você vê na TV as favelas urbanas do mundo em desenvolvimento, pode pensar sobre algumas políticas que hoje impulsionam a globalização. Qual é o real efeito das assim chamadas políticas de ajuste estrutural que alguns países, como os Estados Unidos, exigem através de poderosas agências internacionais? O que acontece para as pessoas quando o Fundo Monetário Internacional (FMI) exige que um país devedor reduza serviços governamentais essenciais como saúde, alimentação e educação, para redirecionar recursos para o setor privado? O que significa esta pressão pela privatização para famílias que mal têm o que comer, que não têm água potável em casa nem dinheiro para comprar remédios quando os filhos adoecem? O que significam esses cortes para a vida de crianças sem teto que perambulam pelas ruas no mundo em desenvolvimento? Quando essas crianças crescerem, será que pensarão em você e seus filhos como o inimigo por causa das políticas que enriquecem os ricos e empobrecem os pobres?

De acordo com dados das Nações Unidas, a maioria das crianças africanas são subnutridas e passam fome. As políticas dos países ocidentais contribuem para o sofrimento e a morte prematura dessas crianças. Por exemplo, a maior parte dos financiamentos internacionais e da ajuda tecnológica é, tipicamente, dirigida a latifundiários que cultivam produtos para exportação, que muitas vezes também enriquecem companhias ocidentais. Mas as mulheres – que na África exercem a agricultura de subsistência – não recebem quase nenhuma ajuda ou apoio em sua luta para alimentar a família.

Quando você lê sobre as centenas de pares de sapatos (segundo se diz, três mil) de Imelda Marcos, viúva do antigo presidente ditador das Filipinas, ou sobre a enorme fortuna das famílias Sukarno e Suharto que governam a Indonésia, bem como de seus amigos, pergunte até que ponto nossas políticas exteriores ajudaram a forrar esses bolsos de dinheiro. Você silenciosamente aquiesceu sobre políticas econômicas que mantêm no poder regimes corruptos e exploradores? [3]

Por sua omissão, você não está, no longo prazo, pondo em perigo sua vida e a de seus filhos, dado o crescimento do terrorismo? Uma vez que o terrorismo é muitas vezes encorajado e financiado pelas famílias de regimes tirânicos para desviar a atenção de si mesmas, será que o apoio do governo dos Estados Unidos a tais regimes, com o fim de proteger companhias de petróleo ou outros interesses financeiros americanos, é realmente do nosso interesse?

Mais uma vez, você não tem que aceitar tudo isto passivamente. Quando em maio de 2001 o governo Bush deu um presente de 43 milhões de dólares ao governo do Talibã no Afeganistão – uma seita das mais intolerantes e violadora de direitos humanos do mundo – que tipo de mensagem estávamos passando sobre a real posição dos Estados Unidos na questão de direitos humanos? [4] E sobre nossa posição na questão dos direitos humanos das mulheres, que são inexistentes sob o Talibã? Você pode dizer aos representantes que elegeu que exige políticas exteriores mais humanas e sensatas, e pode votar naqueles que irão implementá-las.

Você pode também exercer pressão sobre empresas que dão dinheiro a regimes despóticos, recusando-se a comprar seus produtos ou usar seus serviços, e escrever aos respectivos presidentes para que fiquem sabendo os motivos. Este tipo de *feedback* é muito eficaz quando feito por um número suficiente de pessoas.

Trabalhando pelos direitos humanos

Como você pode ver por estes exemplos, aquilo que fazemos ou deixamos de fazer nos Estados Unidos tem muita influência sobre o que acontece no mundo. Mas a ideia aqui não é culpar os Estados Unidos pelos problemas do mundo.

Apontar constantemente o Ocidente como o eterno vilão é injusto e inexato. A realidade é muito mais complexa.

As tradições de dominação ainda são fortes em todo o mundo. Ao mesmo tempo, o movimento para a parceria também é forte, tanto nos Estados Unidos quanto em muitos países. Há uma constante luta entre os velhos hábitos de dominação e os novos de parceria. Tudo aquilo que você puder fazer para ajudar os que valorizam os direitos humanos talvez faça pender esta disputa em favor da liberdade e igualdade.

Infelizmente, a diretriz precípua do seriado de TV *Jornada na Estrelas*, a não interferência em outros planetas, não funciona em culturas terráqueas. (Também não tenho certeza se a regra é adequada em *Jornada na Estrelas*.) A realidade é que não podemos nos dar ao luxo de deixar os velhos padrões de dominação continuarem em outros lugares sem qualquer comentário ou ação.

Nada disso implica julgar outras culturas com base no que é considerado normal em nossa cultura ou subcultura. Bem ao contrário. Significa compreender as condições que levaram as pessoas a adotar tradições de dominação e trabalhar para mudar essas condições.

Precisamos ter critérios para decidir quais tradições devem ser fortalecidas e quais abandonadas. A escravidão, a servidão e o apedrejamento de mulheres foram, e em alguns lugares ainda são, tradições culturais, porém claramente apropriadas para manter as relações dominadoras. Assim, quando examinamos uma tradição cultural, a questão principal é *que tipo de relações ela sustenta?* Sustenta relações de dominação/controle ou de parceria/respeito? Protege os direitos humanos? Ou tolera violações?

Promover padrões mundiais de direitos humanos é um ponto central de uma agenda política integrada de parceria. Sem tais padrões não conseguiremos desenvolver a nova ética pessoal e política necessária para provocar transformações nesta época tão perigosa. Cada um de nós, e não apenas aqueles que fazem as políticas, pode ajudar a sustentar o desenvolvimento e a implementação desses padrões.

Ao mesmo tempo em que empatizarmos com aqueles que foram ensinados a aceitar tradições injustas e violentas, será essencial encorajá-los a passarem a formas mais pacíficas, equitativas e saudáveis de relacionamento. Em vez de causar divisões, o trabalho em prol dos direitos humanos universais deve ultrapassar as barreiras geográficas e culturais para unir as pessoas.

Durante a Conferência Mundial das Nações Unidas sobre Direitos Humanos em 1993, alguns países, entre eles a China e o Irã, argumentaram que acusar um país de violação de direitos humanos era uma interferência na sua soberania nacional e tradição cultural. Felizmente, estes argumentos foram rejeitados nas resoluções tiradas no evento, graças em grande parte à liderança da delegação dos Estados Unidos que havia sido mandada pelo governo Clinton.

Um dos fatos mais importantes nesta conferência, entretanto, foi o resultado das ações de pessoas como você e eu. Em um Tribunal Global de Violações de Direitos Humanos de Mulheres, organizado por grupos feministas, mulheres de vinte e cinco países deram seu testemunho sobre abusos atrozes contra os direitos humanos, inclusive estupros em massa de mulheres por sérvios, bósnios e croatas; o incêndio proposital da casa de uma viúva perpetrado por fundamentalistas, causando a morte de seu bebê, com a finalidade de "limpar o bairro" da "impureza" de ter mulheres morando sozinhas na comunidade; a discriminação econômica que priva as mulheres de uma renda legítima e do direito à propriedade; a venda de meninas e mulheres no mercado internacional do sexo; a mutilação sexual feminina; os espancamentos e outras formas de violência familiar que atormentam a vida de milhões de mulheres em todo o mundo.[5]

Este tribunal, juntamente com a persistente campanha dos grupos feministas, levou a uma histórica decisão do tribunal de crimes de guerra em Haia, na Holanda. Em fevereiro de 2001, pela primeira vez na história, um tribunal internacional deliberou que o estupro em massa é um crime contra a humanidade. Até então, a tradição militar de estupro em massa havia sido aceita como fato natural da guerra. Os estupros em massa e outras formas de violência sexual contra mulheres, tais como a prostituição forçada pelos exércitos vencedores, nunca foram processados pelos tribunais internacionais de crimes de guerra estabelecidos depois da Segunda Guerra. O julgamento de 2001, ao contrário, proclama que o estupro em massa é a segunda mais séria categoria de crime internacional, logo após o genocídio.[6]

Esta histórica decisão nunca teria acontecido se não fosse pelos grupos de mulheres de todo o mundo. Ela destaca o fato de que cada um de nós pode fazer diferença. Também evidencia a necessidade da agenda política integrada de parceria descrita no capítulo 4, que coloca os direitos humanos da maioria – mulheres e crianças – em posição central e não periférica. Precisamos de uma política integrada de parceria que declare como direitos primários de toda a humanidade a ausência de violência, crueldade e privação.

Quando trabalhamos pelos direitos humanos de mulheres e crianças, estamos trabalhando por uma vida melhor para todos. As violações de direitos humanos de mulheres e crianças são as transgressões de direitos humanos mais disseminadas no mundo. Isto obviamente causa enorme sofrimento para mulheres e crianças. Mas não só isso.

Se realmente queremos dar fim aos preconceitos e perseguições que vêm provocando tanto derramamento de sangue e sofrimento, temos que abandonar tradições culturais que justificam a violência e os abusos nas relações entre pais e filhos e entre mulheres e homens. A aceitação dessas transgressões funciona como um exemplo para se aceitar os abusos contra os direitos humanos de toda espécie.

Sinto grande satisfação ao participar destes esforços. Constato que as pessoas que se unem nesse tipo de trabalho são também maravilhosas amizades.

Uma de minhas mais caras amigas veio do Paquistão, uma refugiada política que foi torturada, estuprada e quase morta pelo "crime" de trabalhar pelos direitos humanos das mulheres. Veio a morrer no exílio em consequência dos efeitos físicos e emocionais dessa brutalidade. Ela poderia ter morrido até antes, se não tivesse assumido o nome fictício de Abida Khanum (*khanum* significa "mulher") para fugir à *fatwah* ou sentença de morte imposta pelos mulás, sob o argumento de que tinha blasfemado contra o Islã. A "blasfêmia" consistiu em uma declaração pública de que as passagens do Corão que determinam violência e crueldade contra as mulheres não podem ser legitimamente atribuídas ao profeta Maomé devido a seu grande amor por sua jovem esposa Aixa.[7]

Superficialmente, Abida e eu éramos de mundos diferentes: uma mulher asiática e poetisa educada na tradição muçulmana sufi, e uma mulher europeia de origem judaica, historiadora cultural e cientista social. Abida foi casada pela família aos catorze anos com um homem cuja idade era mais que o dobro da sua e morou na África e Ásia, enquanto que eu não me casei antes dos vinte e morei na Europa e nas Américas do Sul e do Norte. Mas apesar de histórias pessoais tão diferentes, as percepções, desejos e paixões em comum eram tão fortes que nos sentíamos como irmãs.

Ambas éramos imigrantes forçadas a fugir da pátria, perseguidas e odiadas por quem estava no poder. Ambas tínhamos grande entusiasmo pela vida e por aprender. Ambas tínhamos necessidade de fazer o que pudéssemos para construir um futuro melhor. E ambas tínhamos enxergado que um dos pré-requisitos para criar este futuro melhor é ajudar as meninas e mulheres a conquistarem iguais direitos e igual acesso ao alimento, à saúde e educação em todo o mundo.

"Questões femininas" e questões humanas

Trabalhar pelos direitos humanos das mulheres no mundo é uma das coisas mais eficazes que você pode fazer para proteger a si mesmo e a sua família em nossa "aldeia global". Pondere sobre o fato de que as "escolas de terrorismo" fundamentalistas no Paquistão e Afeganistão ensinam aos meninos que as mulheres são maléficas e perigosas, e precisam ser aterrorizadas até a submissão. Esta maneira de lidar com grupos rotulados de maléficos e perigosos pode ser facilmente generalizada para justificar o terrorismo contra o Ocidente e mesmo contra outras correntes muçulmanas.

É claro que, por si só, a passagem da dominação à parceria nas relações entre homens e mulheres não vai nos levar a um mundo mais justo e pacífico. Entretanto, é uma mudança essencial, com vastas repercussões desde a sala da nossa casa até as relações internacionais.

A razão é simples. A estrutura do relacionamento entre a metade feminina e a masculina da humanidade fornece um mapa mental básico para todos os outros relacionamentos entre pessoas diferentes – pessoas de diferentes raças, origens étnicas, religiões e assim por diante. Se não rejeitarmos a antiga visão de que uma metade da humanidade tem direito de dominar e até brutalizar a outra, teremos todos um futuro sombrio pela frente.

Infelizmente, esta visão ainda está profundamente arraigada em tradições culturais no mundo todo. A mutilação sexual de milhões de meninas e mulheres ainda é aceita por tradições culturais, assim como pelos governos de muitos países. Esta prática tradicional inclui o corte parcial ou total do clítoris ou a costura dos lábios vaginais de tal forma que precisam ser cortados antes do casamento para que a mulher tenha relações sexuais, e ainda mais para o parto. É planejado para impedir a relação sexual e para impedir o prazer que as mulheres sentem com o sexo.[8] Hoje existem cem milhões de mulheres africanas e asiáticas que sofreram esta prática, e a cada ano somam-se milhões de outras.

No entanto, só recentemente as organizações de direitos humanos começaram a chamar a atenção do público para esta forma de tortura. E mesmo agora, ela está longe de ser um foco importante para ações de direitos humanos. Ainda existe a ideia de que, estando nós fora de uma cultura, não devemos interferir com as suas tradições étnicas ou religiosas – quando na verdade somente o apoio externo permite que as pessoas destas culturas finalmente consigam elas próprias lutar contra essas horrendas transgressões de direitos humanos.[9]

Outra prática em muitas regiões do mundo é a discriminação sexual em relação a alimentos, acesso à saúde e educação para as crianças. Isto é justificado por tradições culturais que dão mais valor à metade masculina da humanidade que à feminina. Como as mulheres são as principais educadoras de bebês e crianças, o fato de que a grande massa de analfabetos do mundo seja de mulheres obviamente tem repercussões muito negativas, não só para as mulheres como para a sociedade toda. Ainda piores são as repercussões de alocar mais alimentos e cuidados aos meninos que às meninas em algumas das regiões mais pobres.

Apesar do fato bem conhecido de que as mulheres de forma geral têm vida mais longa que os homens, há em alguns países menos de 95 mulheres para cada 100 homens. Na China e no sul e oeste da Ásia há só 94 mulheres para cada 100 homens. O economista e prêmio Nobel Amartya Sen estima que "estão faltando" mais de cem milhões de mulheres no mundo.[10]

As taxas de mortalidade de bebês do sexo feminino são também consideravelmente mais altas que as do sexo masculino. Por exemplo, pelas estatísticas publicadas em 1995 (o ano da Quarta Conferência das Nações Unidas sobre as Mulheres), as mortes por ano por milhar em Bangladesh foram de 15,7 para meninas de um a quatro anos de idade, contra 14,2 para meninos. No Paquistão, a proporção foi de 9,6 para meninas contra 8,6 para meninos. Na Guatemala, foi de 11,3 para meninas contra 10,6 para meninos. No Egito, foi 6,6 contra 5,6. E até em Cingapura, que na época tinha uma economia forte, a taxa foi de 0,5 para meninas versus 0,4 para meninos.[11]

Quando olho para esses números, não vejo só estatísticas. Vejo os olhos fundos de menininhas, tão fracas de desnutrição que não conseguem nem chorar. Vejo meninas bebês, negligenciadas e mal alimentadas, morrendo lentamente sem sequer o conforto dos cuidados da mãe ou do pai. E tremo de raiva ante o horror das crenças culturais que fazem os próprios pais de uma criança a tratarem tão cruelmente, só porque nasceu menina.

É para mim difícil escrever sobre estas coisas – e sei que não se trata de uma "leitura amena". Mas sinto que é preciso dizer: este terrível sofrimento, ainda tão amplamente perpetrado, poderia ser evitado com simples cuidados. Entendo que a maior parte das pessoas que tratam seus filhos tão cruelmente sofreram elas próprias a mesma crueldade. Mas minha empatia por eles é mais uma razão para eu me sentir determinada a ajudar a interromper este ciclo de abuso e sofrimento. Só sei que me recuso a ficar parada e quero que outras pessoas fiquem cientes deste sofrimento – e dos efeitos que em última análise ele tem sobre todos nós.

Sei que às vezes parece mais fácil fechar os olhos ao sofrimento para não termos que lidar com nosso sentimento de dor e tristeza. Mas descobri que, quando me permito enfrentar esses sentimentos, libero energia para ações construtivas – ações que ajudam não só os que são diretamente afetados como nós todos. Porque hoje o que acontece no mundo, seja onde for, afeta o bem-estar e a segurança de todos.

Um impressionante exemplo de transgressão de direitos humanos que nos afeta a todos é a recusa deliberada de alimentos a meninas. Os sinais de privação nutricional de mulheres e crianças são claramente visíveis em muitas regiões do mundo. Em Bangladesh, por exemplo, 77 por cento das mulheres grávidas de lares de classe média e mais de 95 por cento das de lares de baixa renda pesam menos que o padrão de cinquenta quilos. No Punjab rural, na Índia, 21 por cento das meninas nas famílias de baixa renda sofrem de desnutrição grave, comparadas com apenas 3 por cento dos meninos das mesmas famílias. Os meninos de baixa renda na verdade estão em melhor situação que as meninas de renda alta.[12]

A classificação de tais assuntos como "questões femininas" – uma expressão cifrada insinuando que têm menos importância que outras questões – constitui, por si só, um comentário sobre a enraizada desvalorização da metade feminina da humanidade. Mas este rótulo também é uma forma eficaz de nos cegar para o que normalmente seria óbvio: a desnutrição de meninas e mulheres tem profundo impacto sobre o desenvolvimento de meninos e meninas, e consequentemente sobre o desenvolvimento econômico, social e cultural, bem como sobre nossas chances de termos um mundo mais humano e pacífico.

É sabido de longa data que as crianças de mães subnutridas frequentemente nascem com saúde debilitada e desenvolvimento cerebral abaixo do padrão. Isto obviamente tem implicações enormes para o mundo inteiro. Afeta questões vitais como a fome e pobreza no mundo, a dificuldade em se adaptar a novas condições, o nível de frustração e a propensão à violência. Em resumo, a discriminação contra meninas e mulheres não só rouba às crianças de ambos os sexos seu direito de nascença – o potencial para desenvolvimento máximo – mas nos afeta a todos.

E no entanto, se não fosse pelos trinta anos de esforços de organizações feministas em todo o mundo – de pessoas como você e eu –, esta informação não estaria sendo divulgada. E mesmo assim, devido ao poder das tradições culturais que enxergam a discriminação contra meninas e mulheres como normal e justa, somente agora os líderes de governo estão começando a refletir sobre estas vinculações tão óbvias.

Amando e valorizando as crianças

Não há dúvida de que os efeitos da posição inferior das mulheres são mais visíveis em áreas mais pobres. Mas há também fortes indicações de que, quando isso acontece, a qualidade de vida de todos é prejudicada – não apenas das mulheres como também dos homens e crianças.

Um de meus projetos no Center for Partnership Studies foi um estudo de três anos, com dados estatísticos de 89 países, comparando indicadores de qualidade de vida com indicadores do status das mulheres. Descobrimos que o status das mulheres afeta profundamente a qualidade de vida para todos.

Por exemplo, o Kuwait e a França têm quase o mesmo produto interno bruto per capita (a medida convencional da riqueza de um país). Mas a taxa de mortalidade infantil na França e no Kuwait são muito diferentes. A França é uma democracia onde o status da mulher é mais alto, e portanto se enquadra melhor na configuração de parceria. Lá a mortalidade infantil foi de oito bebês para cada mil nascidos vivos. No Kuwait, uma monarquia onde o status das mulheres é muito mais baixo, a taxa de mortalidade infantil foi de dezenove bebês para cada mil nascidos vivos – mais do dobro da taxa francesa.[13] Da mesma forma, o PIB da Finlândia e de Cingapura são quase idênticos. Mas a taxa de mortalidade materna em Cingapura, uma ditadura onde o status das mulheres é muito mais baixo, foi mais que o dobro da taxa da Finlândia, uma sociedade democrática onde, da mesma forma que em outros países escandinavos, as mulheres fizeram grandes conquistas.[14]

Em resumo, o que constatamos é que a riqueza material de um país não necessariamente se traduz em uma alta qualidade de vida para o povo. E certamente não se traduz em cuidados reais com as crianças. Muito depende da orientação do sistema de governo para valores de dominação ou de parceria. E muito depende do status das mulheres.[15]

Há muitas razões para isto. Onde as mulheres têm uma posição mais alta e, paralelamente, educação e acesso a oportunidades de trabalho, elas tendem a ter filhos em menor número e com mais saúde, o que leva à maior qualidade de vida no país ou região.

Mas a principal razão para a correlação entre baixa qualidade de vida e baixa posição das mulheres é que, onde o status das mulheres é baixo, também encontramos a maior desvalorização das características e atividades estereotipicamente associados às mulheres – tais como o cuidado com os outros e a não violência. Isto significa que menos fundos são dedicados a financiar atividades que promovam uma qualidade de vida mais alta para todos, inclusive a alimentação e o cuidado das crianças.

Apesar da retórica sobre valorizar e amar as crianças, a maioria dos países do mundo – tanto ricos quanto pobres – não investe seus recursos econômicos para garantir que as crianças tenham segurança, bons cuidados e alimentação. E mais: a maioria dos países têm tradições profundamente enraizadas que veem as crianças como propriedade dos pais. Assim, na maior parte das regiões do mundo a violência dos pais contra suas próprias crianças é considerada normal e correta.

Esta violência é um dos maiores obstáculos à paz mundial. As crianças literalmente apanham até acreditarem que os mais fortes podem legitimamente usar a força para impor sua vontade aos mais fracos. Esta lição, uma vez aprendida, é aplicada em todas as relações, sejam elas inter ou intratribais, inter ou intranacionais.

Somente agora o abuso crônico de crianças no mundo todo está vindo à tona – e mais uma vez, somente por causa dos esforços organizados de pessoas como você e eu através de organizações não governamentais que trabalham pelos direitos humanos de crianças e mulheres. Os mais hediondos crimes contra crianças – desde espancamentos brutais até casamentos forçados que quase equivalem à venda de meninas pelos próprios pais – ainda são aceitos como cultural e economicamente justificados em algumas regiões, sem o menor sinal de censura moral e menos ainda legal, apesar de leis ocasionais proibindo a prática.

Para exercer real pressão a fim de acabar com estas práticas tradicionais e ajudar as pessoas em todo o mundo a aprenderem a serem pais parceiros, a laureada Nobel da Paz Betty Williams e eu fizemos um apelo por uma campanha global para acabar com a violência e o abuso infantil: a Spiritual Alliance to Stop Intimate Violence – SAIV. Todos nós podemos participar dessas campanhas. Elas são urgentemente necessárias se quisermos caminhar para um mundo mais cuidadoso e pacífico. Elas vão proteger aqueles que não podem proteger a si mesmos. E como os anos de infância são o alicerce de toda a vida, elas vão ajudar a preparar o caminho para um futuro de parceria. Também precisamos de campanhas globais para relações de gênero não violentas e equitativas. Já há muitas organizações trabalhando nisto fragmentadamente. Mais uma vez, cada um de nós pode apoiar esforços tais como as vigílias "Take back the night" (em que as pessoas participam de demonstrações à noite para garantir que as ruas sejam seguras para todos) contra o abuso sexual de mulheres e crianças.

Em especial devido ao fato de que as meninas são as crianças mais vulneráveis e abusadas, se nos unirmos em torno destas duas simples questões, poderemos fazer muito para ajudar a criar aquilo que meu amigo Raffi, o querido trovador das crianças, chama de uma sociedade que honra as crianças. Como escreve ele, em uma tal sociedade: "Tratar das necessidades universais das crianças pequenas iria empregar a iniciativa humana de forma inédita [...] O ar, a água e a terra limpas seriam protegidas como sagrados direitos de herança [...] Os princípios de vida seriam orientados para preocupações de longo prazo, intergeracionais. Jovens e idosos seriam tomados por uma explosão de propósitos, que os uniria de inúmeras maneiras e enriqueceria a todos. E a felicidade não seria buscada – ela estaria embutida no jogo diário da vida".[16]

Temos recursos econômicos para criar uma sociedade que honre as crianças. Só precisamos mudar as prioridades globais.

É claro que, enquanto prevalecerem a dominação e a conquista, precisaremos de exércitos para nos defender. Mas precisamos parar de investir tantos recursos em armamentos – pelo menos para evitar que um dia sejam usados contra nós.

Uma forma muito mais eficaz de tornar o mundo mais seguro para nós e nossas crianças é investir recursos para assegurar que todas as crianças sejam bem alimentadas e cuidadas. Isto não só é essencial como também factível. Por exemplo, o custo de um único submarino dobraria o orçamento da educação de dezoito países pobres, oferecendo a milhões de crianças uma chance melhor na vida.[17] O orçamento militar mundial é de cerca de oitocentos bilhões de dólares por ano. Uma pequena parte disto poderia facilmente prover alimento e cuidados de saúde para todas as crianças do mundo. Mas a questão não é de recursos econômicos. É de prioridades e regras econômicas.[18]

Regras econômicas e prioridades sociais

O Relatório de Desenvolvimento Humano de 1998 das Nações Unidas informou que as 225 pessoas mais ricas do mundo têm um patrimônio total de mais de um trilhão de dólares, equivalendo à receita anual total dos 2,5 bilhões de pessoas mais pobres, ou 47 por cento da população mundial. Também relata que menos do que 4 por cento da riqueza total dessas 225 pessoas (quarenta bilhões de dólares) não só daria alimentos adequados, água potável segura e saneamento para todos, como também garantiria cuidados básicos de saúde para todos, acesso universal à educação e cuidados de saúde reprodutiva para todas as mulheres.[19]

Mais uma vez, estas cifras não são apenas estatísticas. Elas falam do sofrimento desnecessário de bebês com barriga vazia e inchada. Falam das crianças órfãs cujas mães subnutridas morreram de parto. Falam de Manuel Ortega, de oito anos, cuja família não tem dinheiro para os remédios de que ele precisa para tratar da tuberculose. Falam de crianças sem lar, vagueando pelas ruas cheias da cidade, de adolescentes como Toma Kiburu, que rasteja porque na sua vila africana, onde as mulheres andam quilômetros para buscar água e as crianças mal têm o que comer, uma cadeira de rodas para um portador de deficiência física é um sonho impossível.

Claramente há algo de errado com um sistema econômico no qual tão poucos têm tão mais do que conseguem gastar, e tantos têm tão pouco que mal sobrevivem e muitas vezes morrem. Mas o problema não é apenas a má distribuição de recursos resultante da maciça concentração de riqueza, característica da economia da dominação – seja antiga ou moderna, ocidental ou oriental. Sua raiz é um desequilíbrio fundamental: o fato de que a maioria dos sistemas econômicos atuais, sejam tribais, feudais, capitalistas ou comunistas, ainda dão pouco ou nenhum valor ao trabalho de cuidar – um trabalho fundamental ao bem-estar das crianças e consequentemente de todos nós.

Volto a este assunto porque a desvalorização econômica de trabalhos tradicionalmente considerados femininos – como cuidar das crianças e velhos e manter um ambiente doméstico limpo e saudável – é um dos fundamentos das regras econômicas dominadoras. Estas regras são apoiadas por sistemas globais de contabilidade grotescamente irrealistas, que não incluem o trabalho socialmente mais essencial – o trabalho de cuidar – nos cálculos de produtividade econômica como o PIB (Produto Interno Bruto). Estas medidas nem mesmo refletem o fato de que são as mulheres que fazem o trabalho de agricultura e buscam lenha e água em muitos países africanos, já que este trabalho não é parte da economia quantificada de mercado.

A omissão do "trabalho de mulher" nas medidas do "trabalho produtivo", juntamente com a falta de políticas de desenvolvimento econômico que apoiem este trabalho, explica em grande parte o enorme hiato entre os que têm e os que não têm. Quem são os que não têm? As mulheres e as crianças, em todo o mundo, são a massa dos pobres – setenta por cento segundo os dados da ONU. As mulheres e crianças também são os pobres mais pobres. No entanto, a maioria das pessoas não está ciente destes fatos chocantes. E como isto é ignorado pelos meios de comunicação e por aqueles que fazem as políticas, as políticas econômicas atuais não apenas deixam de tratar eficazmente da pobreza, como muitas vezes pioram as coisas.

Por exemplo, as Políticas de Ajuste Estrutural (SAP na sigla inglesa) imposta pelos países mais ricos, como os Estados Unidos, através do Fundo Monetário Internacional (FMI) e do Banco Mundial, exigem que os países devedores cortem drasticamente os gastos com serviços sociais, como subsídios para alimentos, instalações para cuidado de crianças e serviços de saúde. E quem arca com as consequências desses cortes? As mulheres e as crianças, embora isto raramente seja mencionado nas grandes publicações.

Como escreve Lois Woestman em um recente relatório para a Rede Europeia de Dívida e Desenvolvimento, "o que se considera aumento de eficiência no processo de ajuste é na verdade uma transferência de custos da economia paga para a não paga – ou do governo para as mulheres e crianças [...] São as mulheres e meninas que preenchem o vácuo: elas assumem os cuidados de pessoas doentes da família quando é introduzida a cobrança pelo serviço de saúde. São as mulheres e meninas que fazem sopas para a comunidade e creches cooperadas quando os preços dos alimentos têm uma escalada e as instalações de cuidado de crianças são fechadas. Os SAPs aumentam a quantidade de trabalho não pago que as mulheres e meninas têm que fazer.[20] E para completar, estas horas adicionais de trabalho não remunerado para as mulheres, sobrecarregando sua saúde e prolongando a sua já longa jornada de trabalho, não são incluídas nos cálculos do PIB nem em outras medidas de produtividade econômica – garantindo assim que elas continuem invisíveis para os autores das políticas e o público em geral".

Tem havido alguma movimentação no sentido de substituir o PIB e o PNB por indicadores de qualidade de vida. Este é um importante passo na direção certa. Mas estas medidas, de forma geral, ainda não incluem dados específicos por gênero que reflitam as contribuições econômicas invisíveis das mulheres, e isto precisa mudar.

Foram propostas Medidas de Qualidade de Vida inclusivas de ambos os gêneros na obra *If Women Counted* de Marilyn Waring, e na obra *Women, Men and the Global Quality of Life*, do Centro de Estudos de Parceria, que escrevi juntamente com o psicólogo social David Loye e a socióloga Kari Norgaard. Estas medidas de qualidade de vida específicas por gênero são necessárias em sistemas de contabilidade nacional e internacional para tornar visível o serviço essencial de prestar cuidados e de manter um ambiente doméstico limpo e saudável. Como escreve Hazel Henderson, "é agora imperativo para o bem comum que as contas nacionais em todos os países e o Sistema de Contas Nacionais das Nações Unidas (UNSNA) incluam o trabalho não remunerado de cuidados para manter a vida familiar e comunitária".[21]

Uma das formas mais eficazes de você ajudar a subir os padrões de vida no mundo – e assim proteger a si e sua família aqui nos Estados Unidos – é trabalhar em prol da inclusão dos "serviços de mulher" nos sistemas de contabilidade nacional e internacional. Todos sabemos que quando as coisas não são qualificadas elas não são levadas em conta. Somente por mudanças contábeis podemos encorajar o desenvolvimento de novas regras econômicas.

Assim como é absurdo falar de cuidar das crianças do mundo quando o trabalho de cuidar não é considerado trabalho real nas medidas de produtividade econômica, é absurdo falar de equidade econômica enquanto tivermos sistemas econômicos baseados na ideia de que uma metade da humanidade foi posta na terra para servir à outra metade. Se as mulheres têm que ser subordinadas porque são diferentes dos homens – se devem servir, trabalhar duro e não ter reconhecimento ou remuneração – então outros grupos também podem ser forçados a papéis subordinados porque são de uma raça ou etnia diferente.

Em última análise é a violência que mantém a hierarquia de dominação. Assim, enquanto as relações de dominação e submissão nestas relações fundamentais forem consideradas normais, a paz não passará de um intervalo entre guerras. Se não mudarmos isto, não podemos ter nenhuma expectativa realista de eliminar o terrorismo como forma de impor a seita ou os desejos de outra nação – como bem ilustra, e tragicamente, pelos terroristas fundamentalistas que vêm de culturas onde as mulheres são rotineiramente aterrorizadas até a submissão.[22] E enquanto o "trabalho de mulher" for considerado menos valioso que "trabalho de homem", toda a conversa sobre uma economia mais equitativa e cuidadosa não passará disso: conversa.

Rumo a uma economia de cuidado

Para mudar as atuais relações econômicas desequilibradas, precisamos de novos modelos e regras econômicas. Felizmente, cada vez mais pessoas estão pensando nesses termos.

Há propostas de novos sistemas contábeis que colocam no lado positivo somente as atividades comerciais que promovem saúde ambiental. Por estranho que pareça, as atividades comerciais que causam espoliação ambiental, bem como os custos de reparar os danos, ainda são incluídos, nos atuais sistemas contábeis, no lado positivo e não no negativo.

Há também propostas de "impostos por pecados ambientais" que transferem os custos de saúde e ambientais da poluição para as companhias responsáveis por eles – em vez de deixar que o público arque com eles. Estes impostos poderiam acabar sendo um substituto da tributação sobre o trabalho produtivo, o que seria benéfico para todos nós.

Outra tentativa de mudar as regras econômicas são as cartas locais, nacionais e globais exigindo que as empresas mantenham um padrão mínimo de responsabilidade.[23] Organizações como a Social Venture Network estão trabalhando para implementar padrões de responsabilidade social empresarial. Tais padrões já foram introduzidos em algumas partes do mundo. Por exemplo, algumas indústrias na Alemanha adotaram padrões desenvolvidos por Monika Griefahn do Partido Verde alemão.

Estes padrões são passos para regras econômicas que promovem a criação de empregos ao mesmo tempo que melhoram nossa qualidade de vida e protegem nosso meio ambiente. As poderosas organizações internacionais como o Fundo Monetário Internacional (FMI), o Banco Mundial e a Organização Mundial do Comércio deveriam apoiar, e não se opor, a estes padrões.

Para que o comércio seja realmente livre, precisamos de invenções econômicas que tornem a propriedade das empresas mais inclusiva, não apenas para empregados como também para pessoas da comunidade. Por exemplo, Jeff Gates propõe em seu livro *The Ownership Solution* que os usuários de energia, água, telefonia etc., deveriam ser acionistas das empresas fornecedoras, com direito a participar da decisão dos preços.[24] As moedas comunitárias, que encorajam a compra de bens e serviços locais, não apenas ajudam a evitar a concentração do poder econômico como também promovem mais cuidado e responsabilidade, pois as grandes empresas em geral têm sua sede muito distante das comunidades que atendem. Invenções como os "Friendly Favors" de Sergio Lub, uma comunidade na internet que segue o modelo de parceria, permite que as pessoas troquem presentes, em vez de dinheiro, pelos serviços e produtos que desejam.[25]

Não temos que substituir todas as regras econômicas. Certamente não queremos criar mais burocracia, e muito menos outra pirâmide dominadora, como a da "ditadura do proletariado" da União Soviética. Mas, através de uma política de parceria, podemos nos unir para apoiar estas e outras invenções econômicas adequadas a uma economia de parceria, menos centralizada e controlada.

As invenções econômicas que deem mais valor ao trabalho de cuidar são cruciais se quisermos caminhar para um sistema econômico mais equitativo e cuidadoso. A licença-paternidade e licença-maternidade, bem como o horário flexível, estão se tornando mais populares. A França dá assistência governamental às mães através de seus programas de creche. O Canadá dá a seus trabalhadores um ano de licença paternidade ou maternidade com meio salário. A maioria dos países industrializados oferece serviço de saúde universal como forma de investimento em seu capital humano. O sistema de saúde britânico paga as pessoas para cuidarem de pessoas idosas da sua própria família, em vez de pagar somente se forem colocados em lares de idosos.

Todas estas coisas são um bom começo. Mas para avançarmos para um mundo realmente cuidadoso e compassivo, precisamos ir além.

Por exemplo, todos os países têm programas custeados pelo governo para treinarem os soldados a tirarem a vida com eficácia, e a maioria oferece aposentadorias a eles. Isto se encaixa perfeitamente na economia dominadora, que valoriza a conquista e a dominação. Mas onde estão os programas custeados pelo governo para treinar mulheres e homens para cuidarem com eficácia das crianças? Onde estão as aposentadorias para este tipo de trabalho? Através de invenções da economia de parceria, podemos criar formas de financiar, treinar e oferecer aposentadorias para este trabalho fundamental, bem como os meios para administrá-los sem grande burocracia.

É claro que vai haver oposição. Alguns vão argumentar que não podemos medir com exatidão a eficácia do treinamento para cuidados. Mas também não temos medidas exatas da eficácia do treinamento para combate, e mesmo assim investimos nele. Precisamos olhar de perto os tipos de atividade apoiados pelas nossas atuais regras e prioridades econômicas. Isto não é algo que possamos deixar para os que criam políticas. Temos todos que ficar mais conscientes desta questão econômica decisiva e fazer o que pudermos, dando nosso apoio não apenas verbal mas também econômico.

Não estamos falando de mudança de cima para baixo. Obviamente queremos atrair pessoas que ocupam posições de poder. Mas cada um de nós pode ser um líder, aumentando a conscientização, e dando início e apoiando ações específicas.

Você e a família das nações

Grupos de base em todo o mundo estão pacificamente mudando costumes, instituições e práticas na direção da parceria. Estão trabalhando para preservar o ambiente, promover a resolução não violenta de conflitos e proteger os direitos humanos de crianças, mulheres e homens.[26] Estes grupos não estão sendo organizados por pessoas especialmente treinadas ou especialmente dotadas. Estão sendo organizados por pessoas "comuns" – jovens e velhas, pretas e brancas, mulheres e homens – pessoas como você e eu.

Andrea Guellar, uma menina boliviana de doze anos que trabalha como empregada doméstica para sobreviver, lidera um grupo de crianças em seu bairro pobre de Santa Cruz, que se reúnem para ajudar a si e a outras crianças. Chamada "Defensores del Pequeño Mundo", esta "legião de crianças" faz suas próprias campanhas antiviolência, indo à casa de crianças que sofrem abusos para falar com os pais, explicar porque é importante não bater nas crianças, e apelar para que não usem de violência contra os filhos. Ocean Robbins e Sol Solomon, quando tinham quinze anos, formaram a YES (Youth for Environmental Sanity), que arregimentou milhares de estudantes secundários e universitários para o ativismo ambiental.[27] Patricia Cane, uma ex-freira, fundou CAPACITAR para ajudar mulheres e crianças pobres dos Estados Unidos e da América Central.[28] Ella Bhatt formou a SEWA (Self-Employed Women's Association), pioneira do microcrédito para mulheres empreendedoras. A SEWA agora tem seu próprio banco e lobbies em prol dos direitos das mulheres em toda a sociedade indiana. Wangari Maathai fundou o Movimento do Cinturão Verde no Quênia para conservar o ambiente e melhorar a vida das mulheres. Foram plantados milhões de árvores através do movimento, que se espalhou para outros países da África.[29]

Você pode não querer fundar uma organização. E você pode não ter muito tempo livre a oferecer. Mas você pode apoiar organizações que trabalham pelos direitos humanos, pela paz, democracia, equidade econômica e liberdade.

A UNICEF é a agência das Nações Unidas dedicada a ajudar as crianças. O Fundo de Defesa das Crianças, a Defesa Internacional das Crianças e o Instituto Interamericano das Crianças trabalham pelos direitos das crianças. Estes e outros grupos estão tentando acabar com o abuso em todo o mundo, inclusive o assassinato de crianças pelo simples fato de não terem um lar. (Um poderoso documentário mostrando que estes abusos são frequentemente realizados com a cumplicidade das autoridades é *Innocents Lost*, dos cineastas Kate Blewett e Brian Woods,[30] cujo trabalho anterior, *The Dying Rooms*, uma denúncia dos maus tratos a crianças abandonadas nos orfanatos chineses, também conquistou aplausos da crítica.

O Fundo Internacional para o Desenvolvimento das Mulheres (UNIFEM), e o Instituto Internacional de Pesquisa e Treinamento para o Avanço das Mulheres (INSTRAW) são agências das Nações Unidas constituídas para ajudar as mulheres. Organizações como a Women's Environmental and Development Organization (WEDO), Feminist Majority, American Association of University Women (AAUW), e Women's International Network (WIN) também dedicam-se a dar mais poder às mulheres como forma de alicerçar uma sociedade melhor.[31] O Global Fund for Women concede empréstimos a grupos populares de mulheres em todo o mundo. O Hunger Project se dedica a erradicar a fome através do aumento do poder das mulheres.

A Planned Parenthood International, a Population Action International e a Pathfinder International trabalham para conter a onda de filhos indesejados e ao mesmo tempo aumentar o poder das mulheres. As organizações como a Union of Concerned Scientists e Environmental Defense Fund estão trabalhando para proteger nosso ambiente natural. A International Partnership Network (IPN) congrega pessoas comprometidas com a mudança para um mundo de parceria, e o Centro de Estudos de Parceria (Center for Partnership Studies – CPS) desenvolve e promove a educação para a parceria.

Uma das coisas mais importantes que você pode fazer é pedir a organizações às quais você pertence ou doa dinheiro para apoiarem a agenda política de parceria. Esta agenda foi descrita no capítulo anterior, com um resumo nas tabelas 3 e 4 no fim deste livro.

Outra ação importante é introduzir nas escolas a educação para a parceria. Precisamos garantir que nossa educação seja equilibrada entre os gêneros e multicultural, e os recursos postos à disposição pelo Centro de Estudos de Parceria podem ser úteis neste esforço. Também precisamos reduzir a enorme distância educacional entre meninos e meninas em grande parte do mundo em desenvolvimento, para que as meninas e mulheres tenham igual acesso à alfabetização e a conhecimentos e habilidades básicas – um passo essencial para um mundo verdadeiramente desenvolvido.

Há muitas outras coisas que você pode fazer. Você pode pressionar os políticos que elegeu para que ratifiquem a Convenção das Nações Unidas para Eliminar Todas as Formas de Discriminação contra Mulheres (CEDAW), e a Convenção das Nações Unidas sobre os Direitos das Crianças. Embora ambos tenham sido ratificados por muitos países, nenhum deles até esta data foi ratificado pelo Senado dos Estados Unidos.

Você pode mudar seus hábitos de compra. Para seus telefonemas interurbanos ou internacionais e para o cartão de crédito Visa você pode escolher uma companhia chamada Working Assets, que doa uma parte dos lucros a organizações que trabalham pela justiça social e proteção do ambiente. Você pode comprar roupa de companhias como a Levi Strauss (fabricante das calças Levi's) que pagam aos trabalhadores (nos Estados Unidos como no exterior) um salário suficiente para se viver, e não usam mão de obra infantil.[32] Você pode comprar produtos ambientalmente seguros de companhias como Real Goods e Seventh Generation, que vendem por catálogo e pela internet (www.realgoods.com e www.seventhgen.com). Você pode comprar cosméticos da Body Shop, que emprega populações locais e vende produtos naturais que não foram cruelmente testados em animais.

Você pode pedir a parentes e amigos que façam uma doação a uma organização que trabalhe pela paz, direitos humanos ou educação para a parceria na época do Natal ou outras ocasiões, em lugar de lhe darem um presente. Se você é escritor, artista ou cineasta, você pode escrever artigos, usar a arte para conscientizar, fazer documentários ou filmes de enredo, vídeos ou criar novos programas de televisão. Se você é professor, pode trazer palestrantes de grupos que trabalham pela equidade social e sustentabilidade ambiental. Você pode organizar com esses grupos estágios para estudantes para os programas de aprendizado de serviços de sua escola.

Você pode comprar vídeos da Media Education Foundation, ou do Center for Partnership Studies, inclusive meu vídeo *Tomorrow's Children: Partnership Education in Action*, ou pedir às escolas e universidades da sua comunidade para comprá-los. Você pode pedir ao seu governo municipal para formar parcerias entre cidades, como as Cidades Irmãs (Sister Cities), um programa de diplomacia de cidadãos no mundo todo.

Estas e muitas outras ações que você pode realizar na sua vida diária compõem a estrada para um futuro de parceria. Cada um desses componentes promove a agenda política de parceria.

Nós temos opção. Podemos inutilmente tentar proteger a nós e à família atrás de muros altos, portões elétricos e couraças antimíssil de tecnologia estilo "Guerra nas Estrelas" e não querer enxergar as violações crônicas dos direitos humanos e uma globalização econômica que não presta contas a ninguém. Ou podemos aderir às pessoas e às organizações de todos os países do mundo para lançar os alicerces de um mundo de paz, para assegurar que os trabalhadores são protegidos por padrões internacionais, e para encontrar formas de valorizar o trabalho de cuidar.

Em vez de valorizar os lucros empresariais mais que o bem-estar humano – e até, como está acontecendo, exportar nosso lixo radioativo para países em desenvolvimento – vamos trabalhar para garantir que haja salvaguardas ambientais em todo o mundo, e para que as necessidades básicas de todos sejam atendidas. Em vez de olhar para o outro lado, vamos nos unir para proteger crianças, mulheres e homens contra abuso dos direitos humanos. Lembremos que a menos que todas as crianças sejam cuidadas com segurança em nossa vila global, nenhuma criança está segura.

É hora de nos darmos conta de que precisamos de uma parceria global: estamos todos juntos em um planeta, em um único sistema de suporte. Temos que trabalhar em parceria para garantir segurança e saúde para todos e a segurança e as oportunidades das gerações seguintes.

Para isto os governos, as empresas e o resto de nós precisamos fazer todo o possível para criar um mundo sustentável, trabalhar respeitando todos os recursos, inclusive cada criança e cada adulto do mundo.

Coloque a parceria para funcionar

Já sugeri muitas maneiras para você colocar em prática relacionamentos de parceria. Você também viu que há ao seu redor um movimento rumo à parceria. Em famílias, estão começando a se enraizar estilos de educação mais empáticos. As mulheres estão entrando em profissões que antes eram restritas a homens, e muitos homens não têm mais vergonha de cuidar de bebês ou exibir outros comportamentos ditos femininos. Muitas empresas estão descobrindo que um estilo parceiro de liderança que dá poder às pessoas é mais eficaz que o antigo estilo autocrático de liderança. A ideia de resolução não violenta de conflitos está começando a mudar a antiga ideia de que você tem que gritar mais que seu oponente, ou bater nele, ou matá-lo. A ideia de que devemos tentar viver em harmonia com a Mãe Terra está começando a mudar a mentalidade de "conquista da natureza". Você pode perguntar se é possível um país inteiro mudar para o modelo de parceria. A resposta é enfaticamente sim – muitos países já fizeram enormes avanços rumo ao modelo de parceria. Os países escandinavos como a Suécia, Noruega e Finlândia criaram sociedades muito mais equitativas em que todos têm um bom padrão de vida.

Os países escandinavos foram pioneiros em experiências de democracia econômica que não resultaram em outro sistema dominador, como aconteceu com a antiga União Soviética. Foram os primeiros países a caminhar para uma maior democracia industrial, sendo pioneiros na substituição das linhas de montagem, onde os trabalhadores são meras engrenagens na máquina industrial, pelo trabalho em equipes autogeridas. Nestas sociedades há muito mais parceria entre mulheres e homens, bem como uma aceitação muito maior de mulheres em posições de liderança: as mulheres ocupam altos cargos políticos e legislativos numa proporção maior que em qualquer outro lugar do mundo.[33]

Estas sociedades também apresentam maior aceitação dos "valores femininos". Consequentemente, o cuidar tornou-se parte fundamental da política social, e os sistemas escandinavos de saúde, cuidado de crianças e de idosos são modelo para outras nações industrializadas.

Os países escandinavos também foram pioneiros na resolução não violenta de conflitos. Estabeleceram as primeiras academias da paz quando o resto do mundo tinha apenas academias de guerra, e na Escandinávia há um forte movimento de homens que combate a violência masculina contra mulheres.[34] Em lugar de aumentar a violência contra a natureza, que atualmente está arruinando grande parte do mundo, os países escandinavos foram pioneiros nas técnicas de fabricação ambientalmente mais saudáveis, como o *Natural Step* em que os materiais são reciclados mesmo depois que chegam ao consumidor, para evitar poluição e desperdício.

Estes países não são sociedades de parceria "puras". Como eu disse, não existem modelos de dominação ou de parceria "puros" na prática. A maioria das famílias, organizações e sociedades estão em algum ponto entre estes dois polos. Mas os países escandinavos demonstram que as estruturas, as crenças e as relações mais orientadas para a parceria apoiam formas de vida menos violentas, mais acolhedoras e ambientalmente mais sustentáveis.

Cada cultura tem elementos de parceria que podem ser fortalecidos e servir de base para outras realizações. Se realmente desejamos um mundo mais pacífico – um mundo onde nós e nossos filhos possamos nos sentir seguros – então vamos ajudar neste processo.

Ajudando a disseminar a agenda política de parceria (descrita no capítulo 4 e nas tabelas 3 e 4 no final deste livro) para outras regiões do mundo, você pode ter um papel ativo neste empreendimento urgentemente necessário. Não podemos esperar os governos assumirem a liderança. Se um número suficiente de pessoas começar, os líderes do governo vão acabar seguindo o mesmo caminho.

Você pode começar trabalhando pelos direitos humanos de mulheres e crianças no mundo. Você pode pressionar seus deputados e senadores a estipular, em programas de ajuda externa, que um terço seja usado para nutrição, saúde e educação das crianças, com ênfase nas meninas. Você pode insistir para que canalizem esta ajuda diretamente a organizações de base como o Hunger Project ou o American Friends Service Committee ou Quakers, que trabalham com grupos locais de mães, para evitar que os fundos sejam desviados para o bolso dos que estão no poder. Você pode escrever aos chefes de governos que ainda admitem a brutal subordinação das mulheres nos países mais pobres e pressionar as organizações internacionais de direitos humanos para que assumam uma posição mais forte quanto às transgressões de direitos humanos nessas regiões. Você pode convocar os líderes religiosos a trabalharem ativamente pelo fim da violência contra mulheres e crianças em todo o mundo.

> Simplesmente escolha uma ou duas ações descritas neste capítulo ou na lista de ações abaixo e consiga a adesão de alguns amigos ou colegas. É assim que começa a mudança.

Ações a tomar

Primeiros passos

- Quando você ouvir falar de milhões de crianças passando fome em algum canto do mundo, pense em cada uma como uma criança faminta e perplexa, e não apenas como uma estatística sem face.
- Quando você ouvir falar no que está sendo feito às mulheres a título de tradição religiosa, pense como seria a vida se você não pudesse deixar um centímetro quadrado da sua pele ser visto em público, não pudesse frequentar a escola ou ter um emprego, não pudesse dirigir um carro ou mesmo entrar no carro sem estar acompanhada de um homem da família. Quando você ler sobre meninas e mulheres sendo publicamente açoitadas, enforcadas ou apedrejadas até a morte pelo Talibã no Afeganistão ou por outros regimes liderados por fundamentalistas religiosos, imagine a si mesmo e sua mãe, filhas e irmãs vivendo sob um regime fundamentalista.
- Reexamine os ensinamentos fundamentalistas cristãos, muçulmanos e judaicos em termos da sua configuração dominadora básica, com rígido domínio masculino, autoridade de cima para baixo e o emprego religiosamente tolerado da violência em famílias, comunidades e no mundo. Pense como estes ensinamentos ferem a essência dos ensinamentos de acolhimento, não violência e empatia.
- Veja como as atuais regras de globalização econômica estão aumentando a disparidade entre o mundo desenvolvido e o em desenvolvimento – e como a maior parte dos pobres do mundo são mulheres e crianças.
- Pense no efeito sobre as famílias pobres do mundo inteiro que os cortes de financiamento de planejamento familiar exercem e vote em pessoas

que compreendam a necessidade de políticas que apoiem o planejamento familiar.
- Visualize a si mesmo vivendo em uma sociedade onde o trabalho de cuidar dos outros seja altamente recompensado, e imagine como isto afetaria a sua vida e a de seus filhos.

Próximos passos

- Compre produtos e serviços de empresas social e ambientalmente responsáveis, e boicote as que não o são.
- Invista em ações e fundos de empresas social e ambientalmente responsáveis.
- Mostre a outros o material deste capítulo, individualmente ou em grupos de discussão.
- Entre em contato com organizações internacionais de direitos humanos e agências governamentais, pressionando-as para trabalharem ativamente pelos direitos humanos tanto na esfera privada quanto na pública, focando em especial os direitos humanos de mulheres e crianças há tanto tempo ignorados.
- Manifeste-se, em programas de rádio e em cartas ao editor, contra o preconceito e o ódio.

Mais adiante

- Conscientize sua família, amigos e colegas de trabalho quanto à parceria global como uma necessidade em nossa era de tecnologias de destruição instantânea.
- Ajude a conduzir as discussões políticas para além das velhas categorias de direita versus esquerda, Oriente versus Ocidente, capitalismo versus comunismo, liberal versus conservador e religioso versus secular, passando à questão fundamental das atitudes e políticas que apoiam a dominação ou a parceria.

- Peça a organizações às quais você pertença ou faça doações para patrocinarem uma campanha para acabar com a violência contra crianças e mulheres em todo o mundo.
- Introduza e apoie a educação para a parceria em escolas e universidades.
- Colabore com candidatos políticos que apoiam uma política nacional e internacional de parceria, ou candidate-se você mesmo.

Capítulo 6
Da Mãe Terra à biotecnologia
O *relacionamento com a natureza*

O que significa para você um meio ambiente limpo e saudável? Significa que o ar que você respira e a água que bebe são seguros uma parte do tempo – ou o tempo todo? Significa que o alimento que você come é cheio de nutrição – ou radiação? Significa que seus netos vão desfrutar das maravilhas da natureza – ou apenas ler a respeito em antigos livros?
Neste capítulo, você vai ver que para responder a estas perguntas temos que olhar para um quadro muito mais amplo do que apenas as "questões ambientais". Você vai ver as conexões entre nossa forma de pensar e viver, a política, a economia e a tecnologia que defendemos e usamos, e como tudo isto se relaciona com a Mãe Terra. Você também vai ver como podemos proteger mais eficazmente o ambiente e a nossa saúde.

Até alguns anos atrás, nunca me havia ocorrido que eu tenho uma relação com a Mãe Natureza. Mas é claro que tenho – todos nós temos. Até se você estiver no meio da selva urbana, a dez quilômetros da árvore mais próxima, duzentos metros acima do solo, rodeado de concreto e sentado em uma cadeira de poliéster, você ainda tem uma relação com a natureza. Todos dependemos desta relação para nossa sobrevivência. Respiramos o ar da natureza. Bebemos sua água. Banhamo-nos no seu sol. Andamos sobre o seu solo e vivemos de seus produtos. Podemos estar vivendo em qualquer lugar – na cidade, em uma fazenda, no meio de um bosque ou à beira-mar – mas sempre vivemos num relacionamento com a Mãe Terra. E, conscientes ou não, desempenhamos um papel nessa relação que é constituído do mesmo material dominador ou parceiro de todas as nossas outras relações.

Você viu que o modelo de parceria atende melhor às nossas mais básicas necessidades emocionais e materiais, transforma nossa relação conosco mesmos, nossas relações íntimas e nossas relações com a comunidade e o mundo. O que talvez não seja tão visível é que o mesmo princípio se aplica às nossas relações com a natureza.

Se você prestar atenção nos meios de comunicação de massa, pode ficar com a impressão de que não há motivo para preocupação com o ambiente natural. Ocasionalmente vai ler artigos sobre uma crise ambiental, mas também vai ver histórias dizendo que, para resolvermos os problemas globais, só precisamos de um mercado livre com mais produção, mais consumo e tecnologias melhores.

Como você avalia estas mensagens conflitantes? E por que você deveria se dar ao trabalho?

Uma primeira razão é a simples autoproteção. Você gostaria de se ver um dia desses comprando oxigênio para respirar com mais facilidade? Você pode achar que este é um exemplo extremo. Mas ninguém costumava comprar água engarrafada na quitanda e hoje cada vez mais pessoas o fazem.

Outra razão é que o ambiente é insubstituível. Se não o preservarmos, estaremos pondo em perigo nosso próprio sustento. Também colocaremos em perigo as singulares maravilhas da natureza. A cada ano milhares de espécies se extinguem. A cada mês milhares de acres de áreas selvagens desaparecem – tanto os nossos parques nacionais como as florestas tropicais que são o pulmão do planeta.

Quero que meus netos possam desfrutar das focas e lontras no oceano perto de onde eu moro, e das baleias que migram para cá todos os anos. Quero que os cânions luxuriantes que ficam perto de onde moram ainda estejam lá quando eles crescerem. Não quero que eles fiquem expostos aos efeitos de buracos na camada de ozônio, que deixam passar a radiação ultravioleta cancerígena. Não quero que eles corram perigo pela poluição do ar, da água ou dos alimentos.

Dá medo pensar nestas enormes ameaças ambientais. Parece que não vamos conseguir dar conta, e você pode achar que não há nada que possa fazer. Mas quando você fica consciente do desequilíbrio de sua relação com a natureza, pode fazer muita coisa.

O ambiente que nos dá vida corre risco porque um sistema de valores dominador temperado por uma tecnologia avançada representa uma mistura letal. Neste sistema de valores, a natureza é tão pouco valorizada quanto os serviços que as mulheres prestam para a continuidade de nossa espécie. As culturas dominadoras tratam a Terra de forma muito parecida com a que tratam as mulheres: explorando e ao mesmo tempo negando a importância essencial de dar e manter a vida. Esta mentalidade determina as regras econômicas, políticas e práticas comerciais que levam ao uso irresponsável de tecnologia avançada para promover a "conquista da natureza".

Mais uma vez, questões como regras econômicas, práticas comerciais e uso de tecnologia avançada podem parecer grandes demais para serem mudadas. Mas na verdade essas áreas estão mudando o tempo todo. Qualquer tendência pode ser interrompida por uma mudança de ideias, e todos nós podemos espalhar novas ideias.

Todos nós podemos disseminar informações exatas sobre os perigos ambientais que a atitude de continuar como se nada estivesse acontecendo pode acarretar. Todos podemos trabalhar para fortalecer valores culturais que apoiam a parceria e não a dominação. E todos podemos ajudar a espalhar a percepção de que, a fim de protegermos o ambiente e a nossa saúde, não podemos focar apenas o meio ambiente: precisamos de uma agenda integrada que também trate dos fatores culturais e econômicos que nos levaram ao ponto de colocar o próprio ambiente que nos sustenta em risco de colapso.

A psicologia dominadora e o meio ambiente

Muitas pessoas – inclusive pessoas em posição de criar diretrizes na política e na economia – estão presas à antiga mentalidade dominadora. Com esta mentalidade é difícil avaliar a realidade com exatidão, porque o pensamento dominador se baseia em grande medida na negação.

Até onde vai a negação? Muito longe.

Em 1992, a Union of Concerned Scientists publicou uma declaração de 1.700 destacados cientistas internacionais (incluindo mais de cem laureados com o prêmio Nobel) clamando pela adoção de uma nova ética global para fazer frente às crescentes ameaças à nossa sobrevivência.[1] Mas este alerta não teve nenhum efeito significativo sobre as políticas.

Em 2001, alguns cientistas ambientais de ponta – inclusive o diretor executivo do comitê que estuda os efeitos das mudanças climáticas nos Estados Unidos – relataram que o impacto do aquecimento global já é mais grave do que os cientistas pensavam até então. Previram que duzentos milhões de pessoas que moram em cidades litorâneas no mundo vão ser gravemente afetadas pela elevação do nível do mar, a menos que haja uma radical queda da acumulação de gases de efeito estufa provenientes de processos industriais não regulamentados. Preveniram que, a menos que seja sustado o aquecimento global, muitas regiões vão sofrer graves faltas d'água, perdas de colheitas, fomes, doenças tropicais, secas e enchentes. Destacaram que estas não são ameaças remotas: nas cordilheiras dos Himalaias e Tian Shan na Ásia, dois terços das geleiras estão fundindo, e no Ártico e na Antártida o gelo do mar se reduziu de dez a quinze por cento em cerca de vinte anos devido a gases como o dióxido de carbono resultante da queima de petróleo e carvão.[2]

Como então os políticos podem nos dizer que não precisamos nos preocupar com o aquecimento global? Por que não atacam esta e outras ameaças de larga escala à nossa segurança e saúde? Por que, mesmo depois de acidentes em usinas nucleares como Chernobyl e Three Mile Island, estão nos dizendo de novo que devemos construir mais usinas nucleares? Como esses políticos podem declarar que devemos perfurar poços de petróleo em parques nacionais e queimar mais carvão em lugar de investir em fontes alternativas de energia? E por que os principais meios de comunicação não levam a sério nossos problemas ambientais tanto quanto o próximo filme de Tom Cruise?

Por que os responsáveis pela indústria não mudam as práticas que estão causando danos irremediáveis ao ambiente e à saúde?

Em vez disso, eles pagam milhões por anúncios que os retratam como dedicados ambientalistas. Uma parte desta "propaganda feliz" vem de companhias de petróleo e outros interesses comerciais que fazem grandes donativos financeiros a candidatos políticos e que são grandes anunciantes e proprietários de veículos de comunicação. Mas eles também não têm filhos e netos, não se preocupam também com o futuro?

Como alguém pode acreditar que não há crise ambiental, que a Terra é capaz de sustentar um número infinito de pessoas, que a única coisa de que precisamos é uma economia de mercado na qual o egoísmo irrestrito de alguma forma vai conduzir ao bem maior para todos? Como alguém pode acreditar que o caminho para um meio ambiente mais limpo e saudável é mais produção, consumo e alta tecnologia, quando as economias de "livre mercado" e alto consumo como a dos Estados Unidos contribuem com uma parcela desproporcionalmente grande para a poluição e outros problemas ambientais?

Você pode começar a responder a estas perguntas lembrando-se de que uma das maneiras pelas quais as pessoas de mentalidade dominadora lidam com o mundo é a negação. Como vimos nos capítulos 1 e 2, a criação dominadora produz negação. É difícil para os adultos que foram educados assim questionarem, e mais ainda desafiarem, os poderosos interesses econômicos dos quais sentem-se dependentes – da mesma forma que eles dependiam dos adultos enquanto crianças.

As pessoas que foram criadas em estilo dominador também tendem a ter dificuldade de olhar o futuro de longo prazo. Como sugere a ênfase nos lucros de curto prazo, eles estão presos a um modo agressivo de protegerem a si mesmos e ao que possuem. E além disso, as pessoas que foram submetidas a uma criação dominadora muitas vezes têm dificuldade para lidar com mudanças.

A mudança é estressante para todos. Mas é particularmente estressante para pessoas que associam mudança a dor, porque na família delas os adultos descontavam as ansiedades e temores nas crianças. A mudança reestimula as feridas da infância inconscientemente associadas ao abuso e à violência de cima para baixo. Se você cresceu com adultos que lidam com o estresse da mudança abusando dos que são menos poderosos, você aprendeu que é melhor para você quando não há nada ameaçando os dominadores – ou seja, quando nada muda.

Tudo isto, é claro, acontece em um nível inconsciente profundo. Mas afeta radicalmente as percepções, crenças e atitudes.

As pessoas presas a estes padrões psicológicos dominadores às vezes chamam sua posição de "conservadora". Mas o que elas promovem é o oposto da conservação natural. O que estão realmente tentando conservar são as estruturas dominadoras de poder. A agenda delas para a exploração da natureza é parte de uma agenda maior, que nós temos que entender, desmascarar e enfrentar se quisermos proteger o ambiente natural e a saúde.

A dominação da natureza – e nossa

Qual é a agenda política de equipes de peritos (*think tanks*) "conservadoras" como o Hoover Institute, American Enterprise Institute, Federalist Society e Heritage Foundation? São contra a regulamentação ambiental para as grandes empresas – não obstante os danos que tocar os negócios como se nada estivesse acontecendo estão causando ao nosso habitat natural. São contra os tratados de controle de armas, como a proibição de minas terrestres, o controle da proliferação internacional de armas leves e outras "interferências" no desenvolvimento e comercialização irrestrita de armas – apesar dos perigos que isto traz à vida e ao ambiente. São contra as leis que "interferem" no controle de cima para baixo nas famílias – a despeito do enorme custo pessoal e econômico causado pelo abuso de crianças e a violência contra mulheres. São categoricamente contra a igualdade dos gêneros, apesar da longa dominação dos homens sobre as mulheres.

Em resumo, estão determinadas não apenas a continuar a toda velocidade a "conquista da natureza" como também a defender o modelo de dominação/comando nas relações entre pais e filhos, entre os gêneros, econômicas e internacionais. A agenda dessas equipes conservadoras é integrada e planejada para manter as hierarquias de dominação, seja ela de homens sobre mulheres, pais sobre filhos, raça sobre raça ou homem sobre a natureza.

Obviamente estas pessoas não dizem – e provavelmente não admitem conscientemente – que seu real objetivo é de controle irrestrito por parte dos que estão no poder. O que você ouve e lê nos meios de comunicação são palavras bonitas como "livre empresa", "descentralização" e "menos controle". Mas por trás da retórica estão políticas que colocam maior controle nas mãos dos que tradicionalmente sempre exerceram o poder – na família, educação, economia, política e religião.

Quando você começa a juntar as peças do quebra-cabeça – e você é quem tem que montá-lo, porque os meios de comunicação não ajudam em nada – percebe que aquilo que está sendo vendido como "não interferência" é na realidade planejado para manter os desequilíbrios de poder existentes. Nesta política de "não interferência", aqueles que detêm o poder levam toda vantagem. Como não enfrentam interferência legal ou de qualquer outro tipo, mantêm o status quo que consideram favorável para si mesmos.

Quando os oponentes da regulamentação ambiental falam de livre mercado, livre empresa e flexibilidade de regulamentações para não engessar a economia, o que realmente querem dizer é proteção para aqueles que detêm o poder econômico contra qualquer limitação de seu poder.[3] Eles são contra qualquer poder real por parte do governo, que supostamente representa os interesses do povo, sobre o impacto das grandes empresas no ambiente natural e a vida.[4] Como as regulamentações do governo federal são as mais potentes para lidar com as grandes empresas, eles insistem nos direitos de cada estado e comunidade de decidir. Mas o seu real objetivo é tirar das agências nacionais o poder regulador que mais eficazmente pode proteger a nós e ao ambiente.

Note que enquanto estas bem-financiadas equipes de peritos (*think tanks*), e os políticos que os apoiam, tentam proteger os que detêm o poder contra os controles governamentais, estas mesmas pessoas e organizações defendem um rigoroso controle do governo sobre aqueles que devem "ficar em seu devido lugar". Eles não veem nada de errado com a interferência governamental quando se trata de negar às mulheres a opção reprodutiva ou reprimir protestos de rua contra poderosos interesses econômicos. Ao contrário, aqui eles pressionam com entusiasmo a favor de controles governamentais que restringem a liberdade. Muitas vezes até aprovam a violência, como a violência da polícia contra ambientalistas e outros protestadores não violentos.

Assim, você vê que a agenda antirregulamentação ambiental não é isolada, porém parte de uma agenda social e política maior. Esta agenda tenta impedir não apenas a regulamentação ambiental como outros ganhos progressistas – desde benefícios aos trabalhadores, maior democracia econômica, ajuda governamental aos necessitados, maior igualdade entre gêneros e raças, educação menos punitiva e mais humanista para as crianças. (Para um perfil desta agenda, ver a tabela 2 nos anexos "Ferramentas de parceria".) Se quisermos proteger o ambiente natural e nossa saúde, não podemos focalizar apenas as questões ambientais. Não basta praticar a reciclagem ou salvar as baleias. Precisamos de uma agenda política integrada, com a mesma amplitude dos sistemas já montados, para enfrentar com sucesso a agenda sistêmica dos que veem a hierarquia de dominação como inevitável e correta.

Esta agenda de parceria, quero frisar, não é uma agenda de "nós" contra "eles". É uma agenda que vai beneficiar a todos nós, inclusive aqueles que pensam que as únicas alternativas são dominar ou ser dominado. Não é uma agenda para combater "gente ruim" e sim para mudar um sistema fundamentalmente desequilibrado de crenças, valores e relações, que torna impossível tratar de nossos problemas ambientais ou sequer vê-los com clareza.

A população e o meio ambiente

Um dos problemas ambientais mais prementes é a superpopulação. No entanto, vez após vez, os baluartes da política "conservadora" americana – na verdade, política dominadora – publicam livros e press-releases dizendo que não existe problema populacional. Olhe ao seu redor, dizem eles; há espaço à vontade.

Mas a população mundial está dobrando a cada 45 anos aproximadamente – crescendo à espantosa taxa de noventa milhões de pessoas por ano. A cada dia duzentas e cinquenta mil pessoas são somadas ao planeta – o equivalente a uma cidade de bom tamanho. Como alertou o estudo "Humanity at the turning point" do Clube de Roma, a menos que as taxas de crescimento sejam drasticamente reduzidas, "em meados do século XXI, em um único ano serão acrescentadas à população mundial mais pessoas do que durante os primeiros 1.500 anos depois do nascimento de Jesus".[5]

Nos Estados Unidos, a população está crescendo em 2,6 milhões de pessoas a cada ano. Esta taxa de crescimento é consideravelmente mais baixa do que nos países em desenvolvimento. Mas também é insustentável, considerando a tremenda taxa de consumo e de poluição industrial dos Estados Unidos. À medida que o mundo em desenvolvimento se industrializa e aumenta sua taxa de consumo, os danos ao ambiente causados pelo crescimento exponencial da população também vão crescendo exponencialmente. A explosão populacional que já está acontecendo levou a uma invasão cada vez maior de áreas selvagens e à poluição, desertificação e outras formas de esgotamento de recursos – para não falar de pobreza, fome e violência armada.

Então, como desarmar esta "bomba populacional"? A resposta é conhecida há algum tempo. Estudo após estudo mostrou que a única forma de reduzir o crescimento populacional – exceto pela fome, guerra e doença – é o livre acesso ao planejamento familiar e a elevação do nível educacional e econômico das mulheres.

Mas aqui está o problema – e mais uma vez um problema cultural e social profundamente arraigado. Devido a barreiras inerentes a culturas dominadoras, milhões de mulheres ainda não têm acesso ao planejamento familiar, embora estejam muitas vezes desesperadas para escapar à escravidão da gravidez forçada. "Olhe para mim", lamentou uma mulher entrevistada no programa *Third World Women Speak Out*, "eu não passo de um animal trabalhando no campo e tendo todas estas crianças. Não quero mais nenhuma criança..." [6]

Em muitos lugares onde a população cresce muito, os homens ainda se opõem ao uso de contraceptivos. O argumento é que, com a contracepção, fica fácil "suas" mulheres terem relações sexuais com outros homens. Como a poligamia e o divórcio unilateral por parte dos homens é legal em alguns desses lugares, um homem pode facilmente substituir uma esposa por outra mais submissa. Em algumas sociedades muçulmanas na África, Ásia e no Oriente Médio, as mulheres não têm o direito de sair de casa. Mesmo em lugares onde as mulheres podem se locomover com mais liberdade, são proibidas de consultarem-se com médicos homens, mais uma vez porque isto fere o senso masculino de posse exclusiva de "sua" mulher.

Não é de surpreender então que em culturas rigidamente dominadas pelos homens as mulheres "optem" por ter muitos filhos. Se uma mulher não tem filhos homens, ela precisa continuar reproduzindo até ter um. Se seus filhos morrem – o que ocorre com frequência no mundo em desenvolvimento –, suas chances de sobrevivência quando for idosa correm perigo. Portanto, apesar do pesado impacto sobre sua saúde que gravidezes seguidas apresentam – as mulheres chegam a ter seis ou sete antes de completarem 25 anos de idade –, elas temem parar de ter filhos.

Em contraste, em culturas que estão caminhando rumo à igualdade para as mulheres, as taxas de nascimento são mais baixas.[7] O mesmo se vê em países onde a taxa geral de nascimento é em média alta. Por exemplo, as taxas de nascimento são mais baixas na província de Kerala, na Índia, onde as mulheres são mais valorizadas, que em outras partes da Índia.

Há mais de trinta anos, Kathleen Newland mostrou que, se quisermos reduzir as taxas de nascimento, as mulheres vão precisar de fontes alternativas de valorização, receita, segurança e satisfação.[8] Muitos estudos e relatórios – por exemplo o relatório "Closing the Gender Gap: Educating Girls" da Population Action International, chegaram à mesma conclusão.[9]

Temos que deter a explosão populacional se quisermos um ambiente limpo e saudável para nossos filhos. A única forma não desumana de pará-la é assegurar às mulheres o livre acesso ao controle da natalidade e a opções de vida que não sejam a de ter um filho atrás do outro. Porém, mais uma vez, para realizar isto precisamos mudar valores e crenças arraigadas, bem como estruturas sociais e econômicas.

Tecnologia, valores e a conquista da natureza

Algumas pessoas defendem a ideia de que a tecnologia é a causa de nossos males ambientais. Não há dúvida de que as atuais tecnologias industriais causam danos ambientais. Mas a industrialização também deu a mais pessoas o acesso a bens manufaturados, de modo que os padrões de vida subiram. Voltar a uma economia menos avançada tecnologicamente não é a resposta. A questão são as crenças e valores que guiam o desenvolvimento e o uso da tecnologia.

Não há razão intrínseca para que a tecnologia industrial tenha que destruir o ambiente natural e colocar em risco nossa saúde. Isto acontece porque estas tecnologias foram desenvolvidas segundo um *ethos* dominador. Foram recentemente desenvolvidos, segundo um *ethos* de parceria, processos industriais que evitam o desperdício e a poluição. Já mencionei o processo de fabricação escandinavo conhecido como "passo natural", que garante que praticamente todos os materiais, sejam eles matéria-prima ou produtos acabados, sejam reciclados. O mesmo *ethos* de parceria nos trouxe leis e regulamentações que protegem o ambiente e a saúde.

A história da industrialização poderia ter sido muito diferente. Em um contexto de parceria e não de dominação, a industrialização poderia ter-se desenvolvido com respeito pelos seres humanos e pela natureza. As tecnologias cada vez mais avançadas não teriam sido usadas para a dominação e conquista, nem causado todo o sofrimento que, segundo nos dizem, acompanha o progresso.

Se acreditarmos na "conquista da natureza pelo homem", vamos causar danos irreparáveis. Se aprendermos a buscar harmonia com a natureza, os avanços tecnológicos vão melhorar grandemente nossa vida.

Pense no que acontecerá se os recentes avanços na biotecnologia forem guiados por um *ethos* dominador. Já há preocupação de que os programas desenhados para eliminar genes "indesejáveis" venham a ser usados para eliminar pessoas "indesejáveis", até mesmo populações inteiras. Os cientistas advertem que a eliminação seletiva de genes pode eliminar as mutações positivas que tiveram papel tão importante na evolução da vida.[10] Muitas pessoas temem que a clonagem e outras tecnologias novas desencadeiem novas formas de vida com o potencial de criar sérios problemas.

Algumas pessoas argumentam então que deveríamos evitar o uso de qualquer nova tecnologia. Mas historicamente, uma vez descoberta uma tecnologia, ela acaba sendo usada. Um avanço tecnológico é como deixar um gênio escapar da garrafa. Uma vez fora, não há como forçá-lo de volta para dentro. A questão real é como as novas tecnologias vão ser desenvolvidas e usadas.

Um recente editorial na influente revista *The Economist* falou com entusiasmo sobre as oportunidades comerciais para empresas e consumidores oferecidas pela biotecnologia. "Será bom que as pessoas tenham possibilidade de implantarem transmissores para melhorar suas capacidades mentais?" perguntavam eles. "Ou para mudar a cor da pele? Ou para correr mais? Ou para levantar mais peso...

A meta adequada é dar às pessoas tantas opções quanto possíveis em relação ao que elas fazem. Para este fim, fazer dos genes instrumentos de liberdade, e não limitação, é um grande passo adiante." [11]

Mas o que vai realmente acontecer se os interesses comerciais determinarem o programa genético? Já vimos o que pode acontecer quando a bioengenharia é usada puramente para ganhos comerciais: os relatórios científicos dizendo que os alimentos geneticamente modificados talvez não sejam tão seguros quanto se dizia tiveram sua divulgação reprimida. Quando o renomado cientista Arpard Pusztai relatou que as batatas geneticamente modificadas enfraqueciam o sistema imunológico de ratos e danificavam seus órgãos vitais, foi forçado a se retirar do Rowell Research Institute. Ao que parece, isto aconteceu devido a pressões da Monsanto, uma das grandes produtoras de plantas geneticamente modificadas e que tinha doado 250 mil dólares ao instituto.[12]

Você pode perguntar: mas abafar esse tipo de informação não é ilegal? Sim, mas as pessoas escapam das leis. No rumoroso caso da Nestlé, os executivos conscientemente decidiram enviar alimentos infantis diluídos para países em desenvolvimento. Mais tarde foram processados. Mas processar umas poucas pessoas não evita o sofrimento causado pelos interesses comerciais que colocam os lucros acima da saúde e até da vida das pessoas.

Tratar dos abusos empresariais caso a caso e quando o fato está consumado não resolve as distorções de valores refletidas por muitas práticas comerciais e políticas governamentais. Da mesma forma, o treinamento de profissionais de saúde nos Estados Unidos para reconhecerem os sintomas de envenenamento pelo antraz não resolve a questão da mentalidade que permite que governos e terroristas cogitem usar armas biotecnológicas que irão infectar crianças, mulheres e homens "inimigos" com varíola e outras doenças terríveis.[13]

Nossa única esperança para um futuro mais humano e ambientalmente sustentável é mudar a mentalidade dominadora e os valores culturais que a refletem. Como escreve David Orr em *Earth in Mind*, a crise na ecologia global é antes de tudo uma crise de valores.[14]

Mudando as regras econômicas e as práticas comerciais

Cabe a você e a mim cuidar do lugar em que todos vivemos – nosso ambiente natural. Como você vai ver, há muita coisa que você pode fazer para este fim. A primeira e a mais simples é ajudar aqueles à sua volta a entenderem que nossos problemas ambientais não podem ser resolvidos pelo mesmo sistema que os está criando.

Nosso atual sistema econômico é originário de épocas mais rigidamente dominadoras. Ele se baseia, em grande medida, em um ciclo de superconsumo e desperdício de alguns poucos, exploração de muitos e espoliação ambiental. Este ciclo está na raiz de muitos males ambientais.

O superconsumo e desperdício daqueles que estão no alto é um traço perene das sociedades dominadoras, sejam pré-industriais ou industriais, antigas ou modernas. Nessas sociedades, a exibição do consumo é um símbolo de poder. O controle sobre as posses e os outros humanos substitui a realização emocional e espiritual, ausente em um sistema fundado no medo e na força.

O atual marketing de massa se aproveita dessas necessidades humanas não realizadas e nos diz que nossa ânsia por amor, realização e alegria será atendida se comprarmos e comprarmos, consumirmos e consumirmos. Em um anúncio da Häagen-Dazs, Bernadette Peters praticamente tem um orgasmo tomando sorvete. A promessa implícita de sexo com mulheres maravilhosas é usada para vender tudo, desde refrigerantes até carros. Promete-se o amor em anúncios de desodorantes, diamantes e tudo mais. Assim, os ricos compram bens de luxo cada vez mais caros e os pobres lotam as lojas de produtos baratos para comprar cada vez mais bugigangas.[15] E todos esses objetos inúteis e até danosos entopem nosso planeta ao mesmo tempo em que esgotam os recursos naturais finitos.

Temos que conscientizar as pessoas de como nossas mais básicas necessidades emocionais estão sendo manipuladas pelos interesses comerciais. Temos que mudar as regras econômicas que estimulam o ciclo patológico de superconsumo, exploração e espoliação ambiental.

Outra vez quero frisar que a questão não é gente ruim. São regras econômicas ruins, que se originaram em relações econômicas dominadoras e ainda ajudam a mantê-las.

Sem dúvida, alguns executivos empresariais sabem o dano que causam e deliberadamente ocultam o fato tanto quanto conseguem. Houve casos bem documentados no setor petroquímico, de água, eletricidade e outros. O filme *Erin Brockovich* conta uma história real. Os executivos da Pacific Gas & Electric deliberadamente enganaram famílias quanto às consequências, para a saúde e o meio ambiente, da existência de suas fábricas nas vizinhanças. Disseram que uma epidemia de problemas de saúde, incluindo altas taxas de câncer e sérias enfermidades respiratórias, nada tinha a ver com a PG&E, até que Brockovich os desmascarou. O documentário *Trade Secrets* de Bill Moyers mostra como os executivos da Dow Chemical, Chevron, Ethyl, Conoco e outros gigantes petroquímicos enganavam os empregados. Nunca os informaram dos estudos que provam que, sem equipamentos de segurança adequados, o trabalho em plantas petroquímicas é mortal, lentamente causando tumores cerebrais, desintegração óssea e câncer.[16] Como demonstram os escândalos nas companhias de tabaco, infelizmente este tipo de engano não é incomum.

Mesmo assim, acredito que a maior parte das pessoas tenha boas intenções e que preferiria ganhar a vida e sustentar seus filhos sem prejudicar os outros. Mas com muita frequência ficam enredados nas regras econômicas dominadoras. E estas regras de fato favorecem as predisposições psicológicas à negação e ao medo de mudança.

Por exemplo, as regras atuais que controlam o lucro e o prejuízo das empresas não incluem no custo de fabricação o que os economistas chamam de "externalidades", tais como os custos para nossa saúde e para o ambiente de muitos processos industriais antigos. Se não mudarmos essas regras, não poderemos refrear eficazmente as atividades que poluem o ar e a água, pois essas atividades são recompensadas em vez de penalizadas.

Precisamos de um sistema contábil diferente. Os cálculos de lucro e prejuízo têm de incluir os custos ao ambiente e à saúde causados pelos processos e produtos industriais. Da forma como é agora, os consumidores e contribuintes pagam por estes custos e há pouco incentivo para as empresas serem mais responsáveis. A taxação das "externalidades", tais como danos ao ambiente ou à saúde, e os créditos tributários para empresas que mudem para processos e produtos mais responsáveis, ambiental e socialmente, podem fazer uma enorme diferença.

Como você viu no capítulo 3, as regras econômicas e as práticas comerciais são criações humanas – e portanto podem ser mudadas. Precisamos de regras que apoiem as relações de parceria/respeito. Precisamos de regimentos empresariais que exijam responsabilidade ambiental e social. Precisamos de tratados internacionais que protejam a natureza. E precisamos de novas regras econômicas que reconheçam e atribuam real valor ao trabalho de cuidar – inclusive o de cuidar da Mãe Terra. Estas políticas econômicas são apresentadas na tabela 3 "Os quatro fundamentos da política de parceria" no fim deste livro.

Você pode promover políticas econômicas de parceria falando com seus amigos e colegas. Você pode começar realçando o fato de que as regras econômicas e as práticas comerciais dependem de escolhas humanas e cabe a nós mudar os valores culturais determinantes dessas escolhas. Você também pode indicar que o problema não é a tecnologia em si, mas de quais tipos de tecnologia são financiados, desenvolvidos e usados.

Você pode promover práticas comerciais de parceria como o "passo natural" que segue um método de fluxo no qual toda a matéria-prima é reciclada e reciclável.[17] A Interface, fábrica de tapetes de Ray Anderson em Atlanta, Geórgia, adotou este método. Como os clientes alugam os tapetes em lugar de comprá-los, não há desperdício. Assim como outras companhias ambientalmente responsáveis, a Interface está indo bem financeiramente. Como ressaltam Amory e Hunter Lovins e Paul Hawken na obra *Natural Capitalism*, a responsabilidade ambiental é um bom negócio.[18] Mas as regras econômicas tais como os incentivos fiscais para companhias que são ambiental e socialmente responsáveis poderiam acelerar muito a adoção de práticas mais sensatas de fabricação e comércio.

O forno solar é outra nova e eficaz tecnologia, particularmente para o mundo em desenvolvimento. Com um mínimo de treinamento, ele pode ser usado como substituto para fogões de combustível fóssil ou madeira. É muito menos destrutivo ambientalmente, pois não produz gases de efeito estufa. Usa um recurso renovável – o Sol – em vez de esgotar as florestas ou exigir mais plantio de árvores em áreas onde já é escassa a terra cultivável. É fácil de produzir e custa menos de dez dólares, uma enorme economia para famílias pobres do Terceiro Mundo que muitas vezes gastam metade da renda em combustível. Ao contrário da madeira e dos combustíveis fósseis como carvão e petróleo, o forno solar não produz a fumaça que causa doenças pulmonares nas crianças e nas mulheres (que passam grande parte do tempo cozinhando). Os fornos solares maiores, para vilas, tem capacidade de assar cinquenta pães em uma hora, alimentando pessoas com fome, preservando as reservas de madeira, melhorando a saúde, evitando a poluição e criando empregos.

No entanto, no sistema econômico atual, as grandes companhias não promovem o forno solar. Sob as estreitas regras dominadoras de cálculo de lucro e prejuízo, não há quase nenhum lucro nesta tecnologia barata. E, ao contrário das usinas de energia e reatores nucleares, o forno solar não se presta ao controle centralizado.[19]

Esta questão de controle centralizado é um tema recorrente na economia dominadora. A maior parte da ajuda econômica do mundo, através do Banco Mundial, do Fundo Monetário Internacional e de governos como o dos Estados Unidos, ainda vai para grandes empreendimentos de propriedade de umas poucas empresas e indivíduos. E a maior parte financia tecnologias de destruição e dominação em vez de tecnologias para melhorar a qualidade de vida.

As armas desenvolvidas e exportadas pelos Estados Unidos, França, Rússia e outros países envolvidos na "tecnologia de defesa" alimentam conflitos sangrentos, mantêm ditaduras no poder e atravancam a Terra com cartuchos, minas e outros entulhos perigosos. Os Estados Unidos são o maior exportador de armas do mundo. E muito da ajuda que dá a outros países vai para governos para que possam comprar armas de empresas americanas, muitas vezes ajudando ditadores a manter controle sobre o povo. (Um aparte: na Rússia, África do Sul, Colômbia e Angola, gangues de criminosos usam armas de guerra para travar batalhas por território. O mesmo acontece em guerras de gangues de traficantes de drogas no mundo todo. Os Estados Unidos também têm, de longe, a maior quantidade de armas leves no mundo – segundo uma estimativa, o suficiente para armar todos os adultos e crianças de sua população civil.) [20]

Estas tecnologias de destruição não só matam e aleijam milhões de seres humanos como são uma ameaça ao ambiente. Além dos efeitos tóxicos, estas armas são cada vez mais usadas para matar espécies em risco de extinção. Na África, os caçadores ilegais de elefantes usam rifles automáticos militares de grande calibre para matar manadas e intimidar os guardas das reservas naturais.

As armas nucleares e bacteriológicas ameaçam nosso planeta em maior escala – e também estão proliferando. O Iraque já usou armas biológicas contra sua população curda. A Índia e o Paquistão entraram para o clube nuclear. No entanto, os materiais para armamentos nucleares e bacteriológicos ainda são exportados visando lucro comercial, sem consideração sobre as possíveis consequências humanas e ambientais.

As coisas não têm que ser assim.

Religando-nos à natureza

Algumas pessoas costumam dizer que desde tempos imemoriais nós humanos usamos a tecnologia para dominar e destruir. Mas a crença de que esta é a natureza humana não tem fundamento. Há milhões de pessoas que honram aos outros e à natureza. Em muitas sociedades pré-históricas a natureza era reverenciada. Por exemplo, a civilização minoica que floresceu em Creta até cerca de 3.500 anos atrás tinha um *ethos* mais orientado para a parceria, descrito pelo arqueólogo Nicolas Platon como "uma ardente fé na deusa Natureza, a fonte de toda a criação e harmonia".[21] Em algumas sociedades tribais, a Mãe Terra é reverenciada até hoje.

A consciência de que fazemos todos parte de uma rede de vida maravilhosamente tecida reflete o ressurgimento de uma consciência de parceria. Acho que no fundo todos temos esta consciência, que desperta a profunda conexão que muitos sentimos com a natureza.

Lembro-me vividamente quando minha mãe me levou para visitar meus avós no interior. Eu tinha cinco anos de idade e costumava andar a pé pelas avenidas arborizadas de Viena, ia a parques e via jardins com flores de cores vivas. Mas nunca tinha estado em um lugar em que os bosques e os campos iam até onde alcançava a vista, onde os rios brilhavam entre árvores imponentes, onde se podia andar a cavalo horas a fio em vastas extensões de terra verde selvagem. Ainda me lembro da alegria desta primeira conexão profunda com a natureza.

Desde então, tive o privilégio de visitar algumas das grandes maravilhas naturais do planeta. Viajei pelo Rift Valley na África, onde o céu é mais azul que em qualquer outro lugar na terra. Estive nas cataratas do Iguaçu, na América do Sul, onde quilômetros de quedas d'água cascateiam pela luxuriante folhagem tropical repleta de borboletas brilhantes. Vi os elefantes e leões correndo soltos em seu habitat natural, macacos balançando em árvores em rios tropicais, as migrações de *wildebeests*, em que milhões de criaturas parecidas com búfalos se deslocam a cada ano pela savana africana.

Quero que meus netos – e todas as crianças – conheçam a natureza. Quero que exista uma natureza para eles conhecerem. Quero que eles sintam o respeito e a alegria que eu sinto na natureza. Quero que vivam em um mundo sustentável, um mundo que honre tanto os humanos quanto a Mãe Terra.

Se você parar para pensar, vai perceber que todos os problemas ambientais – desde a poluição do ar e da água até o aquecimento global – foram causados por nós. Nossa relação com a natureza está terrivelmente desequilibrada. Como em qualquer boa relação, tem que haver um dar e receber. Grande parte do século XX focalizou apenas o receber, usando tecnologias avançadas para levar adiante a "conquista da natureza pelo homem". Esperamos que o século XXI procure um dar e receber mais equilibrado – a parceria em vez da dominação.

Nas próximas páginas você vai encontrar muitas coisas que pode fazer para acelerar a mudança para a parceria com a natureza. Lembre-se que você não está sozinho, que milhares de grupos no mundo todo estão trabalhando para restaurar a Terra.[22] Mas lembre-se também que não podemos simplesmente atrelar o equilíbrio ambiental a um sistema fundamentalmente desequilibrado, onde a mentalidade predominante é a do controle – seja controle de outros humanos, seja da natureza. Se um número suficiente de pessoas se unir, poderemos enfrentar a agenda política dominadora e avançar rumo ao mundo que queremos para nós, nossos filhos e as gerações vindouras.

Coloque a parceria para funcionar

Quando olhamos para o mundo ao nosso redor, às vezes parece que temos que mudar tudo. Na verdade, esse tudo se reduz a uma coisa: relacionamentos. À medida que mudarmos nossos relacionamentos, passando do modelo de dominação para o de parceria na família, na comunidade e no mundo, à medida que nos relacionarmos como parceiros de nós mesmos, dos outros e no habitat natural, teremos uma vida melhor e um mundo melhor.

Se você escolher um item desta seção e um do roteiro de ações, estará ajudando a mudar hábitos que nos deixam e ao planeta doentes.

Compre sabões biodegradáveis e produtos isentos de pesticidas. Use lâmpadas energeticamente eficientes e use um carro que produza poucas emissões. Peça que os ônibus escolares a diesel sejam substituídos por ônibus a gás natural ou, melhor ainda, por ônibus elétricos.

Escreva a seus deputados para apoiarem o Protocolo de Kyoto, o tratado internacional para reduzir as emissões dos gases de efeito estufa que causam o aquecimento global. Escreva a eles pedindo que produtos geneticamente modificados não sejam vendidos até que tenham sido testados em seus efeitos de longo prazo, e que sejam claramente rotulados.

Trabalhe para informar as pessoas que ocupam cargos eletivos sobre as regras que protegem nossa saúde e o ambiente. Os países da União Europeia exigem que os fabricantes se responsabilizem pela reciclagem e disposição das embalagens de seus produtos. Isto levou a embalagens mais amigáveis ao ambiente, inclusive à eliminação do isopor e de sacos plásticos de muitos produtos vendidos na Europa.[23]*

---

* No livro original, sugere-se também obter uma lista de organizações ambiental e socialmente responsáveis da Co-op America [atual Green America, www.greenamerica.org], uma organização sediada em Washington, DC que publica um boletim informativo com ideias práticas sobre como trabalhar pela justiça social e pelo meio ambiente. Essas informações ajudarão o leitor a usar seu poder de compra para recompensar empresas social e ambientalmente responsáveis. [N. da R.]

Apoie organizações que trabalham para levar tecnologias e conhecimentos tecnológicos apropriados para mulheres e homens em todo o mundo. A UNESCO patrocina a distribuição de fornos solares e o treinamento de uso em campos de refugiados no Zimbábue, onde já salvou vidas, particularmente de mulheres e crianças, que são a maioria dos refugiados do mundo.

Ajude a conter a explosão populacional apoiando grupos não governamentais e políticas públicas de educação sexual e distribuição de preservativos.* Muitas organizações fornecem tecnologias de planejamento familiar, tanto barreiras à concepção quanto ervas e medicamentos de contracepção, bem como aconselhamento de saúde reprodutiva para mulheres no mundo todo.[24]

Apoie organizações dedicadas à elevação da posição das mulheres, como todos os grupos feministas e a Ms. Foundation, Global Fund for Women, NOW, National Women's Political Caucus, Women Living Under Muslim Laws, Feminist Majority e Women's International Network. Estas organizações ajudam a acelerar a mudança cultural para a parceria.

Vote em pessoas que defendam o financiamento do planejamento familiar no país e no exterior. Use sua voz e seu voto para tirar do cargo os que se opõem a este financiamento. Escreva pedindo aos legisladores que apoiem o Fundo Populacional das Nações Unidas (United Nations Population Fund – UNFPA), que sob a liderança do doutor Nafis Sadik montou uma maciça campanha educacional ligando a superpopulação às questões do meio ambiente e os direitos humanos, particularmente os direitos de mulheres e crianças.[25]

Apoie a educação ambiental criando interesse em seus amigos e colegas pela educação de parceria. Introduza a educação parceira nas escolas de sua comunidade. (Você pode baixar informações sobre educação parceira em https://centerforpartnership.org/.)

---

* A autora referenda os seguintes grupos: Planned Parenthood International, Population Action International, https://pai.org/; Zero Population Growth; Pathfinder International; e Population Institute, www.populationinstitute.org. [N. da R.]

Desmascare as afirmações de equipes de especialistas e políticos que se opõem à regulamentação ambiental, mostrando a perigosa negação da realidade que praticam. Organize um fórum para discussão pública do que está por trás da atual revogação de regulamentações ambientais em nome da liberdade econômica e da livre iniciativa. Ligue para programas de rádio que falam com os ouvintes. Escreva editoriais para a grande imprensa.

Arregimente apoio para a agenda política de parceria esboçada no capítulo 6 e nas tabelas 3 e 4 nos anexos "Ferramentas de parceria" no fim deste livro.

Ações a tomar

Primeiros passos

- Pense nas implicações, para a sua saúde e o ambiente, de a ciência e a tecnologia serem influenciadas pela busca de lucros e as tentativas de evitar prejuízos comerciais.
- Pense na conexão entre ciência e tecnologia, de um lado, e crenças culturais, regras e estruturas sociais e econômicas, de outro.
- Pense nas conexões entre os problemas ambientais e a superpopulação, e na importância decisiva de valorizar mais as mulheres para a resolução destes problemas.
- Pense na mentalidade que permite que as pessoas usem conhecimentos científicos para desenvolver armas como gases venenosos ou armas biológicas que matam crianças, mulheres e homens. Que conclusões você pode tirar sobre a supressão dos valores da empatia, cuidados com os outros, consciência e justiça social para servir às metas de dominação?
- Imagine como seria viver em um mundo que honrasse e reverenciasse a Mãe Natureza.

Próximos passos

- Pense na agenda integrada daqueles que tentam nos fazer voltar aos tempos antigos mais rígidos e dominadores, e na necessidade de uma agenda política integrada de parceria onde a chave seja o respeito pelos seres humanos e a natureza, e não o seu controle.
- Passe as informações deste capítulo a seus amigos e colegas.
- Forme um grupo de discussão para distribuir o material deste capítulo.

Mais adiante

- Converse com pais, professores e associações de pais e mestres sobre a introdução da educação parceira, de modo que os jovens desenvolvam um *ethos* de cuidado e respeito pelos outros e por nosso meio ambiente.
- Organize uma conferência sobre normas que favoreçam a parceria para governar o uso de avanços tecnológicos. Documente e distribua o que você fizer, de modo que o mesmo possa ser feito em outras comunidades e universidades.
- Arregimente grupos populares e outras organizações para apoiarem a agenda política de parceria, e use a internet como ferramenta educacional e de comunicação para conquistar apoio.

Capítulo 7
O amor em ação

O relacionamento com o espírito

O que são relações espirituais de parceria? A espiritualidade é algo acima de nós, apenas para uns poucos seres mais elevados? Ou é algo que todos nós podemos acessar diariamente na vida? Como muitas pessoas, é bem provável que você se perturbe ao observar sinais de ganância, egoísmo, materialismo excessivo e violência no mundo. Você talvez esteja em busca de uma forma de vida mais espiritual e íntegra. Mas quando você olha para os ensinamentos espirituais, tanto os tradicionais quanto os novos, encontra um emaranhado de mensagens contraditórias. Neste capítulo, vamos usar o prisma do continuum *parceria/dominação para desenredar essas mensagens.*
Você vai ver como a espiritualidade de parceria traz mais sentido, senso de propósito e alegria a nossas vidas.

Lembro-me de ver um folheto sobre um trabalho espiritual bem conhecido do tipo Nova Era, chamado *Um curso em milagres* que dizia: "Não tente mudar o mundo e sim mudar sua mente sobre o mundo". Muitos ensinamentos espirituais tradicionais, tanto orientais quanto ocidentais, têm a mesma mensagem. O que é necessário, segundo dizem, é que nos transformemos internamente e não o mundo exterior.

Na verdade, precisamos de ambos. Fazer trabalho interior e exterior dá maior significado à vida, nos ajuda a viver mais plenamente. Permite integrar a espiritualidade ao dia a dia. Inspira-nos com coragem espiritual para trabalharmos por um mundo onde os ensinamentos do amor, encontrados em todas as religiões, sejam postos em ação.

Minha mãe tinha esta coragem espiritual e salvou nossas vidas. Ela teve a coragem de enfrentar os nazistas que vieram saquear nossa casa e levaram meu pai. Ela poderia facilmente ter sido morta quando pediu a libertação do meu pai. Não sei se foi porque minha mãe (que era judia) tinha aspecto ariano com seus olhos azuis e cabelo loiro, mas por algum milagre ela levou a melhor e nós escapamos dos nazistas.

Houve outros que tiveram esta coragem espiritual, pessoas que ajudaram os judeus a se esconderem, embora isto significasse arriscar a própria vida e a da família. Quando, mais tarde, perguntaram a eles por que tinham se arriscado tanto, muitos responderam simplesmente que era o que tinham de fazer.

Acho que todos nascemos com uma voz interior que nos diz para sermos acolhedores e não cruéis, que esta é a essência que nos faz humanos. Infelizmente esta voz interior de empatia é muitas vezes abafada ou até silenciada pelos elementos dominadores em nossa cultura – incluindo os elementos dominadores em algumas tradições religiosas.

Sei que questionar a própria tradição religiosa é perturbador. Pode virar toda a sua existência de pernas para o ar. Mas pode também ser uma experiência iluminadora e, ao final, profundamente espiritual.

Foi isto que me aconteceu e por isso desejo dividir com você minha jornada espiritual.

Minha jornada espiritual

Como muitos, cresci aceitando despreocupadamente a existência de Deus. Depois que fugimos para Cuba, todas as noites antes de dormir eu repetia com meu pai a oração judaica da noite, o *Shema*. Eu não entendia as palavras em hebraico e acho que meu pai também não. A única coisa que eu sabia é que este era um rito especial de ligação entre nós, o esforço de nos aproximarmos de uma potência espiritual maior, na qual depositávamos nossa confiança. Depois do *Shema*, eu sempre fazia minha própria oração pedindo a Deus proteção e ajuda. Como fazem as crianças, eu tomava cuidado para não esquecer ninguém, para não omitir um único nome daqueles da nossa família que tinham ficado para trás na Europa. Era uma longa lista: avós, tias, tios, primos.

Então terminou a Segunda Guerra Mundial e eu vi nos noticiários filmados os campos de concentração: as pilhas de mortos displicentemente jogados, os corpos esqueléticos dos sobreviventes, com olhos fundos e assombrados. Descobri o que acontecera àqueles por quem eu tinha tão lealmente rezado, o cruel horror da vida e da morte deles.

Eu ainda choro quando penso a respeito. Não há palavras para descrever o que senti quando chorava não só pelos mortos de minha família e meu povo, como pela fé que eu perdera. Como Deus podia ter permitido que tudo aquilo acontecesse?

Muito tempo se passou antes que eu pensasse outra vez em espiritualidade. Por algum tempo ia à sinagoga nos grandes dias santificados para agradar aos meus pais. Mais tarde, passei a ir à casa deles com meus filhos para comemorar o Pessach (páscoa judaica) e Chanuka (festa das luzes). Nunca rejeitei minha identidade judaica, eu fui e sou judia.

Ainda encontrava conforto em passagens bíblicas como Isaías 11:6-9 e Oséas 2:18, prevendo um mundo sem guerras ou matanças. Ainda apreciava a poesia de alguns Salmos. Mas também comecei a abrir os olhos para coisas na Bíblia em que nunca havia pensado: as ordens, em Números 31 e Deuteronômio 20, para arrasar cidades e matar todos os seres vivos que estivessem nelas, de modo que Deus não ficasse irado se algum fosse poupado; as leis em Deuteronômio 22:20-21 que ordenam o apedrejamento até a morte de mulheres, os dois pesos e duas medidas na moral sexual e o tratamento de mulheres como se fossem propriedades dos homens, como em "a esposa de teu próximo, o boi, o asno". Acordei para o que estava sendo dito sobre as relações humanas como na história "moral" de Ló, que ofereceu suas filhas para serem estupradas por um bando a fim de proteger dois convidados homens – e foi premiado ao invés de punido quando seus convidados se revelaram anjos enviados por Deus.[1]

Despertar para este lado de minha herança religiosa foi chocante e esclarecedor. Fiquei horrorizada com esses ensinamentos de violência, crueldade e desumanidade – e chocada com o fato de que estavam lá, visíveis a todos, e no entanto eu nunca tinha refletido sobre o que estavam ensinando. Ao mesmo tempo, eu continuava encontrando valor nas partes da Bíblia que ensinam a empatia, o respeito e o acolhimento. Estes ensinamentos bíblicos e a tradição judaica de ajudar os menos afortunados, de que meus pais sempre foram exemplo, eram – e continuam sendo – extremamente importantes para mim.

Somente anos mais tarde, depois de uma longa busca por uma nova fé e décadas de pesquisa de história da religião, comecei novamente a usar a palavra "espiritualidade". Só que agora ela tinha um significado muito diferente para mim. Não estava mais associada a uma deidade específica, mas a uma realidade maior, para além da compreensão humana. Também não estava associada a sentar-se no alto de uma montanha para meditar ou encerrar-me em um mosteiro para me afastar das dores e prazeres deste mundo. A espiritualidade estava agora associada a uma simples palavra, uma palavra que, não por coincidência, está no cerne de todas as tradições religiosas do mundo: o amor. Mas não era mais o amor no sentido incorpóreo e abstrato de tantos textos religiosos. Era o amor no sentido imediato e concreto de uma conexão atenciosa com esta vida nesta Terra.

Fiquei consciente de que minhas experiências espirituais mais iluminadoras vêm quando eu me sinto em união com a natureza ou com as pessoas – quando vejo um pôr do sol glorioso, quando olho dentro dos olhos brilhantes de meus netos, ouço as amadas vozes de meus filhos ou toco a mão de meu marido. Percebi que estas experiências, de uma forma ou de outra, envolviam o amor, o sair de mim mesma. Também tomei consciência de que, embora nunca tivesse pensado por este ângulo, ao tentar ajudar a fazer deste mundo um lugar mais acolhedor, estava me reeducando espiritualmente.

Agora, quando penso em espiritualidade, penso em nossa profunda capacidade humana para o amor, nossa busca de justiça, nossa sede de beleza, nossa ânsia de criar. Esta é uma espiritualidade de parceria, uma espiritualidade que nos ajuda a estar em parceria com o que se chama de eu superior.

A espiritualidade de parceria é transcendente bem como imanente. Ela infunde carinho e empatia em nossa vida diária. Fornece padrões morais e éticos para relações de parceria como alternativas para a falta de padrões éticos e para o mau uso da "moralidade" com o propósito de justificar a opressão e a violência.

Espiritualidade – e dor ou prazer

Quando você pensa em espiritualidade, o que lhe vem à mente? Que imagens você vê? Essas imagens são de dor ou de prazer?

As perguntas sobre dor ou prazer podem parecer estranhas em relação à espiritualidade. Mas são questões-chave. Elas nos ajudam a achar o caminho no labirinto de ensinamentos religiosos que oscilam entre pregar amor e ódio, acolhimento e crueldade, não violência e violência.

Você já pensou por que os museus abrigam tantas pinturas de pessoas sofrendo horríveis torturas no inferno, de tantos santos mortos das formas mais cruéis? Por que os cristãos na Idade Média aprendiam que o mundo é um "vale de lágrimas"? Por que os místicos eram encorajados a mostrar sua devoção através do uso do cilício, ou deitando em camas de pregos e outras formas de atormentar o corpo? Por que os hinduístas ainda acreditam que a única esperança está ao final do longo ciclo de reencarnações que os traz de volta ao mundo vez após vez, sempre condenados ao sofrimento?

Reflita um momento sobre a mensagem desses ensinamentos – a doutrina cristã de que nossa única esperança é a de uma vida melhor depois da morte e o dogma hinduísta de que o sistema de castas é determinado por mandato divino. Não é uma mensagem de que a dor e o sofrimento são nossa sina inevitável? Não estão nos mandando aceitar o que existe e nos contentarmos com a esperança de uma vida melhor no além? Não há também uma outra mensagem: Não faça nada para mudar o status quo – por mais cruel, dolorido ou injusto que seja?

Reflita também sobre a história de Jó e como Deus o afligiu com todas as dores concebíveis simplesmente para ganhar uma aposta com o diabo. Pense no ensinamento cristão de que, se não obedecermos às ordens da Igreja, estaremos destinados ao fogo do inferno por toda a eternidade.[2] Por que o controle e a dor recebem tanto destaque, e a liberdade e o prazer são tão proibidos na maior parte dos dogmas orientais e ocidentais? Por que é assim, se o que nós humanos mais queremos é evitar a dor e sentir prazer?

Quando comecei a fazer estas perguntas, senti um grande desconforto. Eu estava, afinal de contas, lidando com assuntos que me tinham dito para aceitar pela fé, e tive medo. Em algum lugar dentro de mim eu ainda temia uma punição divina pela ousadia de questionar aquilo que, segundo tinha aprendido, era a vontade de Deus.

Somente mais tarde me dei conta de que fazer estas perguntas era o primeiro passo da descoberta de minha própria trajetória espiritual. Eu tinha o prisma analítico do *continuum* de parceria/dominação. Então consegui ver que a razão para se ensinar que devemos aceitar o controle e a dor não era religiosa. Estes ensinamentos são desenhados para manter os desequilíbrios de poder.

Posto de forma simples, há duas motivações humanas básicas. Uma é buscar o prazer. A outra é evitar o medo. Uma sociedade que motiva as pessoas principalmente através do prazer tende a ser mais orientada para a parceria. Em contraste, a dor e o medo da dor são o que mantêm no lugar as rígidas hierarquias da dominação – de homens sobre mulheres, homens sobre homens, raça sobre raça e país sobre país.

Entender isto finalmente me ajudou a perceber por que tantas histórias e imagens sagradas – ocidentais como orientais – ligam o sagrado com a imposição de sofrimento e dor. Também me ajudou a entender por que há tanta ênfase no controle e na obediência.

A maior parte da história escrita tem um forte teor de dominação. Pense nos ensinamentos religiosos sobre sexo. Os homens são ensinados a pensar no sexo em termos de controle sobre as mulheres. A Bíblia tem regras estabelecendo que os homens apedrejem até a morte as mulheres suspeitas de independência sexual. Por séculos, a Igreja condenou todas as posições sexuais exceto a do homem por cima e a mulher por baixo – o que veio a ser conhecido como "papai e mamãe". Isto também programa subconscientemente as mulheres a aceitarem a subordinação e os homens a pensarem na dominação como normal, sexualmente excitante e até mesmo moral.

Para piorar a situação, século após século os prazeres do corpo foram ligados ao pecado e à punição. Santo Agostinho, cujos pontos de vista são até hoje aceitos pela Igreja, é um caso clássico. Para ele, o ato sexual – o ato que nos dá vida e prazer – era o "pecado original" de Adão e Eva que transmite a condição pecaminosa da humanidade de geração em geração. Assim, não é de surpreender que a Igreja medieval tenha decretado que o sexo pelo prazer é pecaminoso mesmo dentro do casamento. Como disse o papa Gregório o Grande, se um casal pratica sexo além do estritamente necessário para o ato de procriação, se o "mistura com o desejo", eles "maculam os laços conjugais".[3]

Enquanto a Igreja medieval condenava o sexo pelo prazer como um horrível pecado, ela nunca disse que a violência sexual contra as mulheres era um pecado. Em vez disso, no *Malleus maleficarum*, o manual medieval de perseguição e queima de "bruxas" abençoado pelo papa Inocente VIII, a Igreja rotulou a mulher de mais carnal, e portanto mais pecaminosa, que o homem.

A Igreja também não condenou as constantes guerras dos reis e nobres medievais. Ao contrário, a própria Igreja desencadeou terríveis ódios e violências. Instigou as Cruzadas e a Inquisição. Abençoou as caças às bruxas durante as quais, pelas estimativas mais conservadoras, cem mil mulheres europeias foram torturadas até a morte. Dada a pequena população da Europa naqueles tempos, este massacre de mulheres foi um holocausto comparável à morte de seis milhões de judeus pelos nazistas.[4]

Você pode pensar que isto é apenas história: o que significa para a vida hoje? Ora, os elementos de dominação presentes em religiões tradicionais – orientais e ocidentais – afetam profundamente nossa vida. São um dos grandes obstáculos ao movimento para uma forma parceira de viver e amar.

Felizmente, há uma potente voz de parceria no cerne de todas as religiões do mundo.[5] Uma espiritualidade que nos diz para aceitar as coisas como são, para obedecer as "autoridades superiores" sem questionamento – inclusive deidades punitivas e iradas – não é a espiritualidade dos grandes visionários da história. Isaías e Jesus, Gautama e Hildegard de Bingen não nos pediram para tolerar a injustiça e a crueldade. Eles tentaram mudar as coisas – Jesus interrompeu o apedrejamento de uma mulher e Hildegard enfrentou um papa.

No centro das principais crenças – hinduísta, budista, muçulmana, judaica, cristã e confucionista – estão os valores parceiros de sensibilidade, empatia, acolhimento e não violência. Estes são os valores espirituais que muitos de nós estamos nos esforçando por resgatar. Estes são os valores que servem de base para as relações pelas quais ansiamos. São os valores que podemos usar para desenvolver uma espiritualidade de parceria que desperte empatia, atenção e responsabilidade em nossa vida diária – uma espiritualidade focada em alegria, vida e amor em vez de dor, morte e ódio.

Você pode argumentar que a dor é parte da vida – afinal todos nós ficamos doentes, velhos e morremos. É claro que a espiritualidade de parceria reconhece a dor como parte da experiência humana. Reconhece a dor do nascimento, da morte, doença, tristeza, rejeição e outros ferimentos inevitáveis – e quando possível nos conforta. A espiritualidade parceira também reconhece que a dor pode trazer crescimento psíquico. Mas ela *não* sustenta que o sofrimento é necessário para o desenvolvimento espiritual. Ao contrário, quando as pessoas são verdadeiramente amadas em vez de abusadas, é mais provável que desenvolvam empatia, acolhimento e criatividade, assim como as qualidades espirituais mais nobres.

Dessa forma, o prazer, e não a dor, é sagrado na espiritualidade parceira. O prazer, entretanto, não é uma "diversão" frenética e autocentrada. Não é a fuga da dor que as sociedades dominadoras, equivocadamente, definem como sendo o prazer. E certamente não é um prazer às custas de outra pessoa. É a alegria do amor, a realização da gentileza e da partilha, o maravilhoso respeito pelo milagre da vida e da natureza, e o êxtase dos estados superiores de consciência.

Deus como mãe e pai

Você pode ficar chocado com a ideia de que o prazer pode imbuir nossa vida diária do sagrado, mas este ponto de vista está ganhando espaço entre teólogos. Carter Heyward, Carol Christ, Elizabeth Dodson Gray, Matthew Fox e Judith Plaskow todos escrevem sobre uma "espiritualidade corporificada".

Nos dicionários, o corpo (ou corporificação) e o espírito (ou espiritualidade) estão tão separados quanto na nossa sociedade. Entretanto, todos nós temos familiaridade com alguma imagem da espiritualidade corporificada. Mas aqui também há uma mensagem dominadora oculta: a deidade é retratada em um corpo *masculino*.

Na tradição ocidental, Deus aparece exclusivamente em forma masculina. Na tradição oriental, as deidades mais poderosas são masculinas, exceto ocasionalmente uma deidade com sede de sangue como a monstruosa Kali dos hinduístas.

A espiritualidade de parceria vê o divino tanto na forma feminina quanto na masculina. E não é focada no poder de infligir dor e matar, mas sim no poder de dar vida e prazer.

Mais uma vez, você pode achar esta ideia nova e radical. Na verdade, é muito antiga.

Muitas imagens pré-históricas de deidades enfatizam os aspectos do corpo da mulher que nutrem e dão vida – os aspectos que hoje chamamos de Deus como Mãe ou Deusa Mãe. Alexander Marshack, James Mellaart e outros eruditos destacam que as figuras nuas de trinta mil anos, da Idade da Pedra, que os arqueólogos do século XIX erroneamente designaram de "vênuses", são as primeiras representações ocidentais de deusas. Vinte mil anos mais tarde, nas sociedades agrícolas do Neolítico (*c*.8000-3500 a.C.), as imagens femininas ainda predominavam, indicando o que Mellaart chama de notável continuidade cultural milenar.

Havia também deidades masculinas nessas sociedades antigas. Porém não eram associadas a raios (como Jeová ou Wotan) ou armas (como Zeus ou Thor), um forte indício de que a masculinidade não era sinônimo de dominação e conquista.[6]

Mas então veio uma maciça mudança cultural. No *Eunuma elish* dos babilônios, um poema épico escrito há mais de quatro mil anos, um deus da guerra chamado Marduk esquarteja o corpo vivo da Deusa Mãe Tiamat para criar a terra e o mar. Este mito idealiza a violência de Marduk e demoniza a Deusa Mãe. Mas os mitos anteriores da região eram muito diferentes. Atribuíam a criação do mundo a uma Deusa Mãe e não a uma violenta deidade masculina. Esta Deusa Mãe era frequentemente descrita não só como fonte de vida como também de amor, sabedoria e prosperidade.

As escavações arqueológicas do Neolítico indicam que as primeiras obras de arte idealizando a força armada masculina são um capítulo tardio da cultura ocidental.[7] Na Europa, esta arte data das invasões indo-europeias (*c*.4000-3000 a.C.), trazendo um *ethos* de conquista e dominação. Em *O cálice e a espada na cultura chinesa*, uma obra que testa minha teoria de transformação cultural na Ásia, os eruditos da Academia Chinesa de Ciências Sociais em Pequim mostram que esta mudança também teve lugar na China.[8] O estudo dos astecas da antropóloga June Nash aponta para uma mudança semelhante nas Américas.[9]

Embora esta informação ainda não seja muito disseminada, se soubermos o que procurar, encontraremos traços de culturas mais orientadas para a parceria em todas as tradições do mundo – muitas vezes claramente visíveis. Na Bíblia, quando o profeta Jeremias reclama do povo hebraico por não levar adiante a adoração de Jeová, o povo responde que havia paz e prosperidade quando as mulheres assavam bolos para a Rainha do Céu (Jeremias 44:15-17). Antigas tradições mitológicas gregas, indianas e outras mostram muitas deidades femininas, embora na maioria das vezes já sejam retratadas como subservientes às masculinas. A mais popular deidade chinesa até hoje é Kuan Yin. A Maria cristã também é conhecida como Mãe de Deus. As duas são associadas ao amor e à compaixão.

Como a veneração de deidades femininas se originou em tempos mais orientados para a parceria, não é coincidência que as imagens femininas do divino estejam ressurgindo em nossa época de renascimento da parceria. Como escreve a teóloga Sallie McFague, na tradição judaico-cristã, o Deus Pai é retratado mais como redentor de pecados do que doador de vida. Seu amor foi entendido como "desinteressado", não envolvendo necessidade ou desejo ou sentimentos pelos objetos de seu amor. Em contraste, Deus como Mãe é associado com sentimentos e nutrição, o que acrescenta uma dimensão de acolhimento.

McFague pede para observarmos o que acontece quando pensamos em Deus como Mãe e Pai: não é verdade que a imagem de Deus como Mãe expande e aprofunda nossa concepção de Deus? "Uma teologia que vê a Deus como aquele dentre os pais que alimenta os filhotes e, por extensão, os fracos e vulneráveis, entende que Deus cuida das mais básicas necessidades da vida em sua luta pela continuação", escreve ela.[10]

Ver a Deus como Mãe e Pai tem consequências diretas sobre o que consideramos normal e moral. Tem um impacto grande sobre nossa opção de valorizar a democracia e o acolhimento, ou o controle autoritário. Como vimos, a mãe que nutre – o papel estereotipicamente feminino em mentalidades dominadoras – é a metáfora de uma política de parceria. O pai punitivo – o papel estereotipicamente masculino em mentalidades dominadoras – é a metáfora de uma política de dominação.

Nossa forma de ver a Deus também afeta diretamente o modo como percebemos os aspectos mais fundamentais da vida: sexo, nascimento e morte. Muitas histórias e imagens sagradas ocidentais retratam com grande clareza atos de matar e morrer – mas omitem completamente imagens do ato de dar à luz. Em sociedades anteriores, mais orientadas para a parceria, em que a deidade era corporificada em forma feminina, as imagens de dar à luz tinham destaque. Por exemplo, no sítio neolítico de Çatal Hüyük, na Turquia, encontramos uma figura de oito mil anos de uma Deusa sentada dando à luz.

Quando olhei pela primeira vez para aquelas imagens, pareceu-me natural sacralizar o ato de dar vida e não o de terminá-la. Mesmo assim fiquei surpresa com os objetos de arte neolítica da Idade do Bronze que retratavam a sexualidade como parte sagrada da vida e da natureza. Claro, isto também faz sentido em uma espiritualidade e uma sociedade em que o prazer, e não a dor, sustenta as relações.

Amor, sexo e o sagrado

Não muito tempo atrás, as mulheres grávidas não podiam dar aula. Era considerado impróprio que crianças vissem o corpo da professora aumentado. Mesmo hoje, muitas pessoas acham que a educação sexual é um erro. Acham que é errado até falar de sexo com as crianças – embora achem que expô-las a histórias, imagens e jogos violentos seja perfeitamente normal. Não é de surpreender que nunca nos tenham ensinado nada sobre arte e mitos antigos que retratam o sexo.[11]

Os mais antigos escritos decifrados da civilização ocidental, os tabletes em escrita cuneiforme da Suméria, relatam a união sagrada de Inanna, a Rainha suméria dos Céus e da Terra, e seu amante, o Rei-Deus Dumuzi.[12] Na descrição, os seios de Inanna despejam plantas e água, combinando imagens sexuais com o retrato da beleza fecunda da Terra. Outras passagens descrevem o prazer sensual:

Ele pôs sua mão na dela.
Pôs sua mão no coração dela.
Doce é o sono de mãos dadas .
Mais doce é o sono de coração com coração.[13]

Milhares de anos depois, no Cântico dos Cânticos bíblico, ainda encontramos traços desta tradição espiritual anterior.[14] A bela Sulamita, a Rosa de Saron, canta para seu amante: "Sou do meu amante e meu amante é meu [...] para mim meu amante é um maço de mirra; ele estará deitado a noite toda entre meus seios."[15] Os escritos místicos, particularmente os orientais, contêm inúmeros indícios de uma época em que o corpo da mulher, o corpo do homem e a sexualidade faziam parte do sagrado. A espiritualidade é francamente erótica. Lemos sobre paixão e sentimentos intensos, e o ioga tântrico ensina explicitamente que a união sexual é um caminho para o divino. Mas nesses escritos, já vemos sinais da mudança para o modo dominador de viver.

No ioga tântrico, o corpo da mulher é imbuído de energia divina. Mas, ao contrário dos Hinos de Inanna, a maior parte dos textos tântricos focaliza a experiência espiritual do homem. A mulher é um mero veículo para o êxtase dele. Além disso, o corpo humano é considerado inferior ao espírito.[16]

Nas tradições místicas ocidentais encontramos mudanças ainda mais drásticas. A união sagrada entre uma deidade feminina e uma masculina agora se transforma na união entre Deus e alguém de seu "rebanho terrestre" – em geral do sexo masculino. A deidade feminina foi eliminada deste "casamento místico". E, reveladoramente, a ênfase não recai mais no prazer e sim na dor.[17]

Os místicos se autoflagelam. Deitam em camas de pregos. Tatuam o corpo com ferro quente. Mas escrevem sobre este masoquismo, esta cruel dominação do corpo, como um caminho de êxtase para a união com Deus.[18]

Vemos então que teve lugar uma transformação tanto do mito quanto da realidade. Os mitos e símbolos antigos foram radicalmente mudados para atender à exigência de um sistema que eleva o masculino acima do feminino, e que basicamente é mantido pela dor e o medo, e não pelo prazer e acolhimento.

Este é o lado sombrio de nossa herança religiosa, o lado doentio mesmo da espiritualidade, desviada de seu propósito superior pelo *ethos* dominador. É de se compreender que muitas pessoas achem difícil enfrentar isto. Mas, se não o fizermos, estaremos aceitando sem reflexão um sistema que continua a causar enorme sofrimento.

Tecendo de novo nossa herança espiritual

Em toda parte ao nosso redor vemos confusão moral e espiritual. De um lado estão os que incitam a violência contra bodes expiatórios sob o disfarce de moralidade religiosa. Do outro estão os que consideram os padrões éticos e morais como nada mais que construções culturais que variam de época para época e de lugar para lugar. Se buscamos conselho nas escrituras religiosas tradicionais, nos deparamos com maciças contradições.

Como podemos ver sentido no mandamento "Não matarás" se passagem após passagem da Bíblia contradiz este mandamento? Em Números 31 e Deuteronômio 20 somos levados a crer que Deus aprova o massacre de populações inteiras. No Levítico 20:9 nos dizem que as crianças que amaldiçoam os pais precisam ser mortas. Como entender passagens bíblicas que aprovam a escravidão (Levítico 25:44-46) e aprovam até que um homem venda sua filha como escrava (Êxodo 21:7)? Como devemos entender o ensinamento de Jesus de que devemos nos amar e viver em paz, se no Apocalipse 12:19 os anjos despejam "sobre a terra a ira de Deus" e desencadeiam horrores sobre todos – exceto os "cento e quarenta e quatro mil escolhidos" que, de acordo com o capítulo 14:3, "foram redimidos da terra"?

Se essas contradições nos angustiam e ficamos tentados a fugir para o Oriente, como muitas pessoas em círculos da Nova Era já o fizeram, encontramos o mesmo problema. Assim como na tradição judaico-cristã, há ensinamentos nas escrituras hinduístas, muçulmanas e budistas sobre honestidade, respeito e amor. Mas há também ensinamentos contraditórios, alguns bastante brutais. Por exemplo, uma das mais célebres histórias hinduístas nos diz que, quando o grande deus Vishnu era bebê, seu pai decidiu matá-lo, mas uma menina foi posta em seu lugar para ser morta. O Corão dos muçulmanos nos diz que o marido deve bater na esposa desobediente. Em épicos como o *Mahabharata*, a violência e crueldade são apresentadas como atributos divinos em batalhas sangrentas entre os deuses.

O que estes ensinamentos nos dizem sobre a forma como os homens devem tratar as mulheres? O que dizem sobre o valor da vida de uma menina comparada à de um menino? O que dizem sobre matar impunemente meninas e mulheres? O que ensinam sobre relações humanas em geral – sobre a "moralidade" de usar a força para impor a vontade sobre os outros, sobre a "moralidade" de matar seres humanos considerados de menor valor que outros?

As histórias fornecem modelos de comportamento. Quando são histórias religiosas, assumem enorme autoridade moral. O mesmo acontece com regras e ordens encontradas em escrituras sagradas. Se nos recusarmos a ver que essas histórias e regras justificam a injustiça e a brutalidade, será que poderemos ter esperança de um mundo melhor?

Olhar nossas tradições espirituais pelo prisma da parceria/dominação permite encontrar o caminho para a espiritualidade e moralidade de que estamos precisando. *Nós podemos* ficar com os ensinamentos saudáveis e realmente morais das nossas tradições, e descartar os doentios e desumanos.

Separar os ensinamentos de parceria e os dominadores nas Escrituras é um de nossos maiores desafios. Não é fácil. Há muita oposição dentro e fora de nós. Mas, se não fizermos nada, não vamos conseguir resistir à incitação de ódio que hoje está ganhando força, tanto no Oriente quanto no Ocidente. Nem vamos conseguir enfrentar o ponto de vista oposto, que defende não existirem padrões morais ou éticos, e que insistir em padrões equivale a "julgar demais".

Uma moral para relações de parceria tem padrões básicos em vez de uma colcha de retalhos de regras contraditórias. Seu padrão primário é o imperativo moral de passarmos pela vida com consciência, empatia e respeito. Este padrão promove o senso de unidade que está no cerne da espiritualidade de parceria.

Obviamente, este padrão não pode ser tolerado em culturas orientadas para a dominação. Se formos sensíveis aos outros, de que forma iremos impor hierarquias rígidas baseadas no medo e na força? A sensibilidade moral tem que ser reprimida ou pelo menos fragmentada. Tem que ser completamente reprimida em relações com "grupos de fora", como ocorre quando os demagogos religiosos pregam o ódio contra os homossexuais e os terroristas matam crianças "inimigas" em "guerras santas".[19]

Precisamos desmascarar aqueles que usam o nome de Deus para perpetuar a crueldade, a violência e a dor. Precisamos nos opor também aos que querem descartar todos os ensinamentos religiosos sem distinção. Em uma época em que os humanos têm o poder de destruição total, outrora associado somente a Deus, quando temos tecnologias que podem nos fazer desaparecer da Terra, precisamos de clareza moral mais que nunca.

O amor e a coragem espiritual

Podemos escolher. Podemos não fazer nada e ficar sentados à margem. Ou podemos cultivar a coragem espiritual de desafiar as histórias e regras religiosas que são desumanas.

Embora isso às vezes pareça impossível, os ensinamentos religiosos podem mudar. Eles mudaram no passado. Mas a única razão de terem mudado foi que as pessoas assumiram a tarefa de fazê-los mudar. Por exemplo, pessoas determinadas acabaram conseguindo fazer com que as guerras santas, inquisições e queima de bruxas pela Igreja parassem.

Não temos que aceitar uma espiritualidade que meramente nos ajuda a suportar a injustiça crônica e o sofrimento, que nos ensina a aceitar tudo como manifestação da vontade divina. Qualquer um de nós pode iniciar uma marcha para a espiritualidade de parceria. Homens e mulheres, tanto das religiões estabelecidas quanto das comunidades Nova Era, já estão assumindo a liderança. Para citar apenas alguns exemplos, os teólogos Hans Küng, Carter Heyward, Rosemary Radford Ruether e Walter Wink, da tradição cristã; o Dalai Lama, Thich Nhat Hanh e Gelek Rinpoche da tradição budista; os rabinos Zalman M. Schachter-Shalomi, Laura Geller e Michael Lerner da tradição judaica; Abdul Hadi Palazzi, secretário geral da Associação Muçulmana Italiana e o erudito religioso Dure Ahmed da tradição muçulmana; e Marianne Williamson, Neale Donald Walsch, Barbara Marx Hubbard, Thom Hartmann, Starhawk e John Robbins da área da "nova espiritualidade".

Você também pode dar início a mudanças. Você pode persuadir outras pessoas que ter fé não significa aceitar a opressão e injustiça como sendo a vontade de Deus. Você pode falar com seu rabino, sacerdote ou mulá e levá-los a se manifestarem contra histórias e regras que incitam as pessoas a perseguir e matar em nome de Deus. Você pode introduzir a educação espiritual e moral de parceria em igrejas, sinagogas, mesquitas e outros locais de adoração. (A seção no final deste capítulo dá um perfil dos elementos centrais desta educação.)

Em vez de ficar em silêncio, cada um de nós pode se manifestar contra aquilo que é cruel, injusto e imoral. Em vez de procurar outro próspero guru e seguir suas ordens, cada um pode ajudar a identificar e fazer crescer o cerne de parceria das tradições religiosas do mundo.

Acredito que a voz do amor é a voz real de Deus, daquela misteriosa energia cósmica que nos trouxe a beleza das estrelas e do pôr do sol, do acolhimento e da criatividade, de tudo que dá alegria e sentido à vida. Acredito que todos temos esta voz interior de amor e que todos podemos ajudar a construir um mundo onde o amor seja corporificado, a natureza seja respeitada e nossa necessidade humana de justiça e cuidado seja honrada.

Só precisamos de coragem espiritual. Esta é a lição que minha mãe me ensinou. Pois em última análise a espiritualidade não é falar de amor. É colocar o amor em ação.

Coloque a parceria para funcionar

Educação espiritual e moral de parceria

O que significa educação moral e espiritual? Como educamos os jovens para a espiritualidade? De que forma os ajudamos a entender que ferir e matar os outros em nome de Deus e da moralidade é imoral? Como ensinar a eles uma moralidade baseada na empatia e no acolhimento? Que comportamentos precisamos mostrar como exemplo para que as crianças aprendam a ser éticas e responsáveis?

Há quatro componentes da educação espiritual parceira.

Precisamos desenvolver a capacidade de ouvir nossa sabedoria interior.

A meditação e a oração combinam uma intensa concentração com um "soltar-se". Elas podem nos levar para além do ruído das velhas gravações dominadoras em nossa mente e nos conectar com o que há de mais elevado em nós – nossa capacidade de amar. Entretanto, olhar para dentro não é suficiente. É igualmente importante olhar para fora.

Ficar conscientes dos outros e do que está acontecendo ao nosso redor.

Ser sensível aos outros possibilita vivermos nossa espiritualidade. Sem este cuidado, a espiritualidade é pouco mais que um luxo.

Aprender os padrões morais parceiros da empatia, do acolhimento e da responsabilidade.

O prisma analítico do *continuum* de parceria/dominação permite separar e avaliar as regras e ordens contraditórias que herdamos de épocas mais orientadas para a dominação. Este prisma é uma ferramenta potente para a educação espiritual. Ele nos ajuda a navegar pela confusão moral de nossa época e distinguir entre a sensibilidade moral da parceria e a insensibilidade moral da dominação.[20]

Colocar em prática os padrões morais da parceria.

A espiritualidade de parceria é transcendente *e* imanente. A educação espiritual parceira ajuda os jovens a aprenderem habilidades e hábitos para relações baseadas em empatia e respeito em lugar de controle e submissão. As crianças aprendem por imitação. Se quisermos educar os jovens para serem realmente éticos, precisamos dar exemplos de comportamentos éticos. Isto não quer dizer que precisamos ser santos. O que significa é que nós, adultos, também precisamos nos educar espiritual e moralmente.

As crianças aprendem por histórias. Elas precisam de fábulas e histórias parceiras. Infelizmente, algumas histórias usadas rotineiramente para a educação moral – tais como as de Caim e Abel, Abraão e Isaac, José e seus irmãos, ou Sansão e Dalila – não são exemplos de comportamentos de parceria. Sem dúvida as crianças ocidentais devem estudar a Bíblia como o alicerce da nossa cultura. Mas elas precisam de ferramentas para separar os elementos de parceria e dominação, que podem ser encontradas no *continuum* de parceria/dominação.

As crianças aprendem fazendo. Em *Tomorrow's Children* proponho que os cuidados com a vida – conosco mesmos, com os outros e com a Mãe Terra – sejam parte do currículo desde a pré-escola até o pós-graduação. São habilidades espirituais e morais essenciais.

Educar adultos e crianças para que cuidem de seus filhos de uma forma parceira é uma das chaves para cuidar da vida. As relações de parceria ou dominação começam em casa. Não apenas na sua casa, mas nos lares em todo o mundo. A educação para as relações empáticas e responsáveis entre os gêneros e entre pais e filhos são fundamentais para a moralidade e a espiritualidade de parceria.

Ensinar a meninos e meninas uma puericultura empática e responsável vai romper ciclos de violência que escalam do lar para a violência intertribal e internacional. A violência internacional não vai parar antes de contermos a violência doméstica. As Nações Unidas, pelo menos em princípio, promovem uma cultura de paz. Mas precisamos passar das declarações de princípios para as práticas de parceria.

Grande parte do atual currículo escolar entra em choque direto com os ensinamentos de não violência, empatia e acolhimento. Veja toda a ênfase dada às guerras e conquistas. Em um currículo influenciado pelo modelo de parceria, os jovens ainda irão aprender esta parte da história, mas ela não será idealizada. Aprenderão sobre a evolução a partir de uma perspectiva mais ampla, que inclua e destaque a evolução do amor e da espiritualidade. Isto lhes dará uma visão mais completa, exata e esperançosa do significado de ser humano.[21]

Ações a tomar

Primeiros passos

- Celebre a beleza e o milagre do amor e da vida.
- Passe cinco minutos por dia em estado meditativo ou de reflexão. Sente-se em silêncio, focalizando as sensações no corpo, o ambiente e a interconexão de todas as coisas e energias no universo. Reflita sobre a grande parceria de todos os elementos, interconectados de maneiras múltiplas, sutis e misteriosas.
- Pense nas suas experiências espirituais mais profundas. Elas envolveram contato com a natureza? Com alguém amado? Uma criança? Talvez uma expressão inesperada de carinho vinda de um estranho? O que essas experiências lhe ensinam sobre si mesmo?
- Pense no que aprendeu a associar à moralidade. Pondere se isto promove ou inibe sentir empatia e mostrar acolhimento para as pessoas. Divida esses ensinamentos em moralidade de parceria e de dominação. Escreva em duas colunas, de modo que você possa discutir com outras pessoas.
- Reflita que a espiritualidade de parceria não coloca o homem e a espiritualidade acima da mulher e da natureza.
- Pense no legado de Jesus como professor dos valores "femininos" de acolhimento e empatia, e como, em um mundo orientado para a parceria, estes valores podem ser postos em ação por homens e mulheres.
- Pondere como a imagem de Deus como Mãe e Pai expande e aprofunda nossa concepção de Deus e seu significado na vida diária.
- Pense como a integração do erótico ao sagrado leva a uma visão de mundo na qual dar e receber prazer e amor se tornam a mais alta expressão de um modo de vida sagrado.

Próximos passos

- Promova os ensinamentos de parceria tais como a honestidade, o acolhimento e a não violência da forma como são expressos em sua própria tradição religiosa.

- Apoie os esforços para a adoção dos direitos humanos como fundamentos da moralidade religiosa.
- Reúna histórias de todas as tradições religiosas mostrando que ser espiritual não significa deixar de fazer julgamentos nem estar acima de questões políticas e sociais. Por exemplo, Jesus desafiou as autoridades de sua época.
- Pratique o trabalho espiritual não só como "trabalho interior", mas tenha a coragem de manifestar-se em favor da justiça.
- Encontre coragem espiritual para desafiar as histórias e regras dominadoras que são expressas em sua tradição espiritual ou religiosa.

Mais adiante

- Forme um grupo de estudo em sua igreja, sinagoga, mesquita ou associação religiosa para identificar e discutir temas de parceria e dominação que estão expressos nas histórias e regras de sua religião.
- Use a seção "Educação espiritual e moral de parceria" acima para dar início a um grupo de estudos dominicais sobre a parceria.
- Peça aos líderes de sua religião para participarem de uma campanha para acabar com a violência contra mulheres e crianças.
- Envolva sua religião no apoio à agenda política de parceria delineada nas tabelas 3 e 4 nos anexos "Ferramentas de parceria" no final deste livro. Pressione-os para se oporem à agenda política de grupos religiosos fundamentalistas que vêm influenciando a política dos Estados Unidos e de outras regiões do mundo.
- Peça a teólogos e a departamentos de estudos religiosos para usar o prisma analítico do *continuum* de parceria/dominação a fim de identificar histórias e ensinamentos que apoiem as formas de pensar e viver parceiras ou dominadoras.

Capítulo 8
Vamos dar o primeiro passo

A *vida em parceria*

Acabei de chegar de uma caminhada perto do mar. Uma menininha estava correndo na areia e pensei na mais recente visita de minha neta de cinco anos. Nessas caminhadas de fim de tarde muitas vezes penso em meus netos, na sua alegria de correr na praia e na minha própria alegria em vê-los contra no cenário de majestosas ondas azuis e belos montes verdes se elevando para o céu.

Quando penso em meus netos, penso no que desejo para a vida deles. Sou grata pela bênção de terem pais maravilhosos, que lhes dão um amor enorme. Sou grata porque, através de uma criação de parceria, eles estão aprendendo a ser adultos atenciosos, responsáveis e realizados. Sou grata porque em casa e na escola eles são encorajados a desenvolver seus potenciais singulares e porque eles têm boas chances de achar um trabalho que faça sentido, assim como companheiros amorosos para a vida. Mas então penso no tipo de mundo que estão herdando.

A praia, onde adoramos caminhar quando eles vêm de visita, ainda estará aqui para eles e os netos deles? Ou vai estar submersa pela elevação do nível do mar, prevista devido ao aquecimento global, a menos que mudem as políticas ambientais? Eles vão enfrentar a redução dos padrões de vida e a escassez de alimentos previstas se a população do mundo continuar a dobrar a cada geração? E o que dizer sobre o terrorismo biológico que, segundo os peritos, vai escalar? O que vai acontecer a eles se essas tendências não forem interrompidas? O que vai acontecer se o fanatismo religioso que está varrendo o mundo não for bloqueado? Com sua educação de livres-pensadores, eles serão alvos? E mesmo que não sejam, que tipo de vida vão poder ter em um mundo com tanto ódio e violência?

Quando estes pensamentos me vêm, eu recordo a mim mesma que de muitas maneiras nosso mundo é melhor do que era há apenas cem anos. Eu me recordo de todas as conquistas que devemos a mulheres e homens que agiram para que sua visão de coisas melhores se concretizasse. Eu me recordo que, apesar do atual retrocesso, há um forte movimento para a parceria no mundo todo. Eu me recordo que não estou sozinha, que milhões de pessoas já estão na trilha da parceria, embora não lhe deem este nome. Isto me estimula a transformar meus medos em ações com um propósito.

Você pode fazer diferença

Como vimos neste livro, muitos hábitos pessoais e sociais desajustados são produtos de um modo de vida dominador/controlador. Estes hábitos causam danos na nossa relação conosco mesmos, com colegas de trabalho, com a comunidade local, nacional ou internacional e com a Mãe Terra.

Como vimos também, os hábitos podem ser mudados. Eu certamente mudei muitos hábitos de pensar e sentir. Aprendi a questionar muita coisa que me ensinaram sobre a "natureza humana", incluindo a minha própria. Mudei muitas ideias e comportamentos. E vez após vez constatei que o primeiro passo para a mudança é a consciência.

Quando você se torna consciente da diferença entre os modelos de parceria/respeito e dominação/controle, você vê que tem alternativas a cada momento da vida. Quando você usa esta nova linguagem para descrever o que realmente acontece nas famílias, no ambiente de trabalho e nos países, você automaticamente pensa nas consequências de suas escolhas para si mesmo, para aqueles que você ama, com quem você trabalha, todos com quem você interage, bem como para aqueles com quem você nunca vai se encontrar ou interagir diretamente.

Quando sua consciência muda, mudam também seus hábitos de pensar e sentir. Você começa a focalizar os relacionamentos como uma chave para o crescimento individual e para o tipo de mundo em que você vive. Você questiona hábitos prejudiciais de relacionamento que você nunca tinha notado.

Quando você começa a mudar esses hábitos, ganha ainda mais consciência da diferença entre relações de parceria e dominação em todos os aspectos da vida. À medida que sua consciência se aprofunda, você por sua vez faz mais mudanças na forma de pensar, sentir e agir. Quanto mais você muda, mais sua consciência se expande. E quanto mais cresce sua consciência, mais você dá início a mudanças na sua vida e na de outras pessoas, ajudando-as a expressar em ações as verdades que elas têm no coração.

De início, as mudanças que você faz podem ser sutis, às vezes quase imperceptíveis. Mas já é suficiente que você esteja fazendo o esforço de começar um processo que vai dar poder a você e às pessoas com quem você se preocupa, de modo a fazer uma diferença duradoura no mundo. Ninguém de nós consegue adotar sempre uma atitude parceira. Mas quanto mais você ajudar àqueles que você ama e àqueles com quem você interage a escolherem consciência e parceria em lugar de negação e dominação, melhor para todos nós.

O que cada um de nós faz e pensa realmente faz diferença. Seja ousado, seja persistente e seja paciente. Seja focado e não desista. Lembre-se que o cinismo leva à depressão e à sensação de impotência, roubando de nós a energia e a vontade de fazer mudanças. Lembre-se que, se você não fizer nada, estará na verdade fazendo aquilo que perpetua a crueldade e a injustiça. Lembre-se de quanto devemos a pessoas como você e eu, pessoas que optaram por assumir uma posição, imaginaram uma forma melhor e agiram para atingirem a meta. E lembre-se que em círculos cada vez maiores, ao longo dos anos, suas ações focadas vão se espalhar – e inspirar outros a agirem também.

O desafio e a oportunidade

A mensagem simples que você leva deste livro é que a mudança começa com pequenos atos e pensamentos. Você pode dar início a mudanças tanto na sua vida como na de outros.

Se a cada mês você focalizar apenas um item dos roteiros de ações a tomar sugeridas neste livro, as mudanças vão começar. Se você mandar os anexos "Ferramentas de parceria" no fim deste livro a uma organização por mês, se você arregimentar uma organização a cada seis meses para trabalhar pela agenda política de parceria, as mudanças vão começar.

O problema não é a "natureza humana". Não é a ciência ou a tecnologia. O problema é que o modelo de dominação/controle leva a relações desequilibradas conosco, com o planeta e com aqueles com quem dividimos o planeta. Enxergar os desafios pela perspectiva da parceria é o primeiro passo. Ao expandirmos nossa consciência e ajudarmos os outros a expandir a deles, começamos a longa jornada de volta ao tipo de sociedade de que precisamos para sobreviver e prosperar.

À medida que ficamos conscientes do sofrimento desnecessário – próprio e alheio – no mundo, sentimos tristeza e raiva. Fico triste e tenho raiva por haver tanta injustiça no mundo, porque tantas pessoas são privadas do mais básico sustento, respeito e cuidados, e porque há tanto abuso e violência. Mas aprendi que a maneira de lidar com estes sentimentos – que de outra forma poderiam me devorar – é transformá-los em ações positivas. Uma ação positiva foi escrever este livro. Se este livro ajudar outras pessoas a ficarem mais conscientes da opção que existe entre dominação e parceria, a tristeza e raiva que impulsionaram meu desejo de escrevê-lo terão tido um impacto positivo.

Eu convido você a canalizar sua raiva e tristeza para ações positivas. Ler este livro já é um começo. Imagine o que aconteceria se mil novas pessoas aderissem ao pensamento e à vida de parceria a cada mês. Imagine se isto acontecesse em todo o mundo. Em poucos anos, o número de pessoas adotando a parceria como uma alternativa viável chegaria às centenas de milhões.

Imagine o que aconteceria se cem comitês de Ação Política Parceira se formassem a cada mês, se milhares de pessoas mostrassem a Agenda Política Parceira a colegas, estudantes, familiares e amigos, se elas organizassem oficinas, conferências e fóruns públicos para discuti-la, e se a apresentassem a universidades, igrejas e através da internet. Imagine o que aconteceria se a Agenda Política Parceira fosse conseguindo maior cobertura nos meios de comunicação, e isto por sua vez levasse mais organizações e indivíduos a unir-se em apoio à transformação pessoal, social e econômica necessária para passarmos para as relações de parceria. Que profunda diferença isto faria no mundo que compartilhamos. A mudança seria sentida em todos os níveis. As famílias mudariam, as empresas mudariam, as organizações locais e os governos mudariam, os governos nacionais mudariam, as empresas internacionais mudariam, os grupos religiosos internacionais mudariam.

Nenhuma dessas mudanças vai acontecer da noite para o dia, e algumas mudanças vão desafiar indivíduos e organizações até o limite de sua capacidade. Mas estes desafios vão enriquecer com recompensas inimagináveis aqueles que os enfrentarem.

Cada um pode desempenhar um papel na criação de um mundo que dá suporte para as virtudes de alegria, prazer, comunhão sagrada, criatividade, confiança e igualdade. Um mundo em que estas virtudes são fatos corriqueiros e diários está ao nosso alcance. Podemos começar hoje. A chave é abraçarmos na nossa própria vida o modelo de parceria – sustentável e enriquecedor da vida, a pedra que manda ondas a toda a humanidade em círculos cada vez maiores.

Você já está no caminho da parceria. Venha para nós, que somos parte do movimento de parceria. Podemos todos ser líderes neste movimento. Os jovens podem formar grupos de Juventude a Favor da Parceria. Os idosos podem formar grupos de Idosos a Favor da Parceria. Podem ser formados grupos em prol da parceria por pessoas do lar, professores, enfermeiras, engenheiros, cientistas, médicos e assim por diante. Juntos, podemos ajudar outros a descobrirem os princípios de parceria e incorporá-los na vida. Juntos podemos construir uma sociedade mais justa e alegre.

A nova ciência que está surgindo pelos grandes avanços da física, biologia, psicologia e metafísica revela aquilo que os sábios espirituais já nos disseram de longa data: somos todos interconectados mesmo quando não conseguimos perceber as conexões. A ciência também mostra que nós humanos temos a capacidade singular de visualizar e criar novas realidades – podemos dirigir nossa evolução.

Cada momento da vida é uma oportunidade, um momento potencial para a parceria e para compartilhar amor, realização e crescimento. Ao contrário do que nos ensinam, a vida não é um jogo de soma zero, no qual alguém tem sempre que perder para outro poder ganhar. A energia nunca é destruída e o amor não diminui quando é dado – quanto mais damos, mais temos para dar.

Os hábitos dominadores que herdamos perduram. Eles ameaçam a nós, aos nossos entes queridos e ao mundo. Mas o movimento pela parceria oferece esperança fundamentada para a vida e o mundo melhor que todos queremos. Cada um de nós, independentemente de quem somos ou onde estamos, pode se tornar parte do movimento de parceria.

Minha oração para meus filhos e netos é que cada geração herde cada vez menos hábitos baseados em crenças e estruturas não saudáveis. Rezo para que isto se torne verdade para cada criança. Possam nossos filhos e netos reescrever este livro em décadas futuras, cheios da compreensão que obtiveram em um mundo que encontrou o caminho da parceria.

Anexos

Ferramentas de parceria

Você está autorizado a reproduzir as tabelas seguintes e repassá-las para outras pessoas. Os materiais nesta seção têm o intuito de ajudar a incorporar a parceria à sua vida e ao mundo. Você pode também dar ou indicar este livro a outras pessoas.

A página de internet do "Center for Partnership Studies", https://centerforpartnership.org/, fornece recursos adicionais em inglês.

O *continuum* de parceria / dominação

As tabelas 1 e 2 oferecem uma visão geral dos esquemas básicos do modelo de parceria e do modelo de dominação que estão nos dois extremos do *continuum* da parceria/dominação.

A política da parceria

Nas tabelas 3, 4 e 5 você vai encontrar estratégias para promover um programa de parceria, uma comparação entre os interesses por trás do modelo de dominação e aqueles que movem a parceria, e sugestões para resgatar palavras emocionalmente carregadas tais como família, valores e tradição.

Tabela 1
Esquemas para os modelos de dominação/controle e de parceria/respeito

Componente	Modelo de dominação	Modelo de parceria
Estrutura social	Estrutura autoritária de rígidas escalas e hierarquias de dominação.*	Estrutura social igualitária de conexões e hierarquias de realização.*
Relações de gênero	Os homens são mais valorizados que as mulheres. Grande destaque para atividades e características associadas à assim chamada "masculinidade" **, tais como controle e conquista de pessoas e da natureza.	Igual valorização de homens e mulheres. Grande destaque para atividades e características como empatia, não violência e atenção cuidadosa não só nas mulheres quanto nos homens e nas políticas sociais.
Medo e violência	Presença de muito medo bem como de violência e abuso socialmente aceitos, desde espancamento de mulheres e crianças, estupros, guerras, até abusos emocionais pelos "superiores" em famílias, ambientes de trabalho e na sociedade em geral.	Presença de confiança mútua, pouco medo e violência social, já que não são necessários para manter a rígida escala de dominação.
Sistema de crenças	Relações de controle/dominação tidas como normais, desejáveis e morais.	Relações de parceria/respeito tidas como normais, desejáveis e morais.

* O que chamo de *hierarquia de dominação* é aquela baseada no medo da dor e/ou da força. Este tipo de hierarquia é diferente da que denomino de *hierarquia de realização*, na qual a liderança e administração concedem poder em vez de subtraí-lo, e a meta são níveis melhores de funcionamento.

** "Masculinidade" e "feminilidade" neste contexto correspondem aos estereótipos de gênero apropriados para uma sociedade dominadora e *não* a nenhum traço inato feminino ou masculino.

Tabela 2
Dinâmicas de interação

Como indicam os diagramas seguintes, a relação entre os quatro principais componentes dos sistemas é interativa e todos se reforçam mutuamente.

Modelo de dominação

Presença de muito medo e violência

Homens mais valorizados que mulheres

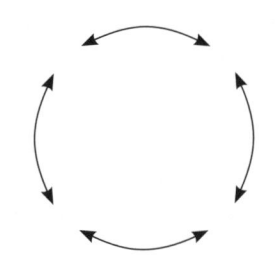

Estrutura social autoritária, hierarquias de dominação

Mitos e histórias idealizam a dominação e a violência, apresentando-as como normais

Modelo de parceria

Presença de confiança mútua, pouco medo e violência social

Igual valorização de homens e mulheres

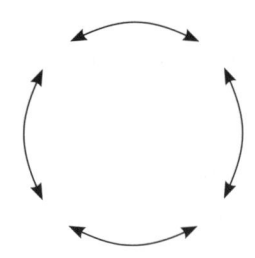

Estrutura social geralmente igualitária, hierarquias de realização

Mitos e histórias honram a parceria, apresentando-a como normal.

Tabela 3
Os quatro fundamentos da política de parceria

Um: **Relações com crianças**	*Para construir um futuro de parceria, as pessoas que vão habitar esse futuro – as crianças de hoje e de amanhã – precisam entender, vivenciar e valorizar a parceria.*
	É preciso parar a violência contra crianças, para que elas não aprendam que é certo impor a vontade pela violência. Apoiar campanhas locais, nacionais e internacionais contra a violência contra crianças, e promover a educação na parceria.
	Trabalhar para o fim da pobreza e para proporcionar boa nutrição e saúde a todas as crianças, independentemente de raça, credo ou etnia. Apoiar campanhas educacionais que demonstrem os benefícios pessoais, econômicos, sociais e ambientais que isto promove.
	Levar a educação da parceria às escolas. Unir-se para promover currículos centrados na criança, multiculturais, ambientalmente conscientes e equilibrados entre os gêneros, para ajudar os jovens a aprenderem a respeitar a si mesmos, aos outros e à natureza.
	Trabalhar por creches e educação infantil de alta qualidade, e pelo treinamento, *status* e boa remuneração para este trabalho essencial, seja ele feito por homens ou mulheres.
Dois: **Relações de gênero**	*Um futuro pacífico de igualdade entre homens e mulheres requer instituições familiares, sociais, econômicas e políticas baseadas na parceria entre as metades masculina e feminina da humanidade.*
	Mudar as crenças culturais de que os homens têm o direito de controlar as mulheres na família e na sociedade. Ajudar a mudar os mapas mentais de dominação, desvinculando a masculinidade da dominação e violência, e a feminilidade da subordinação e obediência. Juntar forças para acabar com violência contra meninas e mulheres através de campanhas locais, nacionais e internacionais.
	Introduzir nas escolas uma educação equilibrada entre os gêneros a fim de mudar a mentalidade de valorizar um tipo de pessoa mais do que outro. Juntar forças para apoiar a educação de parceria para o fim do sexismo, racismo e outros "ismos" dominadores.
	Eleger mulheres e homens orientados para a parceria que sejam provenientes de diversos grupos raciais e étnicos para cargos responsáveis pela criação de políticas, a fim de apoiar políticas de mais cuidados e empatia, incluindo planejamento familiar e opção reprodutiva.
	Mudar as prioridades sociais de modo que as atividades estereotipicamente associadas às mulheres sejam tão valorizadas quanto as associadas aos homens. Ensinar que o acolhimento e a não violência nos homens, nas mulheres e nas políticas sociais são essenciais para um mundo mais pacífico, justo e acolhedor.

Tabela 3 (continuação)
Os quatro fundamentos da política de parceria

**Três:
Relações
econômicas**

Para uma boa qualidade de vida, precisamos de medidas econômicas e sistemas de recompensas que encorajem a empatia e a criatividade, e deem real valor aos cuidados consigo mesmo, com os outros e com a natureza.

Promover o financiamento público de campanhas e outras formas que cerceiem a influência da economia na política, a fim de liberar aqueles que criam leis para trabalharem por um sistema econômico equitativo, ambientalmente sustentável e acolhedor.

Promover padrões e regras empresariais que sejam social e ambientalmente responsáveis. Trabalhar por regulamentos de parceria para empresas nacionais e internacionais, e para normas que favoreçam a parceria em tratados econômicos e ambientais.

Trabalhar em prol de novas medidas de produtividade econômica que focalizem indicadores de qualidade de vida – indicadores que revelem com precisão as necessidades e problemas dos pobres, que considerem o trabalho de cuidar de crianças como produtivo, e que incluam os impactos ambientais nas análises custo/benefício.

Formar alianças para apoiar um sistema econômico que promova a empatia e a criatividade. Destacar a eficácia econômica do modelo de parceria. Dar real valor ao trabalho socialmente essencial de cuidar – de si, dos outros e da natureza – seja ele no local de trabalho ou no lar.

**Quatro:
Crenças,
mitos e
histórias**

Para construir uma cultura de parceria precisamos reexaminar as crenças, mitos e histórias, fortalecendo as que promovam a parceria e descartando as que não o fazem.

Apoiar tradições culturais que promovem a parceria e trabalhar para descartar as que promovem a dominação. Fortalecer a visão de que a natureza humana é flexível e inclui uma poderosa capacidade de criatividade e acolhimento.

Unir forças para quebrar monopólios nos meios de comunicação e mudar as políticas e a administração dos meios para que a voz da parceria e da diversidade seja ouvida.

Levar a educação de parceria às escolas e universidades. Oferecer aos jovens ferramentas para reconhecer as crenças, mitos e histórias que promovem dominação ou parceria. Ajudá-los a enxergar as consequências da dominação e os benefícios da parceria.

Trabalhar para levar a parceria a organizações religiosas de modo que promovam a sensibilidade moral baseada na parceria, e ajudá-las a descartar a "moralidade" dominadora. Cultivar a coragem espiritual que nos sustente na jornada para tornar a parceria uma realidade para nossos filhos e as gerações vindouras.

Tabela 4
A agenda da política de dominação

Podemos desmascarar a política de dominação que se esconde atrás de palavras bonitas como "valores familiares" e "livre mercado". Uma boa maneira de fazê-lo é contrastando ponto a ponto a agenda da política de dominação e a da parceira.

Agenda	Dominação	Parceria
Crianças	Defender raciocínios de que "palmadas não fazem mal a ninguém" como necessários e normais. Reintroduzir uma criação punitiva e baseada no medo para ensinar a obediência incondicional à autoridade.	Deslegitimizar a violência contra crianças, apontando que é imoral e aberrante. Unir forças apoiando campanhas para pôr fim à violência contra crianças e promover uma educação de parceira.
	Opor-se a financiamentos para assistência de saúde universal, boa nutrição e outras medidas que protegem as crianças.	Proporcionar assistência de saúde e boa nutrição a todas as crianças independentemente de raça, credo ou etnia. Unir forças em prol de campanhas educacionais que mostrem os benefícios pessoais, econômicos, sociais e ambientais que isto promove.
	Reintroduzir o ensino baseado em "decorar para passar na prova", que classifica e humilha crianças, professores e escolas, e fazer pressão contra a educação que ensina igualdade entre gêneros, multiculturalismo, paz e sensibilidade ambiental.	Apoiar a educação centrada na criança, equilibrada quanto aos gêneros, multicultural e ambientalmente consciente para ajudar os jovens a aprenderem a respeitar a si mesmos, aos outros e ao ambiente.
	Não dar apoio à educação infantil. Dar pouco ou nenhum valor econômico ao "trabalho de mulher" de cuidar de crianças.	Trabalhar pela alta qualidade da educação infantil e pelo treinamento, elevação do status e boa remuneração do trabalho essencial de cuidar, seja ele realizado por mulheres ou por homens.

Tabela 4 (continuação)
A agenda da política de dominação

AGENDA	DOMINAÇÃO	PARCERIA
Gênero	Reforçar as crenças culturais de que as mulheres precisam ser controladas pelos homens, que estes são os chefes da família e tomam as decisões. Voltar a vincular masculinidade à dominação, e feminilidade à subserviência. Opor-se ao financiamento de programas que oferecem real proteção contra a violência a meninas e mulheres.	Mudar as crenças culturais de que a metade masculina da humanidade tem o direito de controlar a metade feminina na família e na sociedade. Desvincular a masculinidade da dominação e violência, e a feminilidade da subordinação e obediência. Unir forças para pôr fim à violência contra meninas e mulheres.
	Reintroduzir currículos tradicionais focados nos homens, reforçando a mentalidade de que um tipo de pessoa é mais valioso do que outro.	Levar às escolas a educação livre de viés de gênero, para mudar mentalidades que valorizam um tipo de pessoa mais do que outro. Unir forças para apoiar a educação de parceria, fundamental para combater o sexismo, racismo e outros "ismos" dominadores.
	Preencher cargos de poder com homens (e mulheres simbólicas) que apoiam os que têm controle econômico e desejam obstruir os direitos de planejamento familiar e opção reprodutiva.	Unir forças para eleger homens e mulheres orientados para a parceria, provenientes de diversos grupos raciais e étnicos, para cargos com poder de criar leis, a fim de apoiar políticas mais acolhedoras e empáticas, inclusive planejamento familiar e opção reprodutiva.
	Reforçar prioridades sociais que valorizam atividades estereotipicamente associadas aos homens mais do que aquelas associadas às mulheres. Denegrir homens que são não violentos e cuidadosos, taxando-os de fracos e afeminados.	Mudar as prioridades sociais de modo que as atividades estereotipicamente associadas às mulheres sejam tão valorizadas quanto as associadas aos homens. Ensinar que o acolhimento e a não violência são essenciais em homens, mulheres e nas políticas sociais para um mundo mais pacífico, justo e acolhedor.

Tabela 4 (continuação)
A agenda da política de dominação

AGENDA	DOMINAÇÃO	PARCERIA
Economia	Opor-se a mudanças significativas na forma de financiamento de campanhas políticas a fim de manter a influência poderosa dos interesses econômicos dos ricos sobre as leis e as políticas sociais e econômicas.	Modificar o financiamento público das campanhas e fazer todo o possível para que aqueles que criam políticas em prol de um sistema econômico equitativo, ambientalmente sustentável e acolhedor não sejam cerceados pelos interesses das elites econômicas.
	Opor-se a padrões social e ambientalmente responsáveis para as empresas sob o pretexto do "livre mercado" e da "globalização".	Promover padrões e regras social e ambientalmente responsáveis para as empresas. Trabalhar por regulamentos de parceria para empresas nacionais e internacionais, e para normas que favoreçam a parceria em tratados econômicos e ambientais.
	Opor-se a mudanças na medição da produtividade econômica, repassar os custos dos danos ao ambiente e à saúde para os consumidores e contribuintes, e manter a desvalorização do "trabalho de mulher" de cuidar de crianças e idosos.	Trabalhar em prol de novos medidores da produtividade econômica focando os indicadores de qualidade de vida – indicadores que reflitam com exatidão as necessidades e problemas dos pobres, que incluam o trabalho de prestar cuidados na categoria de trabalho produtivo, e que incluam os impactos ambientais nas análises custo/benefício.
	Desenvolver agências, regras e políticas que exigem falta de empatia, tais como as agências internacionais que obrigam a cortes em serviços sociais, mantêm o controle econômico de cima para baixo e aumentam a disponibilidade de mão de obra barata.	Formar alianças para apoiar um sistema econômico que promova a empatia e a criatividade. Destacar a eficácia econômica do modelo de parceria. Dar real valor ao trabalho socialmente essencial de prestar cuidados – para si mesmo, aos outros e à natureza – seja ele feito por mulheres ou homens.

Tabela 4 (continuação)
A agenda da política de dominação

Agenda	Dominação	Parceria
Crenças, mitos e histórias	Preservar a crença cultural de que a natureza humana é egoísta e violenta, e que portanto as pessoas precisam ser rigidamente controladas por meio do medo e da punição. Desacreditar as crenças, atitudes e mitos orientados à parceria alegando que são "irrealistas".	Apoiar tradições culturais que promovem a parceria e trabalhar para descartar as que promovem a dominação. Fortalecer a compreensão de que a natureza humana é flexível e inclui uma forte capacidade de criatividade e acolhimento.
	Bloquear informações que questionem o status quo e usar os monopólios dos meios de comunicação para desacreditar as possibilidades da parceria.	Quebrar os monopólios dos meios de comunicação e mudar as políticas e a administração desses meios de modo que a voz da parceria e da diversidade seja ouvida.
	Usar as escolas para fazer parecer que as hierarquias de dominação são normais, naturais e determinadas por mandato divino.	Trazer a educação da parceria às escolas e universidades. Oferecer aos jovens ferramentas para reconhecer crenças, mitos e histórias que promovem dominação ou parceria. Ajudá-los a enxergarem as consequências da dominação e os benefícios da parceria.
	Promover uma "moralidade" de medo, intolerância, violência e punição.	Trabalhar para levar a parceria a organizações religiosas de modo que promovam a sensibilidade moral baseada na parceria, e ajudá-las a descartar a "moralidade" dominadora. Cultivar a coragem espiritual que nos sustente na jornada para tornar realidade a parceria para nossos filhos e as gerações vindouras.

Tabela 5
O vocabulário da dominação e da parceria

DOMINAÇÃO/CONTROLE	PARCERIA/RESPEITO
Valores familiares	Valorizar as famílias
Pró-vida	Pró-viver
Prestar contas sobre educação	Responsabilidade na educação
Economia capitalista	Economia do acolhimento
Mercado livre	Mercado justo
Valores tradicionais	Tradições humanas
Globalização	Responsabilidade global
Moralidade tradicional	Sensibilidade moral
Trabalho de mulher	Trabalho de prestar cuidados
Politicamente correto	Pessoalmente acolhedor

Você pode acrescentar suas próprias ideias a esta breve lista.

Bibliografia

A lista de recursos que se segue não é de forma nenhuma exaustiva. Representa uma amostragem de publicações e organizações que têm uma orientação para a parceria. A maior parte foi mencionada neste livro, de modo que esta seção funciona também como uma bibliografia parcial. Estão organizadas por tópicos na seguinte ordem: crianças, mulheres e homens, saúde, educação, mídia, trabalho e negócios, economia, direitos humanos, política, meio ambiente, pré-história e transformação cultural, e espiritualidade.

A página de internet do Center for Partnership Studies, https://centerforpartnership.org, é também uma excelente fonte de informações.

A maioria das obras citadas não foi traduzida para o português. Os autores, por outro lado, já foram publicados por muitas editoras brasileiras. Assim sendo, essa bibliografia funciona para os que não leem inglês como um guia de autores com ótimas ideias.

CRIANÇAS
Livros

Ariès, Philippe. *Centuries of Childhood*. London: Cape, 1962. [*História social da criança e da família*. Rio de Janeiro: Zahar, 1978, 1ª ed; Barueri: LTC/ GEN, 1981 (2ª ed.)]
Edelman, Marian Wright. *Guide my Feet: Prayers and Meditations on Loving and Working for Children*. New York: HarperCollins, 1996.
Eisler, Riane. *Tomorrow's Children: A Blueprint for Partnership Education for the 21st Century*. Boulder: Westview Press, 2000.
Gopnik, Alison M., Andrew N. Meltzoff, e Patricia K. Kuhl. *The Scientist in the Crib: How Children Learn and What They Teach us About the Mind*. New York: HarperTrade, 2001.
Gordon, Thomas, *Parent Effectiveness Training*. New York: Three Rivers Press, 2000.
Hyman, Irwin A. *The Case Against Spanking: How to Stop Hitting and Start Raising Healthy Kids*. San Francisco: Jossey-Bass, Inc, 1997.
Leach, Penelope. *Children First: What Our Society Must do – And is Not Doing – For Our Children Today*. New York: Random House, 1994.
— *Your Baby and Child*. New York: Knopf, 1997.
Pipher, Mary. *Reviving Ophelia: Saving the Selves of Adolescent Girls*. New York: Ballantine Books, 1995.
Sears, Martha, e William Sears. *The Baby Book: Everything You Need to Know About Your Baby from Birth to Age Two*. New York: Little, Brown & Company, 1992.

Artigos

Embry, D.D., D.J. Flannery, A. T. Vazsonyi, K.E. Powel e H. Atha. "Peacebuilders: A theoretically driven, school-based model for early violence prevention." *American Journal of Preventive Medicine*, vol. 2 (1996).
Leach, Penelope. "The New Thinking on Violent Toys, Toilet Mastery, Positive Discipline, and More." *Child* April (1998).
Mattaini, Mark A., e Christine T. Lowery. (1999) "Youth Violence Prevention: The State of the Science." PEACE POWER! Working Group.
Perry, B.D., R.A. Pollard, et. al. "Childhood Trauma, the Neurobiology of Adaptation, and 'Use Dependent' Development of the Brain: How 'States' become 'Traits'." *Infant Mental Heath Journal*, vol. 16, nº 4 (1995): 271-291.
Rosen, Margery D. "Is it Ever Okay to Spank your Child?" *Child* (September 1997).
Rosin, Hanna. "Critics Question Extreme Childrearing Method." *Washington Post*, 27 February 1999.

Scheck, Raffael. "Childhood in German Autobiographical Writings, 1740-1820." *Journal of Psychohistory*, vol. 15 (Summer 1987): 391-422.

Taylor, Karen J. "Blessing the House: Moral Motherhood and the Suppression of Corporal Punishment." *Journal of Psychohistory*, vol. 15 (Summer 1987): 431-454.

Vídeos

Eisler, Riane. *Tomorrow's Children: Partnership Education in Action*. Media Education Foundation (2001).

Pipher, Mary. *Reviving Ophelia: Saving the Selves of Adolescent Girls*. Media Education Foundation (1998).

Reiner, Rob. *I Am Your Child: The First Years Last Forever*. The Reiner Foudation. (VHS, K7 - 1997; DVD - 2005).

Revista

New Moon. http://newmoongirls.org. Acesso em: 16 abr. 2021.

Organizações

The Children's Defense Fund
840 First Street NE – Suite 300 – Washington, DC 20002
Tel.: +1 (202) 628-8787
http://childrensdefense.org. Acesso em: 16 abr. 2021.

Children Now
1404 Franklin Street, Suite 700 – Oakland, CA 94612
Tel.: +1 (510) 763-2444; Fax: +1 (510)763-1974
http://childrennow.org/ Acesso em: 16 abr. 2021.

Defence for Children International
P.O. Box 88 – CH1211 Geneva 20 – Switzerland – Visitantes: 1, Rue de Varembé
Tel.: +41 (22) 734-0558
info@defenceforchildren.org
https://defenceforchildren.org/ Acesso em: 16 abr. 2021.

Raffi Foundation for Child Honouring
PO Box 737 – Salt Spring Island – British Columbia V8K 2W3 Canada
Tel.: +1 (250) 931-3190; Fax: +1 (250) 931-3192
https://raffifoundation.org/ Acesso em: 16 abr. 2021.

United Nations Children's Fund – UNICEF
3 United Nations Plaza – New York, NY 10017
https://www.unicef.org/ Acesso em: 16 abr. 2021.

Mulheres e homens
Livros

Barstow, Anne Llewellyn. *Witchcraze: A New History of the European Witch Hunts*. London e San Francisco: Pandora, 1994.
Bart, Pauline B., e P. H. O'Brien. *Stopping Rape*. New York: Pergamon Press, 1985.
Bleier, Ruth. *Science and Gender*. New York: Pergamon Press, 1984.
Brod, Harry. *The Making of Masculinities: The New Men's Studies*. Boston: Allen & Unwin, 1987.
Callahan, Mathew. *Sex, Death, and the Angry Young Man*. Ojai: Times Change Press, 1991.
Eisler, Riane. *The Equal Rights Handbook: What ERA Means to Your Life, Your Rights & the Future*. Lincoln: iUniverse, 1999.
— *Dissolution: No-Fault Divorce, Marriage and the Future of Women*. Lincoln: iUniverse, 1998.
Eisler, Riane, David Loye, e Kari Norgaard. *Women, Men, and the Global Quality of Life*. Pacific Grove: The Center for Partnership Studies, 1995.
Fausto-Sterling, Anne. *Myths of Gender*. New York: Pergamon Press, 1984.
Flexner, Eleanor. *Century of Struggle*. Cambridge: Harvard University Press, 1959.
Gilligan, Carol. *In a Different Voice*. Cambridge: Harvard University Press, 1982.
Hine, Darlene Clark, e David B. Barry. *More Than Chattel: Black Women and Slavery in the Americas*. Bloomington: Indiana University Press, 1996.
hooks, bell. *Feminist Theory from Margin to Center*. Boston: South End Press, 1984.
Hubbard, Ruth. *The Politics of Women's Biology*. New York: Rutgers University Press, 1990.
Kimmel, Martin S., e Thomas E. Mosmiller. *Against the Tide: Profeminist Men in the United States 1776-1990*. Boston: Beacon Press, 1992.
Martin, Katherine. *Women of Courage*. Novato: New World Library, 1999.
Mernissi, Fatema. *Beyond the Veil*. Bloomington: Indiana University Press, 1987.
Miedzian, Myriam. *Boys Will Be Boys*. New York: Anchor Books, 1991.
Miller, Jean Baker. *Toward a New Psychology of Women*. Boston: Beacon Press, 1976.
Ogden, Gina. *Women Who Love Sex: An Inquiry into the Expanding Spirit of Women's Erotic Experience*. 2. ed. rev., Cambridge: Womanspirit Press, 1999.

Pietilä, Hilkka, e Jeanne Vickers. *Making Women Matter: The Role of the United Nations.* London: Zed Books, 1994.

Spender, Dale, ed. *Feminist Theorists.* New York: Pantheon, 1983.

Stoltenberg, John. *Refusing to Be a Man.* New York: Penguin Books, 1990.

Artigos

Beneke, Tim. "Deep Masculinity as Social Control: Foucault, Bly, and Masculinity." *Masculinities*, vol. 1 (Summer 1993): 13-19.

"Closing the Gender Gap: Educating Girls." Washington, D.C.: Population Action International, 1993. Disponível em http://www.populationaction.org/programs/gendergap.htm. Acesso em: 16 abr. 2021.

Eisler, Riane. "A Time for Partnership", 2001. *Unesco Courier.* Disponível em: http://www.partnershipway.org/html/subpages/articles/timefor.htm. Acesso em: 16 abr. 2021.

"Gender and Human Development", United Nations Development Programme Report, 1995. Disponível em: http://undp.org/hdro/1995/95.html. Acesso em: 16 abr. 2021.

Koegel, Rob. "Healing the Wounds os Masculinity: A Crucial Role for Educators." Holistic Education Reviw, vol. 7 (March 1994): 42-49.

"Men, Masculinities, and Gender Relations in Development." Artigos da conferência anual realizada na University of Bradford, UK. Disponível em: http://www.brad.ac.uk/acad/dppc/gender/mandmweb/contents. html. Acesso em: 16 abr. 2021.

"Progress of the World's Women 2000." United Nations, UNIFEM, 2000. Disponível em: www.unwomen.org. Acesso em: 16 abr. 2021.

"Promoting Equality: A Common Issue for Men and Women", Seminar documents, Palais d'Europe, Strasbourg, France , 167-18 June 1997.

United Nations Convention on the Elimination of All Forms of Discrimination Against Women. Disponível em http://www.un.org. Acesso em: 16 abr. 2021.

Vídeos

Katz, Jackson. Tough Guise: Violence, Media & the Crisis in Masculinity. Media Education Foundation. http://www.mediaed.org. Acesso em: 21 abr. 2021.

Hadleigh-West, Maggie. War Zone. Media Education Foundation. http://www.mediaed.org. Acesso em: 21 abr. 2021.

Organizações

American Association of University Women (AAUW)
1310 L St. NW, Suite 1000, Washington, DC 20005
Tel.: +1 (202) 785-7700
http://www.aauw.org. Acesso em: 21 abr. 2021.

The Feminist Majority
1600 Wilson Blvd., Suite 801, Arlington, VA 22209
Tel.: +1 (703) 522-2214
http://www.feminist.org. Acesso em: 21 abr. 2021.

UN WOMEN
220 East 42nd Street, New York, NY 10017
Tel.: +1 (646) 781-4400; Fax: +1 (646) 781-4444
www.unwomen.org. Acesso em: 21 abr. 2021.
[ONU MULHERES BRASIL – Casa das Nações Unidas no Brasil – Complexo Sergio Vieira de Melo – SEN Quadra 802 Conjunto C, Lote 17, Bloco B – Prédio Lélia Gonzalez – Brasília/DF 70800-400; Tel.: +55 (61) 3038-9280; Fax: +55 (61) 3038-9289; onumulheres@unwomen.org ; www.onumulheres.org.br. Acesso em: 21 abr. 2021.]

Jean Baker Miller Training Institute
114 Waltham Street, Suite #17, Lexington, MA 02421
Tel.: +1 (781) 283-3007
jvjordan@aol[dot]com
http://www.jbmti.org. Acesso em: 21 abr. 2021.

National Organization for Women (NOW)
1100 H Street NW, Suite 300, Washington, DC 20005
Tel.: +1 (202) 628-8669 (628-8NOW); TTY: +1 (202) 331-9002
https://now.org/ Acesso em: 21 abr. 2021.

The Older Women's League (OWL) San Francisco
870 Market Street #905, San Francisco, CA 94102
Tel.: +1 (415) 712-1695
info@owlsf.org
https://www.owlsf.org. Acesso em: 21 abr. 2021.

United Nations Men's Group for Gender Equality
james.lang@undp.org
http://undp.org. Acesso em: 21 abr. 2021.

Women's Environment & Development Organization (WEDO)
Endereço para correspondência: 147 Prince Street, Brooklyn, NY 11201
Tel +1 (212) 973-0325
https://wedo.org. Acesso em: 21 abr. 2021.

Saúde

Livros

Burmeister, Alice, e Tom Monte. *The Touch of Healing*. New York: Bantam, 1997. [*O toque da cura: energizando o corpo, a mente e o espírito com a arte do Jin Shin Jyutsu*. São Paulo: Aquariana, 2014.]
Johnson, Don Hanlon. *Body: Recovering Our Sensual Wisdom*. Berkeley: North Atlantic Books, 1983, 1992.
Lewis, Michael, Robert Wood, e Jeannette M. Haviland-Jones. *Handbook of Emotions*. 2. ed., New York: Guilford Publications, March 2000.
Northrup, Christiane. *Women's Bodies, Women's Wisdom*. New York: Bantam, 1994.
Orbach, Susie. *Fat Is a Feminist Issue*. New York: Berkeley Books, 1978.
Ornish, Dean. *Reversing Heart Disease*. New York: Ballantine Books, 1990.
Robbins, John. *The Food Revolution: How Your Diet Can Help Save Your Life and Our World*. Berkeley: Conari Press, 2001.
— *Reclaiming Our Health*. Tiburon: H.J. Kramer, 1996.
Sack, Fleur com Anne Streeter. *Romance to Die for: The Startling Truth About Women, Sex, and AIDS*. Deerfield Beach: Health Communications, 1992.
Shafarman, Steven. *Awareness Heals: The Feldenkrais Method of Dynamic Health*. Menlo Park, CA-USA: Addison-Wesley Publishing, 1997.
Weil, Andrew. *8 Weeks to Optimum Health*. New York: Alfred A. Knopf, 1997.

Artigos

Dyer, Gwynne. "Frankenstein Foods", *The Globe and Mail*, 20 February 1999.
Consumer Reports Study: "Do You Know What You're Eating?" Disponível em: https://advocacy.consumerreports.org/wp-content/uploads/2013/04/Do_You_Know.pdf. Acesso em: 20 abr. 2021.

Frank, John W., e J. Fraser Mustard. "The Determinants of Health from a Historical Perspective", *Daedalus*, vol. 123, nº 4 (Fall 1994). Disponível em: https://www.jstor.org/stable/20027264?seq=1. Acesso em: 19 abr. 2021.

Educação
Livros

American Association of University Women Educational Foundation. *How Schools Shortchange Girls: A Study on Major Findings on Girls and Education*. New York: Marlowe, 1995.
Bigelow, Bill, Linda Christensen, et al. *Rethinking Our Classrooms: Teaching for Equity and Justice*. Milwaukee: Rethinking Schools, 1998.
Bigelow, Bill, e Bob Peterson. *Rethinking Columbus*. Monroe, ME: Common Courage Press, 1998.
Brooks, Jacqueline G., e Martin G. Brooks. *In Search of Understanding*. Alexandria, VA: Association for Supervision and Curriculum Development, 1993.
Bucciarelli, Deirdre, e Sarah Pirtle, ed. *Partnership Education in Action: A Companion to Tomorrow's Children*. Tucson, Az: Center for Partnership Studies, 2001.
Clark, Edward T., Jr. *Designing and Implementing an Integrated Curriculum: A Student-Centered Approach*. Brandon, VT: Holistic Education Press, 1997.
Eisler, Riane. *Tomorrow's Children: A Blueprint for Partnership Education for the 21st Century*. Boulder, CO: Westview Press, 2000.
Eisler, Riane, e David Loye. *The Partnership Way: New Tools for Living & Learning*. Brandon: Psychology Press, 1998.
Gardner, Howard. *Frames of Mind*. New York: Basic Books, 1983.
Gibbs, Jeanne. *Tribes: A New Way of Learning Together*. Santa Rosa, CA: Center Source Publications, 1994.
Goldstein, Lisa. *Teaching With Love*. New York: Peter Lang, 1997.
Johnson, David W. *Cooperative Learning in the Classroom*. Alexandria, VA: Association for Supervision and Curriculum Development, 1994.
Kane, Jeffrey, ed. *Education, Information and Transformation*. Upper Saddle River, N.J.: Prentice-Hall, 1999.
Martin, Jane Roland. *Schoolhome: Rethinking Schools for Changing Families*. Cambridge, MA: Harvard University Press, 1992.
Miller, Ron. *What Are Schools For?* Brandon, VT: Holistic Education Press, 1990.
Noddings, Nel. *The Challenge to Care in Schools*. New York: Teachers College Press, Columbia University, 1992.

Roberts, Monty. *The Man Who Listens to Horses*. New York: Random House, 1997.

Sadker, Myra e David Sadker. *Failing at Fairness: How Our Schools Cheat Girls*. New York: Touchstone Books, 1995.

Schniedewind, Nance, e Ellen Davidson. *Open Minds to Equality*. Needham Heights, MA: Allyn and Bacon, 1997.

Sleeter, Christine E., e Carl A. Grant, ed. *Making Choices for Multicultural Education*. Columbus, OH: Merrill, 1994.

"Teaching Tolerance". Projeto do Sourthern Poverty Law Center, 400 Washington Avenue, Montgomery, AL 36104, Estados Unidos. Disponível em: http://www.splcenter.org. Acesso em 19 abr. 2021.

Artigos

Bigelow, Bill, e Linda Christiansen. "Promoting Social Imagination through Interior Monologues." *Rethinking Schools*, vol 8 (Winter 1993).

Noddings, Nel. "Learning to Engage in Moral Dialogue", *Holistic Education Review*, vol 7 (Summer 1994).

Riggs, Rosemary. "The Rodriguez Files."

Watson, Marilyn, Victor Battistich, e Daniel Solomon. "Enhancing Students' Social and Ethical Development in Schools: An Intervention Program and Its Effects." *International Journal of Education Research*, vol. 2, no. 7 (1998): 571-586. Disponível em: https://doi.org/10.1016/S0883-0355(97)00055-4. Acesso em: 20 abr. 2021.

Revistas

Education Week. Editorial Projects in Education, Inc. 6935 Arlington Road, Suite 100, Bethesda, MD 20814-5233. https://www.edweek.org/ Acesso em: 19 abr. 2021.

Encounter. http://www.great-ideas.org/encorder.htm. Acesso em: 18 abr. 2021.

Independent School Magazine. NAIS National Association of Independent Schools https://www.nais.org/magazine/independent-school/ Acesso em: 18 abr. 2021.

Paths of Learning. The Foundation for Educational Renewal. https://great-ideas.org/PathsCD.htm. Acesso em: 20 abr. 2021.

Tomorrow's Child. The Montessori Foundation. https://www.montessori.org/tomorrows-child-magazine/ Acesso em: 18 abr. 2021.

Vídeos

Tomorrow's Children: Partnership Education in Action. Media Education Foundation http://mediaed.org. Disponível em: https://shop.mediaed.org/tomorrows-children-p199.aspx. Acesso em: 18 abr. 2021.

Organizações

Association for Supervision and Curriculum Development (ASCD)
1703 North Beauregard St. Alexandria, VA 22311-171/4
http://www.ascd.org/ Acesso em: 18 abr. 2021.

National Association of Independent Schools (NAIS)
1129 20th Street NW, Suite 800 Washington, DC 20036-3425
Tel.: +1 (202) 973-9700
http://www.nais.org/ Acesso em: 19 abr. 2021.

The Montessori Foundation
19600 FL-64, Bradenton, FL 34212
Tel.: +1 (800) 655-5843 / +1 (941) 729-9565
https://www.montessori.org/ Acesso em: 19 abr. 2021.

Center for Partnership Studies
P.O. Box 10312 – Hilo, HI 96721, USA – Tel.: +1 (831) 626-1004
https://centerforpartnership.org/ Acesso em: 19 abr. 2021.

MÍDIA

Livros

Bagdikian, Benjamin H. *The Media Monopoly*. Boston: Beacon Press, 2000.
Chomsky, Noam, e Edward S. Herman. *Manufacturing Consent: The Political Economy of the Mass Media*. New York: Pantheon Books, 1988.
Gerbner, George. "The Politics of Media Violence: Some Reflections". Em Cees J. Hamelink e Olga Linne, eds., *Mass Communication Research*. Norwood: Ablex, 1994, p. 133-145.
Griffin, Susan. *Pornography and Silence*. New York: Harper & Row, 1981.
Grossman, David, e Gloria Degaetano. *Stop Teaching Our Kids to Kill: A Call to Action Against TV, Movie and Video Game Violence*. New York: Crown Publishing Group, 1999.
Kilbourne, Jean. *Can't Buy My Love*. New York: Touchstone Books, 2000.
Lederer, Laura. *Take Back the Night*. New York: William Morrow, 1980.
Postman, Neil. *Amusing Ourselves to Death: Public Discourse in the Age of Show Business*. New York: Viking Penguin, October 1986.

Rampton, Sheldon, e John Stauber. *Trust Us, We're Experts: How Industry Manipulates Science and Gambles With Your Future*. New York: Putnam Publishing Group, 2000.

Russell, Diana. *Against Pornography: The Evidence of Harm*. Berkeley: Russell Publications, 1993.

Artigos

Gerbner, George. "Reclaiming our Cultural Mythology", *The Ecology of Justice* (Spring 1994). Disponível em: https://www.context.org/iclib/ic38/gerbner/ Acesso em: 21 abr. 2021.

"Kid's Petition Against Violent Video Games", 2001" *American Medical Association*. http://ama-assn.org. Acesso em: 21 abr. 2021.

Jhally, Sut. "Advertising at the Edge of the Apocalypse", 2000. Department of Communication, University of Massachusetts, Amherst. Disponível em: http://www.sutjhally.com/articles/advertisingattheed/ Acesso em: 21 abr. 2021.

MSNBC. "Today's Toy Test 2000: Top rated video games for kids" Kids give nonviolent video games high ratings. http://www.msnbc.com. Acesso em: 21 abr. 2021.

Varhola, Michael J. Entrevista com David Grossman sobre videogames violentos. Disponível em: http://www.fpsdanger.com/SKIRMI.htm. Acesso em: 21 abr. 2021.

Vídeos

Media Education Foundation é uma excelente fonte de vídeos que oferecem um olhar crítico sobre a mídia. https://www.mediaed.org/ Acesso em: 21 abr. 2021.

Advertising and The End of the World. 1997.

The Myth of the Liberal Media. 1997.

Killing Us Softly 3. 1999.

Organizações

Center for Media and Democracy
520 University Avenue, Suite 305 – Madison, WI 53703
Tel.: +1 (608) 229-6801
http://www.prwatch.org/ Acesso em: 21 abr. 2021.

Cultural Environment Movement
https://web.asc.upenn.edu/gerbner/archive.aspx?sectionID=20. Acesso em: 21 abr. 2021.

Fairness & Accuracy In Reporting (FAIR)
124 W. 30th Street, Suite 201 – New York, NY 10001
Tel.: +1 (212) 633-6700
https://fair.org/ Acesso em: 21 abr. 2021.

Media Watch
PO Box 618 – Santa Cruz, CA 95061
info@mediawatch.com
https://www.mediawatch.com/ Acesso em: 21 abr. 2021.

Pew Research Center's Journalism Project
1615 L St. NW, Suite 800 – Washington, DC 20036 – USA
Tel.: +1 (202) 419-4300; Fax: +1 (202) 857-8562
https://www.pewreasearch.org. Acesso em: 21 abr. 2021.

Trabalho e negócios
Livros

Arrien, Angeles, ed. *Working Together: Producing Synergy by Honoring Diversity*. Pleasanton: New Leaders Press, 1998.
Block, Peter. *The Empowered Manager*. San Francisco: Jossey-Bass, 1990.
Helgesen, Sally. *The Female Advantage: Women's Ways of Leadership*. New York: Doubleday, 1990, 1995.
Isen, Alice M. "Positive Affect and Decision Making". Em J. M. Haviland e M. Lewis, eds., *Handbook of Emotions*, New York: Guilford, 1993.
Jaffe, Dennis T., e Cynthia D. Scott. *Take This Job and Love It: How to Change Your Work Without Changing Your Job*. New York: Simon & Schuster, 1988.
Kanter, Rosabeth Moss. *When Giants Learn to Dance: Mastering the Challenge of Strategy, Management, and Careers in the 1990s*. New York: Simon & Schuster, 1990. [*Quando os gigantes aprendem a dançar: dominando os desafios de estratégia, gestão e carreira nos anos 90*. Rio de Janeiro: Campus, 1996.]
Korten, David. *When Corporations Rule the World*. San Francisco: Berrett Koehler/ Kumarian Press, 1996. [*Quando as corporações regem o mundo*. São Paulo: Futura, 1996.]
Naisbitt, John, e Patricia Aburdene. *Reinventing the Corporation*. New York: Warner Books, 1986.

Revista

Business Ethics. https://business-ethics.com/

Artigos

Butruille, Susan G. "Corporate Caretaking." *Training and Development Journal* (April 1990).
Eisler, Riane. "Changing the Rules of the Game: Work, Values, and Our Future."
—, "Women, Men, and Management: Redesigning Our Future." *Futures*, January/February 1991.
Isen, Alice M. "The Asymmetry of Happiness and Sadness in Effects on Memory in Normal College Students." *Journal of Experimental Psychology*, General 114, 1985.
Krueger, Pam. "Three Myths about Partners: An Interview with Riane Eisler." Fast Company, November 1998.
Montuori, Alfonso and Isabella Conti. "The Meaning of Partnership." Vision/Action. Vol. 14, nº 4 (Winter 1998):7-10.
"Toward a Partnership Society: An Interview with Riane Eisler." *At Work*, January/February 1998.

Organizações

Business for Social Responsability
5 Union Square West, 6th Floor – New York, NY 10003, USA
Tel.: +1 (212) 370-7707
http://www.bst.org/. Acesso em: 28 abr. 2021.

Computer Professionals for Social Responsibility
2202 N. 41st Street – Seattle, WA 98103
http://cpsr.org. Acesso em: 28 abr. 2021.

Program on Corporation, Law and Democracy – POCLAD
P.O. Box 18465 – Cleveland Heights, Ohio 44118
Tel.: (508) 398-1145; Fax: (508) 398-1552
http:www.poclad.org. Acesso em: 28 abr. 2021.

Self-Employed Women's Association (SEWA)
Opp. Victoria Garden – Bhadra, Ahmedabad – 380 001, Índia
Tel.: + 91 (79) 2550-6444 / 2550-6477; Fax: +91 (79) 2550-6446
http://wwwsewa.org. Acesso em: 28 abr. 2021.

Social Venture Circle
American Sustainable Business Council
https://svcimpact.org/contact. Acesso em: 28 abr. 2021.

World Business Academy
2020 Alameda Padre Serra, Suite 135 – Santa Barbara, CA 93103 U.S.A
Tel.: +1 (805) 892-4600; Fax:+1 (805) -884-0900
www.worldbusiness.org/main.cfm. Acesso em: 28 abr. 2021.

Comprar e Investir

Green America
1612 K Street NW, Suite 600, Washington DC 20006
Tel.: +1 (800) 584-7336; Fax: +1 (202) 331-8166
https://www.greenamerica.org. Acesso em: 28 abr. 2021.

Real Goods
Tel.: +1 (800) 919-2400 / +1 (707) 472-2400
https://realgoods.com/ Acesso em: 28 abr. 2021.

Seventh Generation, Inc.
212 Battery Street, Suite A Burlington, Vermont 05401-5281 – U.S.A.
Tel.: +1 (802) 658-3773 / +1 (800) 456-1191; Fax: +1 (802) 658-1771
http://www.seventhgeneration.com https://www.setimageracao.com.br.
Acesso em: 29 abr. 2021.

Working for Change
https://www.workingforchange.com. Acesso em: 20 abr. 2021.

Encontrar investimentos que estejam em consonância com os princípios da parceria:

Domini Impact Investments
P.O. Box 46707 – Cincinnati, OH 45246
Tel.: +1 (800) 582-6757
http://www.domini.com. Acesso em: 28 abr. 2021.

KLD Research and Analytics Inc
250 Summer Street 4th Floor – Boston, MA United States
https://www.msci.com/our-solutions/esg-investing. Acesso em: 28 abr. 2021.

The Forum for Sustainable and Responsible Investment
1660 L Street NW, suite 306; Washington, DC 20036
Tel.: +1 (202) 872-536; FAX +1 (202) 775-8686
Disponível em: https://www.ussif.org/ Acesso em: 28 abr. 2021

SRI World Group, Inc
74 Cotton Mill Hill, Suite A-255 – Brattleboro, VT 05301
Tel.: +1 (802) 251-0500; Fax: +1 (802) 251-0555
Disponível em: http://www.socialfunds.com/ Acesso em: 28 abr. 2021.
https://www.sriworld.com/ Acesso em: 28 abr. 2021.

Troca de livros usados, raros e especializados

AbeBooks
990 Hillside Ave, 2 nd Floor
Victoria, BC, Canada V8T 2AI OR
http://abebooks.com. Acesso em: 28 abr. 2021

Book Sense (rede de sites de livreiros independentes)
https://www.booksense.org/ Acesso em: 29 abr. 2021

noamazon.com (muitos links para livreiros independentes)
https://noamazon.com

Economia
Livros

Eisler, Riane, David Loye e Kari Norgaard. *Women, Men, and the Global Quality of Life*. Pacific Grove: The Center for Partnership Studies, 1995.
Folbre, Nancy, e James Heintz. *The Ultimate Field Guide to the U.S. Economy: A Compact and Irreverent Guide to Economic Life in America*. New York: The New Press, 2000.
Gates, Jeff. *The Ownership Solution: Toward a Shared Capitalism for the Twenty-First Century*. Readings, MA: Perseus Books, 1999.
Henderson, Hazel. *Building a Win-Win World: Life beyond Global Economic Warfare*. San Francisco: Berret-Koehler Publishers, 1997.
—, *Paradigms in Progress*. San Francisco: Berret-Koehler Publishers, 1995.

Hock, Dee. *Birth of the Chaordic Age*. San Francisco: Berret-Koehler, 1999. [*Nascimento da era caórdica*. São Paulo: Cultrix, 2000.]

Jain, Devaki, e Nirmala Banerjee, eds. *Tyranny of the Household: Investigative Essays on Women's Work* (Women in Poverty). New Delhi, India: Shakti Book, 1995.

Mander, Jerry, e Edward Goldsmith, eds. *The Case Against the Global Economy: And for a Turn Towards Localization*. San Francisco: Sierra Club Books, 1997.

Rose, Stephen J. *Social Stratification in the United States: The New American Profile with Poster*. New York: W.W.Norton & Company, Inc., 1999; New York: The New Press, 2007.

Artigos

Bernstein, Jared, Lawrence Mishel, e Chauna Brocht. "Any way you cut it: Income inequality on the rise regardless of how it's measured." *Economic Policy Institute*, September 2000. Disponível em: https://www.epi.org/publication/briefingpapers_inequality_inequality/ Acesso em: 26 abr. 2021.

Eisler, Riane. "Towards an Economics of Caring." Palestra magna na Conferência *From War Culture to Cultures of Peace: Challenges for Civil Society*, March 2001, para o Boston Research Center for the 21st Century, atual Ikeda Center for Peace, Learning, and Dialogue. Disponível em: https://www.ikedacenter.org/thinkers-themes/thinkers/lectures-talks/eisler-lecture. Acesso em: 26 abr. 2021.

Krugman, Paul. "The Spiral of Inequality," *Mother Jones Magazine* (Nov/Dec 1996). Disponível em: http://www.pkarchive.org/economy/spiral1.html. Acesso em: 26 abr. 2021.

Mantsios, Gregory. "Class in America: Myths and Realities." *Teaching Sociology*, 22, no. 1 (January 1994): 131-143.

U.S. Bureau of the Census, Series P-60 Reports, "Consumer Income and Poverty". http://www.census.gov. Acesso em: 26 abr. 2021.

"Why software should be free." GNU Project. Disponível em: https://www.gnu.org/philosophy/shouldbefree.html. Acesso em: 26 abr. 2021

Woestman, Lois. "World Bank Structural Adjustment and Gender Policies: Strangers Passing in the Night – Fleeting Acquaintances or Best Friends." EURODAD and WIDE, Brussels, 1994.

Organizações

Center for Women Policy Studies
http://www.centerwomenpolicy.org. Acesso em: 26 abr. 2021.

Economic Policy Institute
1225 Eye St. NW, Suite 600 – Washington, DC 20005
Tel.: (202) 775-8810; Fax:(202) 775-0819

Friendly Favors
http://www.favors.org. Acesso em: 26 abr. 2021.

Responsible Wealth
184 Hight Street, Suite 603, Boston, MA 02110
Tel.: (617) 423-2148
http://www.responsiblewealth.org. Acesso em: 26 abr. 2021.

Direitos humanos
Livros

Ahmed, Durre S. *Masculinity, Rationality and Religion: A Feminist Perspective*. Lahore, Paquistão: ASR Publications, 1994.
Barry, Kathleen. *Female Sexual Slavery*. New York: Avon Books, 1979.
Bunch, Charlotte, e Nimh Reilly. *Demanding Accountability: The Global Campaign and Vienna Tribunal for Women's Human Rights*. Center for Women's Leadership, Rutgers University, New Jersey, e United National Development Fund for Women (UNIFEM), New York. 1994.
Eisler, Riane. *The Equal Rights Handbook: What ERA Means to Your Life, Your Rights & The Future*. Lincoln: iUniverse, 1998.
Hosken, Fran. *The Hosken Report: Genital and Sexual Mutilation of Females*. 4. ed, Lexington: Women's International Network News, 1994.
Kassindja, Fauziya, e Layli Miller Bashir. *Do They Hear You When You Cry*. New York: Delacorte Press, 1998. [*O silêncio das lágrimas*. Lisboa: Bertrand Editora, 1999.]
Pollis, Adamantia, and Peter Schwab. *Human Rights: New Perspectives, New Realities*. Boulder: Lynne Rienner Publishers, 2000.
Walker, Alice. *Possessing the Secret of Joy*. New York: Harcourt Brace Jovanovich, 1992.

Artigos

Butegwa, Florence. "From Basic Needs to Basic Rights: Women's Claim to Human Rights." *Women, Law and Development International*, Margaret Schuler, ed. Disponível em: http://www.cwgl.rutgers.edu/butegwa.html. Acesso em: 21 abr. 2021.

Butruille, Susan G. "An Ancient Truth : Women's Rights Are Human Rights." Disponível em: http://www.sbvoices.com/articles.htm. Acesso em: 21 abr. 2021.

Eisler, Riane. "A Challenge for Human Rights: What We Can Do." WIN NEWS, vol. 19, no. 4 (Autumn 1993).

—. "Human Rights: Toward an Integrated Theory for Action." *Human Rights Quarterly*, vol. 9 (August 1987): 287-308. Disponível em: https://rianeeisler.com/wp-content/uploads/2014/06/Human-Rights-Quarterly.pdf. Acesso em: 21 abr. 2021.

Okin, Susan Moller. "Is Multiculturalism Bad for Women?" *Boston Review* (October/November 1997). Disponível em: http://bostonreview.net/archives/BR22.5/okin.html. Acesso em: 21 abr. 2021.

Osborn, Andrew. "Mass Rape Ruled a War Crime." *The Guardian*, 23 February 2001. Disponível em: http://www.theguardian.com/world/2001/feb/23/warcrimes. Acesso em: 21 abr. 2021.

Documentos

Bora Laskin Law Library. "Women's Human Rights Resources." https://library.law.utoronto.ca/resources/whrr/heading/12/whrr_article/ Acesso em: 21 abr. 2021.

"Convention on the Rights of the Child." United Nations. http://www.unicef.org/child-rights-convention/convention-text. Acesso em: 21 abr. 2021.

"Convention to Eliminate All Forms of Discrimination Against Women." United Nations. http://www.un.org/womenwatch/daw/cedaw/ Acesso em: 21 abr. 2021.

Human Rights Watch. "Corporations and Human Rights: Corporate Social Responsibility." http://www.hrw.org/advocacy/corporations/index.htm. Acesso em: 21 abr. 2021.

Human Rights Web. http://www.hrweb.org/resource.html. Acesso em: 21 abr. 2021.

International Covenant on Economic, Social and Cultural Rights. https://www.ohchr.org/en/professionalinterest/pages/cescr.aspx. Acesso em: 21 abr. 2021.

Peacenet. Institute for Global Communications. http://www.igc.org. Acesso em: 22 abr. 2021.

"State of the World's Women Report." United Nations, 1985. https://digitallibrary.un.org/record/113822. Acesso em: 22 abr. 2021.

"Universal Declaration of Human Rights." United Nations. Disponível em 500 idiomas: http://www.un.org/en/about-us/universal-declaration-of-human-rights. Em português: https://www.ohchr.org/EN/UDHR/Pages/Language.aspx?LangID=por. Acesso em: 22 abr. 2021.

University of Minnesota Human Rights Library. http://hrlibrary.umn.edu/index.html. Acesso em: 21 abr. 2021.

Organizações

Amnesty International USA
311 43rd Street 7th Floor – New York, NY 10036
Tel.: +1 (212) 807-8400; Fax: +1 (212) 627-1451
https://www.amnestyusa.org/ Acesso em: 18 abr. 2021.

Global Exchange
1446 Market Street – San Francisco, CA 94102
Tel.: +1 (415) 255-7296; Fax: +1 (415) 255-7498
http://www.globalexchange.org/ Acesso em: 18 abr. 2021.

Human Rights Watch
350 Fifth Avenue, 34th Floor – New York, NY 10118-3299
Tel.: +1 (212) 290-4700; Fax: (212) 736-1300
http://www.hrw.org/ Acesso em: 18 abr. 2021.

International Women's Rights Action Watch – IWRAW
University of Minnesota – Human Right Center
229 19th Avenue South – Minneapolis, MN 55455
Tel.: +1 (612) 625-4985; Fax: +1 (612) 625.2011
e-mail: mfreeman@umn.edu
http://hrlibrary.umn.edu/iwraw/ Acesso em: 18 abr. 2021.

The Simon Wiesenthal Center
1399 South Roxbury Drive – Los Angeles, CA 90035
Tel.: +1 (310) 553-9036 / +1 (800) 900-9036; Fax: (310) 553-4521
http://www.wiesenthal.com/ Acesso em: 18 abr. 2021.

The Southern Poverty Law Center
400 Washington Avenue – Montgomery, AL 36104
Tel.: +1 (334) 956-8200 / +1 (888) 414-7752
http://www.splcenter.org/ Acesso em: 18 abr. 2021.

Women's Rights: A Division of Human Rights Watch
350 Fifth Avenue, 34th Floor – New York, NY 10118-3299
Tel.: +1 (212) 290-4700; Fax: +1 (212) 736-1300
https://www.hrw.org/topic/womens-rights. Acesso em: 18 abr. 2021.

Política

Livros

Adorno, T. W., e Else Frenkel-Brunswick, et al. *The Authoritarian Personality*. New York: John Wiley & Sons, 1964. [*Estudos sobre a personalidade autoritária* (seleção de textos). São Paulo: UNESP Editora, 2019.]

Domhoff, G. William. *Who Rules America: Power and Politics in the Year 2000*. 3. ed., Mountain View: Mayfield Publishing Company, 1998.

Hightower, Jim. *There's Nothing in the Middle of the Road But Yellow Stripes and Dead Armadillos*. New York: HarperCollins, 1998.

Keating, Daniel P., ed. *Developmental Health and the Wealth of Nations: Social, Biological, and Educational Dynamics*. New York: Guilford Publications Press, 2000.

Loye, David. *The Leadership Passion*. iUniverse.com, 1998.

Reich, Wilhelm. *The Mass Psychology of Fascism*. Salinas, Ca: Master of Perception Press, 1970; New York: Farrar Straus Giroux, 3d ed, 1980. [*Psicologia de massas do fascismo*. São Paulo: Martins Fontes Editora, 2019.]

Schneir, Miriam, ed. *Feminism*. New York: Vintage Books, 1972.

— *Feminism in Our Time*. New York: Vintage Books, 1994.

Steinem, Gloria. *Outrageous Acts and Everyday Rebellions*. New York: Holt, Rinehart & Winston, 1983; London: Picador Books, 3d ed, 2019.

West, Cornel. *Race Matters*. Boston: Beacon Press, 1993.

Artigos

Bovard, James. "Archer Daniels Midland: A Case Study in Corporate Welfare." The Cato Institute, Policy Analysis nº 241, 26 September 1995. Disponível em: https://www.cato.org/policy-analysis/archer-daniels-midland-case-study-corporate-welfare. Acesso em: 27 abr. 2021.

Knode, Helen. "The School for Violence: A Conversation with Riane Eisler." LA Weekly, vol. 23, nº 45 (28 September – 4 October 2001): 33. Disponível em: https://www.laweekly.com/the-school-for-violence/ Acesso em: 29 abr. 2021.

Sklar, Holly. "Imagine a Country." Teaching Sociology, vol.22 nº 1 (January 1994): 121-130. Disponível em: https://zcomm.org/zmagazine/imagine-a-country-life-in-the-new-millenium-by-holly-sklar/ Acesso em: 29 abr. 2021.

Organizações

American Friends Service Committee
1501 Cherry Street – Philadelphia, PA 19102

Tel.: +1 (215) 241-7000
https://www.afsc.org/ Acesso em: 29 abr. 2021.

Center for Economic and Policy Research
1611 Connecticut Ave., NW Suite 400 – Washington, DC 20009
Tel.: +1 (202) 293-5380
https://www.cepr.net/ Acesso em: 29 abr. 2021.

The Center for Responsive Politics
1300 L St NW, Suite 200 – Washington, DC 20005
Tel.: +1 (202) 857-0044
http://www.opensecrets.org/ Acesso em: 29 abr. 2021.

Center for Strategic and International Studies
1616 Rhode Island Avenue, NW – Washington, DC 20036
Tel.: +1 (202) 887-0200
https://www.csis.org/ Acesso em: 29 abr. 2021.

Common Cause
805 15th Street NW, Suite 800 – Washington, DC 20005
Tel.: +1 (202) 833-1200
https://www.commoncause.org/ Acesso em: 29 abr. 2021.

League of Women Voters
1233 20th Street NW, Suite 500 – Washington, DC 20036
Tel.: +1 (202) 429-1965
https://www.lwv.org/ Acesso em: 29 abr. 2021.

People for the American Way
1101 15th Street NW, Suite 600 – Washington, DC 20005
Tel.: +1 (202) 467-4999 / + 1 (800) 326-7329
https://www.pfaw.org/ Acesso em: 29 abr. 2021.

Mídias alternativas para notícias

E – The Environmental Magazine. https://emagazine.com/ Acesso em: 29 abr. 2021.
Mother Jones. P.O. Box 584, San Francisco, CA 94104-0584; Tel.: +1 (415) 321-1700 – https://www.motherjones.com/ Acesso em: 29 abr. 2021.

Ms. https://msmagazine.com/ Acesso em: 29 abr. 2021.

The Nation.-520 Eighth Avenue, New York, NY, 10018 Tel.: +1 (212) 209-5400; Fax: +1 (212) 982-9000 https://www.thenation.com/ Acesso em: 29 abr. 2021.

The Utne Reader. https://www.utne.com/ Acesso em: 29 abr. 2021.

Women's International Network (WIN) News. 187 Grant Street, Lexington, MA 02420-2126; Tel.: +1 (781) 862-9431; Fax: +1 (781) 862-1734 winnews@igc.org. https://www.feminist.com/win.htm. Acesso em: 29 abr. 2021.

MEIO AMBIENTE

Livros

Carson, Rachel. *The Silent Spring*. New York: Houghton Mifflin, 1962, 1994. [*Primavera silenciosa*. São Paulo: Editora Gaia, 2010.]

Griffin, Susan. *Women and Nature*. San Francisco: Sierra Club Books, 1979, 2000.

Hawken, Paul, Amory Lovins e L. Hunter Lovins. *Natural Capitalism: Creating the Next Industrial Revolution*. New York: Little, Brown & Company, 2000.

Merchant, Carolyn. *Radical Ecology*. New York: Routledge, 1992.

Orr, David W. *Earth in Mind: On Education, Environment, and the Human Prospect*. Washington: Island Press, 1994.

Rifkin, Jeremy. *The Biotech Century: Harnessing the Gene and Remaking the World*. New York: Tarcher/Putnam, 1998.

Robbins, Ocean, e Sol Solomon. *Choices for Our Future: A Generation Rising for Life on Earth*. Summerton: Book Publishing Company, 1994.

Shiva, Vandana. *Staying Alive*. London: Zed Books, 1988.

United Nations Development Program (UNDP). *Human Development Report 1995*. New York: Oxford University Press, 1995.

Artigos

Borenstein, Seth. "Global-warming Picture Looks More Dire, Panel Says." *The Philadelphia Inquirer*, 19 February 2001.

Kendall, Henry. "World Scientists Warning to Humanity." *The Union of Concerned Scientists*, November 1992. Disponível em: https://ucsusa.org. Acesso em: 28 abr. 2021.

Mesarovic, M. e E. Pestel. "Multilevel Computer Model of World Development System: Summary of the Proceedings." *International Institute for Applied Systems Analysis*, (29 April - 3 May 1974).

Renner, Michael. "Small Arms, Big Impact: The Next Challenger of Disarmament." *Worldwatch Institute*, 1997. Excerto disponível em: https://archive.org/details/smallarmsbigimpa00rennrich/mode/2up. Acesso em: 29 abr. 2021.

Organizações

Earth Charter International
c/o University for Peace
P.O.Box 138 6100 – San José Costa Rica
Tel.: +506 2205-9060; Fax: +506 2249-1929
info@earthcharter.org
http://www.earthcharter.org/ Acesso em: 29 abr. 2021.

Earth Island Institute
2150 Allston Way, Suite 460 – Berkeley, California 94704
Tel.: +1 (510) 859-9100
http://www.earthisland.org/ Acesso em: 29 abr. 2021.

Environmental Defense Fund
257 Park Avenue South – New York, NY 10010
Tel.: +1 (212) 505-2100; Fax: +1 (212) 505-2375
1875 Connecticut Ave, NW, Suite 600 – Washington, DC 20009
Tel.: +1 (202) 572-3298
https://www.edf.org/ Acesso em: 29 abr. 2021.

Friends of the Earth
1101 15th Street NW, 11th Floor – Washington, D.C. 20005
Tel.: +1 (202) 783-7400; Fax: +1 (202) 783-0444
2150 Allston Way, Suite 360 – Berkeley, CA 94704
Tel.: +1 (510) 900-3150; Fax: +1 (510) 900-3155
http://www.foe.org/ Acesso em: 29 abr. 2021.

Intergovernmental Panel on Climate Change
c/o World Meteorological Organization
7bis Avenue de la Paix, C.P. 2300 – CH-1211 Geneva 2, Switzerland
Tel.: + 41 (22) 730-8208; Fax: + 41 (22) 730-8025
http://www.ipcc.ch/ Acesso em: 29 abr. 2021.

Pathfinder International
9 Galen Street, Suite 217 – Watertown, MA 02472-4501
Tel.: +1 (617) 924-7200; Fax: +1 (617) 924-3833
1015 15th Street NW, Suite 1100 – Washington, DC 20005, USA
Tel.: +1 (202) 775-1977; Fax: +1 (202)775-1988
information@pathfind.org
www.pathfinder.org. Acesso em: 29 abr. 2021.

PAI – Population Action International
1300 19th Street NW, Suite 200 – Washington, DC 20036
Tel.: +1 (202) 557-3400; Fax: +1 (202) 728-4177
info@pai.org
http://www.pai.org. Acesso em: 29 abr. 2021.

The Population Institute
105 2nd St, NE – Washington, DC 20002
Tel.: +1 (202) 544-3300; Fax: +1 (202) 544-0068
http://www.populationinstitute.org. Acesso em: 29 abr. 2021.

Rainforest Action Network
221 Pine Street, Suite 500 – San Francisco, CA 94104
Tel.: +1 (415) 398-4404; Fax +1 (415) 398-2732
http://ran.org. Acesso em: 29 abr. 2021.

The Sierra Club
85 Second Street, 2nd Floor – San Francisco, CA 94105-3441
Tel.: +1 (415) 977-5500; Fax: +1 (415) 977-5799
http://www.sierraclub.org. Acesso em: 29 abr. 2021.

Union of Concerned Scientist
2 Brattle Square – Cambridge, MA 02238
Tel.: +1 (617) 547-5552
http://www.ucsusa.org/index.html. Acesso em: 29 abr. 2021.

Youth for Environmental Sanity (YES)
3240 King St – Berkeley, CA 94703 USA
Tel. e Fax: +1 (510) 922-8556

info@yesworld.org
http://www.yesworld.org/ Acesso em: 29 abr. 2021.

Population Connection
2120 L Street NW, Suite 500 – Washington, DC 20037
Tel.: +1 (202) 332-2200; Fax: +1 (202) 332-2302
info@populationconnection.org
https://www.populationconnection.org/ Acesso em: 29 abr. 2021.

PRÉ-HISTÓRIA E TRANSFORMAÇÃO CULTURAL
Livros

Austin, Hallie Inglehart. *Heart of the Goddess: Art, Myth & Meditations of the World's Sacred Feminine*. Oakland: Wingbow Press, 1991.
Birnbaum, Lucia. *Black Madonnas*. Boston: Northeastern University Press, 1993.
Capra, Fritjof. *The Web of Life*. New York: Anchor/Doubleday, 1996.
Chaisson, Eric. *The Life Era*. New York: Atlantic Monthly Press, 1987.
Demeo, James. *Saharasia: the 4000 BCE Origins of Child Abuse, Sex Repression, Warfare, and Social Violence in the Deserts of the Old World*. Ashland: Natural Energy Works, 1998.
Gadon, Elinor. *The Once and Future Goddess*. San Francisco: Harper & Row, 1989.
Gimbutas, Marija. *The Civilization of the Goddess*. San Francisco: HarperSanFrancisco, 1991.
— *The Goddesses and Gods of Old Europe*. Berkeley: University of California Press, 1982.
Gold, Martin, ed. *The Complete Social Scientist: A Kurt Lewin Reader*. American Psychological Association, 1999.
Goodison, Lucy. *Death, Women, and the Sun*. London: University of London, 1989.
Eisler, Riane. *O cálice e a espada: nosso passado, nosso futuro*. São Paulo: Palas Athena Editora, 2007.
Hawkes, Jaquetta. *Dawn of the Gods*. New York: Random House, 1968.
Inglehart, Ronald. *Modernization and Postmodernization: Cultural, Economic, and Political Change in 43 Societies*. Princeton: Princeton University Press, 1997.
Jiayin, Min, ed. *The Chalice and the Blade in Chinese Culture*. Beijing: China Social Sciences Publishing House, 1995.
Johnson, Buffie. *Lady of the Beasts*. San Francisco: Harper & Row, 1988.
Kramer, Samuel Noah, e John Maier. *Myths of Enki, the Crafty God*. New York: Oxford University Press, 1989.
Laszlo, Ervin. *Evolution*. Boston: Shambhala, 1987.

Lerner, Gerda. *The Majority Finds Its Past.* New York: Oxford University Press, 1979.
Loye, David. *Darwin's Lost Theory.* New York: Seven Stories Press, 2002.
Loye, David, ed. *The Evolutionary Outrider: The Impact of the Human Agent on Evolution.* Westport: Praeger Books; Twickenham, England: Adamatine Press, 1998.
Mallory, J. P. *In Search of the Indo-Europeans: Language, Archaeology, and Myth.* London: Thames & Hudson, 1989.
Marshack, Alexander. *The Roots of Civilization.* Mount Kisco: Moyer Bell, 1991.
Mellaart, James. *Catal Huyuk.* New York: McGraw-Hill, 1967.
— *The Neolithic of the Near East.* New York: Scribner's, 1975.
Morbeck, Mary Ellen, Adrienne L. Zihlman, e Alison Galloway, ed. *The Evolving Female.* Princeton: Princeton University Press, 1997.
Platon, Nicolas. *Crete.* Geneva: Nagel Publishers, 1966.
Ray, Paul H. "What Might Be the Next Step in Cultural Evolution?" In David Loye, ed., *The Evolutionary Outrider.* Bridgeport: Praeger Books; Twickenham, England: Adamantine Press, 1998.
Stengers, Isabel, e Ilya Prigogine. *Order Out of Chaos.* New York: Bantam, 1984.
Tanner, Nancy N. *On Becoming Human.* Cambridge: Cambridge University Press, 1981.
Wolkstein, Diane, e Samuel Noah Kramer. *Inanna.* New York: Harper & Row, 1983.
Zihlman, Adrienne. "Common Ancestors and Uncommon Apes". In John R. Durant, ed. *Human Origins.* Oxford: Clarendon Press, 1989, p. 81-105.

Artigo

Gimbutas, Marija. "The First Wave of Eurasian Steppe Pastoralists into Copper Age Europe", *Journal of Indo-European Studies*, vol. 5 (Winter 1977).

ESPIRITUALIDADE E ÉTICA

Livros

Davidson, Julian M. "The Psychobiology of Sexual Experience". In Julian M. Davidson e Richard J. Davidson, eds. *The Psychobiology of Consciousness.* New York: Plenum Press, 1980.
Eisler, Riane. *Sacred Pleasure: Sex, Myth and the Politics of the Body.* New York: HarperSanFrancisco, 1996. [*O prazer sagrado.* Rio de Janeiro: Rocco, 1997.]
Fiorenza, Elizabeth Schussler. *In Memory of Her: A Feminist Theological Reconstruction of Christian Origins.* New York: Crossroad Publishing Company, 1984.

Fox, Matthew. *Original Blessing*. New York: Putnam Publishing Group, 2000.

Fox, Robin Lane. *Pagans and Christians*. San Francisco: Harper & Row, 1986.

Gray, Elizabeth Dodson, ed. *Sacred Dimensions of Women's Experience*. Wellesley: Roundtable Press, 1988.

Hanh, Thich Nhat. *Present Moment Wonderful Moment: Mindfulness Verses for Daily Living*. Berkeley: Parallax Press, 1990. [*Momento presente, momento maravilhoso – versos para cultivar a plena atenção na vida diária*. São Paulo: Sextante, 2004.]

Heyward, Carter. *Touching Our Strength*. San Francisco: Harper & Row, 1989.

Lerner, Michael. *Spirit Matters*. Charlottesville: Hampton Roads, 2000.

Lorde, Audre. "Uses of the Erotic: The Erotic as Power". In *Sister Outsider: Essays and Speeches*. Freedom: Crossing Press, 1984. ["Usos do erótico: o erótico como poder", em *Irmã outsider*. São Paulo: Autêntica, 2019.]

Maitland, Sara. "Passionate Prayer: Masochistic Images in Women's Experience". In Linda Hurcombe, ed. *Sex and God: Some Varieties of Women's Religious Experience*. New York: Routledge & Kegan Paul, 1987.

Mendel, Heather. *Towards Freedom: A Feminist Haggadah for Men and Women in the Millenium*. San Luis Obispo: A Words of Art, 1994.

McFague, Sallie. *The Body of God*. Minneapolis: Fortress Press, 1993.

Melville, Arthur. *With Eyes to See: A Journey from Religion to Spirituality*. Walpole: Stillpoint Publishing, 1992.

Schlegel, Stuart A. *Wisdom from a Rainforest: The Spiritual Journey of an Anthropologist*. Athens: University of Georgia Press, 1998.

Teish, Luisah. *Jambalaya*. San Francisco: HarperCollins, 1985.

Wink, Walter. *Engaging the Powers*. Minneapolis: Fortress Press, 1992.

Artigos

Eisler, Riane. "Spiritual Courage". *Tikkun* (January 1999). https://centerforpartnership.org/uncategorized/spiritual-courage/ Acesso em: 29 abr. 2021.

Harris, Mark. "Sex, Spirituality, and Evolution: Are We Victims to the Beast Within?" Interview with Riane Eisler. *Conscious Choice*, February 1999. Disponível em: https://centerforpartnership.org/wp-content/uploads/2015/11/sex-spirituality-and-evolution.pdf. Acesso em: 29 abr. 2021.

Loye, David. "Moral Sensitivity and the Evolution of Higher Mind." *World Futures: The Journal of General Evolution*, vol. 30 (1990): 41-52.

—. "Charles Darwin, Paul MacLean, and the Lost Origins of 'The Moral Sense': Some Implications for General Evolution Theory." *World Futures: The Journal of General*

Evolution, vol. 40 (1994): 187-196.

Snider, Jerry. "Sacred Pleasure: Sex, Myth and the Politics of the Body: An Interview with Riane Eisler." *Magical Blend* (January 1996).

Steenivasan, Jyotsna. "Making Sex a Sacred Pleasure: An Interview with Riane Eisler." *New Moon Network* (March/April 1996). Disponível em: https://centerforpartnership.org/wp-content/uploads/2015/11/making-sex-a-sacred-pleasure.pdf. Acesso em: 29 abr. 2021.

Notas finais

Introdução

1. *Join-up* é um vídeo que mostra com que facilidade e naturalidade funciona a parceria de Monty Roberts com os cavalos. Você pode obtê-lo através do site https://montyroberts.com/ [Acesso em: 02 jun. 2021.], ou ler o livro de Monty: *The Man Who Listens to Horses* (New York: Random House, 1997).
2. Por exemplo, na Atenas clássica o pai tinha o direito de decidir se o bebê ia viver ou seria deixado ao ar livre para morrer, independentemente dos desejos da mãe, e ainda hoje em algumas regiões do mundo os homens que matam a esposa conseguem escapar de qualquer punição.
3. Exatamente pelo fato de a nossa época estar passando por tais mudanças e desequilíbrios é que as transformações são possíveis. Os químicos Ilya Prigogine e Isabel Stengers, por exemplo, mostram que os sistemas vivos podem mudar de um estado para outro em tais períodos; ver Ilya Prigogine e Isabel Stengers, *Order Out of Chaos* (New York: Bantam, 1984). O psicólogo social Kurt Lewin considera como características de tais períodos o que ele chama de descongelar e recongelar; ver Kurt Lewin, *Resolving Social Conflict: And Field Theory in the Social Sciences* (New York: American Psychological Association, 1997). Meus próprios trabalhos sobre transformações culturais também sustentam a possibilidade de mudanças fundamentais em épocas turbulentas; ver por exemplo *O cálice e a espada* (São Paulo: Palas Athena Editora, 2007), *O prazer sagrado: sexo, mito e política do corpo* (Rio de Janeiro: Rocco, 1995) e *Tomorrow's Children* (Boulder: Westview Press, 2000).
4. O movimento pela parceria está crescendo em todas as esferas da vida, desde a busca de milhões de pessoas por melhores relações pessoais, comerciais e comunitárias, até o trabalho de milhares de grupos em prol da paz, dos direitos humanos e do meio ambiente. Embora não tenha recebido este nome, o movimento pela parceria também está sendo reconhecido por vários cientistas sociais. Ver por exemplo Ronald Inglehart, *Modernization and Postmodernization: Cultural, Economic, and Political Change in 43 Societies* (Princeton: Princeton University Press, 1997); Paul H. Ray and Sherry Ruth Anderson, *The Cultural Creatives* (New York: Harmony Books, 2000); e Paul Ray, "What might be the next step in cultural evolution?" (em *The Evolutionary Outrider*, ed. David Loye, Bridgeport: Praeger Books, 1998).

Capítulo 1

1. Foi feito um filme sobre o trágico destino do St. Louis chamado *Voyage of the Damned*. Para mais informações, ver https://www.imdb.com/title/tt0075406/.
2. Ver Eisler, *O cálice e a espada* e Chinese Academy of Social Sciences, *The Chalice and the Blade in Chinese Culture: Gender Relations and Social Models* (ed. Min Jiayin, Beijing: China Social Sciences Publishing House, 1995).
3. Don Hanlon Johnson, *Body: Recovering Our Sensual Wisdom* (Berkeley: North Atlantic Books, 1983, 1992), p.81.
4. Steven Shafarman, *Awareness Heals: The Feldenkrais Method of Dynamic Health* (Menlo Park, California: Addison-Wesley Publishing, 1997), p.188-89.
5. Ibid., p.189.
6. Johnson, p.76-77. Johnson descreve sua experiência como monge jesuíta na qual seu voto de obediência não só estipulava "curvar minha mente em conformidade com a de meu superior, comportar-me como a bengala de um ancião, sem vontade própria", como também que os noviços "recebiam ordens de ter uma postura corporal ereta, de onde pousar os olhos ao tratar com superiores, e de garantir que as mãos nunca passassem perto dos genitais". Ele também observa que o treinamento dos soldados foi modelado pela disciplina monástica e que "jogar os ombros para trás e enrijecer a coluna constituem um modo eficaz para inibir impulsos sensuais", e que "um corpo moldado dessa maneira por anos de treinamento se torna uma ferramenta eficaz das políticas nacionais, que provavelmente não vai oferecer resistência a ordens em momentos não apropriados" (ibid., p.96).
7. Ver Jean Kilbourne, *Can't Buy My Love* (New York: Touchstone Books, 2000).
8. Lisa Singer, "Do You Apologize Too Much?" em *Glamour* (June 1998):105.
9. Riane Eisler e David Loye, *The Partnership Way* (Brandon: Holistic Education Press, 1998).
10. Alice Burmeister com Tom Monte, *The Touch of Healing* (New York: Bantam, 1997) [*O toque da cura*. São Paulo: Aquariana, 2014.]; Shakti Gawain, *Creative Visualization* (Novato: Nataraj Publishing, 1998); Thich Nhat Hanh, *Present Moment, Wonderful Moment: Mindfulness Verses for Daily Living* (Berkeley: Parallax Press, 1990). [*Momento presente, momento maravilhoso – versos para cultivar a plena atenção na vida diária*. São Paulo: Sextante, 2004.]
11. Chris McMullen, "Mortal Kombat – Main Review (Divine Thing)".
12. Estas questões e outras relacionadas são exploradas em profundidade em Riane Eisler, *O prazer sagrado*, em particular nos capítulos 9 a 14.
13. John Robbins, *Reclaiming Our Health* (Tiburon: H.J. Kramer, 1996), p.179.
14. Andrew Weil, *Eight Weeks to Optimum Health* (New York: Alfred A. Knopf, 1997). Ver também Christiane Northrup, *Women's Bodies, Women's Wisdom* (New York: Bantam, 1994).
15. Riane Eisler e Dan Levine, "Nurture, Nature and Caring: We Are Not Prisoners of Our Genes", em *Brain and Mind* 3 (2002).
16. Michael Liebowitz, *The Chemistry of Love* (New York: Berkeley, 1983).
17. Para uma discussão mais detalhada, ver capítulo 9 de Eisler, *O prazer sagrado*.

Capítulo 2

1. Para um bom sumário, ver David Loye, *Darwin's Lost Theory of Love* (New York: iUniverse, 2000). Para educadores, a seção sobre evolução em Eisler, *Tomorrow's Children: A Blueprint for Partnership Education in the 21st Century* (Boulder: Westview Press, 2000).
2. Isto é discutido em maior profundidade em Eisler, *O prazer sagrado*; Eisler, *Tomorrow's Children*; Eisler e Levine, "Nurture, Nature and Caring: We Are Not Prisoners of Our Genes" e Riane Eisler e Daniel Levine, *The Caring Brain*, obra em andamento.
3. Os cães também têm grande capacidade de empatia e acolhimento.
4. Uma fonte para pais, professores e qualquer pessoa interessada em aprender mais sobre estas descobertas e as implicações para o cuidado com as crianças é o vídeo *I Am Your Child: The First Years Last Forever*, apresentado por Rob Reiner e produzido pela Reiner Foundation. Ver www.iamyourchild.org.
5. Ver por exemplo Dennis D. Embry e Daniel J. Flannery, "Two Sides of the Coin: Multilevel Prevention, Intervention, and Social Policy to Reduce Youth Violent Behavior" em *Youth Violence: Prevention, Intervention and Social Policy*, ed. D.J. Flannery e C. Ronald Huff (Washington: American Psychiatric Press, 1998); B.D. Perry e J.E. Marcellus, "The Impact of Abuse and Neglect on the Developing Brain", *Colleagues for Children* 7 (1997):1-4, Missouri Chapter of the National Committee to Prevent Child Abuse. Disponível em: https://www.scholastic.com/teachers/articles/teaching-content/impact-abuse-and-neglect-developing-brain/. Acesso em: 12 mai. 2021.
6. Eisler e Levine, *The Caring Brain*.
7. Rob Koegel, "Healing the Wounds of Masculinity" em *Holistic Education Review* 7 (março 1994):42-49.
8. Karen Taylor, "Blessing the House" em *Journal of Psychohistory* 15 (Summer 1987):431-54.
9. Raffael Scheck, "Childhood in German Autobiographical Writings, 1740-1820" em *Journal of Psychohistory* 15 (Summer 1987):391-422.
10. Ver por exemplo Hanna Rosin, "A Tough Plan for Raising Children Draws Fire: 'Babywise' Guides Worry Pediatricians and Others", *Washington Post* (27 fevereiro 1999), p.A01, para um relato alarmante sobre o dano causado a pais e filhos por esta abordagem. Ver também Hanna Rosin, "Critics Question Extreme Childrearing Method", *Washington Post*, p.A01.
11. Hanna Rosin, "A Tough Plan for Raising Children Draws Fire: 'Babywise' Guides Worry Pediatricians and Others", Washington Post (27 fevereiro 1999), p.A01.
12. William e Martha Sears, *The baby book* (New York: Little Brown, 1993); Penelope Leach, *Your baby and child* (New York: Knopf, 1997); e Thomas Gordon, *Parent effectiveness training* (New York: Three Rivers Press, 2000).
13. Penelope Leach, "New Thinking on... Violent Toys, Toilet Mastery, Positive Discipline, and More" em *Child* (abril 1998):62.
14. Hyman citado em Margery D. Rosen, "Is It Ever Okay to Spank Your Child?" em *Child* (setembro 1997):20.
15. Dave Grossman e Gloria Digaetano, *Stop Teaching Our Kids to Kill: A Call to Action Against TV, Movie and Video Game Violence* (New York: Crown Publishers, 1999).
16. Um bom vídeo a este respeito é *Tough Guise: Violence, Media & The Crisis in Masculinity*, apresentado por Jackson Katz, produzido pela Media Education Foundation (www.mediaed.org).

17. Riane Eisler, *Dissolution: No-Fault Divorce, Marriage and the Future of Women* (New York: McGraw-Hill, 1977), e Riane Eisler, *The Equal Rights Handbook: What ERA Means to Your Life, Your Rights and the Future* (New York: Avon, 1978). Ambos estão agora disponíveis em www.iUniverse.
18. William H. Masters e Virginia E. Johnson, *The Pleasure Bond* (New York: Bantam Books, 1976).
19. Julian N. Davidson, "The Psychobiology of Sexual Experience" em *The Psychobiology of Consciousness*, ed. Julian N. Davidson e Richard J. Davidson (New York: Plenum Press, 1980).
20. Ver Eisler, *O prazer sagrado*.
21. Harvey Jackins, *The Human Side of Human Beings: The Theory of Re-Evaluation Counseling* (Seattle: Rational Island Publishers, 1982).

Capítulo 3

1. Alice M. Isen, "Positive Affect and Decision Making", em *Handbook of Emotions*, ed. M. Lewis e J.M. Haviland (New York: Guilford, 1993), p.264.
2. Ibid., p.261.
3. Ibid., p.264.
4. Alice M. Isen, "The Asymmetry of Happiness and Sadness in Effects on Memory in Normal College Students" em *Journal of Experimental Psychology General* 114 (1985):388-91; K. Duncker, "On Problem Solving" em *Psychology Monographs* 58 (n. 5, ver o exemplar na íntegra) (1945). Outra experiência foi a de mostrar que este tipo de resultado era de fato devido a emoções positivas e não meramente à excitação emocional. Neste caso, foi induzido um efeito negativo mostrando aos sujeitos trechos de um documentário sobre campos de concentração nazistas. Embora as emoções tenham sido fortemente excitadas, os sujeitos deste experimento não tiveram desempenho melhor que o grupo de controle. [Alice M. Isen, "Positive affect, cognitive processes and social behavior", v.20 de *Advances in Experimental Social Psychology*, ed. L. Berkowitz (New York: Academic Press, 1987), p.203-253].
5. Rosabeth Moss Kanter, *When Giants Learn to Dance: Mastering the Challenge of Strategy, Management, and Careers in the 1990s* (New York: Simon and Schuster, 1990), p.32.
6. Thomas Peters e Robert Waterman, *In Search of Excellence* (New York: Harper & Row, 1982), p.86. [*Vencendo a Crise*. São Paulo: Harper Row Brasil, 1983.]
7. John Naisbitt e Patricia Aburdene, *Reinventing the Corporation* (New York: Warner Books, 1986).
8. Clement Russo, "Productivity Overview: Recognizing the Human Dimension" em *ReVISION* 7.2 (Winter 1984/Spring 1985):68-73.
9. Dennis T. Jaffe e Cynthia D. Scott, *Take This Job and Love It: How to Change Your Work Without Changing Your Job* (New York: Simon and Schuster, 1988), p.159.
10. Brian Dumaine, "Creating a New Company Culture" em *Fortune* (15 janeiro 1990).
11. Para a história da VISA ver Dee Hock, *Birth of the Chaordic Age* (San Francisco: Berrett-Koehler Publishers, 1999). [*Nascimento da era caórdica*. São Paulo: Cultrix, 2000.]
12. Jeff Gates, *The Ownership Solution* (New York: Basic Books, 1998).
13. John W. Frank e J. Fraser Mustard, "The Determinants of Health from a Historical Perspective" em *Daedalus* 123.4 (Fall 1994):8-9.

14. Sally Helgesen, *The Female Advantage: Women's Ways of Leadership* (New York: Doubleday, 1990).
15. Por exemplo, 43 por cento dos estudantes de medicina são mulheres. [Em 2014, esse número cresceu para 48%, conforme página de internet da AMA – https://www.ama-assn.org/education/medical-school-diversity/what-newest-medical-class-looks. Acesso em: 10 mai. 2021.]
16. Susan G. Butruille, "Corporate Caretaking" em *Training and Development Journal* (abril 1990).
17. Riane Eisler, David Loye e Kari Norgaard, *Women, Men and the Global Quality of Life* (Pacific Grove: Center for Partnership Studies, 1995), ver particularmente p.50-52.
18. Ver Eisler, *Tomorrow's Children*.
19. Um exemplo de moeda comunitária é o HOUR, emitido pela Bow Chinook Barter Community ou BCBC, em Calgary, no Canadá. A BCBC usa um jornal bimensal, churrascos mensais e a página de internet (www.bcbc.ab.ca/) para aproximar empresas e indivíduos que querem obter o que precisam sem usar dinheiro. Para facilitar o escambo, a BCBC imprimiu uma moeda local chamada Bow Chinook HOUR, que lhe permite comprar e vender bens e serviços. Cada Bow Chinook HOUR vale $10,00 ou uma hora do tempo das pessoas. [Em 2002, a Bow Chinook HOUR foi substituída pela Calgary Dollars, e seu projeto foi renomeado igualmente. Ver www.calgarydollars.ca . Acesso em: 10 mai. 2021.]

Capítulo 4

1. Ver "Consumer Reports Finds Pesticide Residues Too High in Some Domestic and Imported Produce", Consumer Policy Institute (18 fevereiro 1999). Nesta análise – a primeira deste tipo – de dados governamentais sobre 27 mil amostras de produtos nacionais e importados, *Consumer Reports* constatou que até uma única dose diária de alguns produtos pode deixar resíduos de pesticidas tóxicos em níveis não seguros para crianças pequenas. Seguem-se alguns trechos: "Embora praticamente todos os alimentos testados estivessem dentro dos limites legais, esses limites frequentemente não concordam com aquilo que o governo considera seguro para crianças pequenas [...] A análise mostrou que sete frutas e legumes comuns (maçã, uva, vagem, feijão, pêssego, pera, espinafre e abóbora) apresentam níveis de toxicidade até centenas de vezes mais altos que o restante dos alimentos analisados [...] Os produtos nacionais tinham mais pesticidas, ou pesticidas mais tóxicos, que os importados em dois terços dos casos em que foram testados os importados [...] As constatações são especialmente pertinentes às crianças, que consomem muito mais alimentos por quilo de peso corporal que os adultos, e que são mais sensíveis ao efeito dos pesticidas porque o sistema nervoso está em desenvolvimento. Alguns pesticidas são suspeitos de causarem câncer e alguns podem interferir com a atividade endócrina.
O que os pais podem fazer: (1) evitar dar às crianças quantidades grandes dos alimentos com níveis mais altos de toxicidade; (2) descascar os alimentos com níveis altos de toxicidade, tais como maçãs, pêssegos e peras; (3) lavar os produtos com um detergente de lavar louça bastante diluído, uma providência importante para folhas verdes; e (4) comprar produtos organicamente cultivados (quando a *Consumer Reports* testou produtos orgânicos em 1998, encontrou pouco ou nenhum resíduo de pesticidas tóxicos)."
Para mais informações sobre este relatório, ver https://advocacy.consumerreports.org/wp-content/uploads/2013/04/Do_You_Know.pdf. Acesso em: 20 abr. 2021. Para a compara-

ção da *Consumer Reports* entre produtos comuns e orgânicos, ver o artigo em https://www.consumerreports.org/cro/index.htm.
2. Ver John Robbins, *The Food Revolution: How Our Diet Can Help Save Your Life and the World* (Berkeley: Conari Press, 2001).
3. Em *Tomorrow's Children*, proponho que, em lugar de ensinar história moderna na forma de datas e sucessões de governantes, deveríamos ensinar os jovens a identificar os padrões subjacentes ao movimento para a parceria e as regressões periódicas provocadas pelos que se opõem a ele.
4. Alguns aumentos nas estatísticas devem-se ao fato de esta violência antes não ser relatada. Os responsáveis não eram processados e frequentemente se punha a culpa nas vítimas.
5. Organizações como a Responsible Wealth (Tel.: +1 (617) 423-2148 - www.responsiblewealth.org/ Acesso em: 3 jun. 2021) oferecem informações confiáveis e trabalham os problemas de política pública que a reconcentração de riqueza traz para a sociedade democrática.
6. United States Bureau of the Census Current Population Reports, Series P-60, n.146, 1989; Steven Rose, *The American Profile Poster* (New York: Pantheon Books, 1986) p.31; e Paul Krugman, "Disparity and Despair" em *U.S. News and World Report* (23 março 1992):54.
7. Dados do recenseamento dos Estados Unidos, citados em Randolph E. Schmid, "Income, But Not for the Poor" em *The Associated Press*, 30 setembro 1997.
8. Citado em Louis Uchitelle, "As Class Struggle Subsides, Less Pie for the Workers" em *The New York Times*, 5 dezembro 1999.
9. *The Forbes 400, Forbes*, 11 outubro 1999. Ver também www.forbes.com.
10. United Nations Development Program, *Human Development Report* 1998 (New York: Oxford University Press, 1998), p.29-30.
11. G. William Domhoff, *Who Rules America?* (New York: Prentice Hall, 1967). Hazel Henderson, *Building a Win-Win World* (San Francisco: Berrett-Koehler Publishers, 1996); David Korten, *When Corporations Rule the World* (San Francisco: Berrett-Koehler Publishers, 1995); Nancy Folbre, *The New Field Guide to the U.S. Economy* (New York: New Press, 1995) [*Quando as corporações regem o mundo*. Ed. Futura, 1996.]; Jerry Mander e Edward Goldsmith, eds., *The Case Against the Global Economy* (San Francisco: Sierra Books, 1996); e Jeff Gates, *The Ownership Solution* (Boulder: Perseus Books, 1999). Bill Bigelow, ed., *Rethinking Our Classrooms: Teaching for Equity and Justice* (Milwaukee: Rethinking Schools, 1994), particularmente os artigos "Math, Equity and Economics", p.94 e "Teaching for Social Justice: One Teacher's Journey" de Rob Peterson, p.30. Holly Sklar, "Imagine a Country" em *Teaching Sociology* 22.1 (janeiro 1994):131-43.
12. Ver https://www.cato.org/sites/cato.org/files/pubs/pdf/pa241.pdf. Acesso em: 2 jun. 2021.
13. Em vez de relatar como os gigantes da energia controlam as agências regulamentadoras e as políticas federais, a cobertura dada pelos meios de comunicação a estas chocantes conexões tem sido, quando muito, pontual e fragmentada. Ver por exemplo "Energy Chief Unfazed by Legal Threat" em *Los Angeles Times* (31 maio 2001, p.A10) com apenas um parágrafo sobre como os funcionários da Califórnia estimam que já foram cobrados do estado seis bilhões de dólares em excesso e no entanto a Federal Energy Regulation Commission ordenou o ressarcimento de apenas US$ 124 milhões; Stella M. Hopkins e Peter Wallsten, "Price Spikes Revealed" em *The Monterey County Herald* (2 junho 2001, p.A1) relatando uma análise de documentos federais que "oferece uma rara visão pública sobre a política

de preços cuidadosamente oculta pelo tumultuado mercado de energia da Califórnia"; e Joseph Kahn, "Bush Advisers on Energy Report Tie to Industry" em *New York Times News Service* (3 junho 2001, p.A3), com um único parágrafo informando que a Enron, com sede no Texas, é um dos maiores contribuintes da campanha do presidente Bush.

14. Ben Bagdikian *The Media Monopoly*, 6 ed (Boston: Beacon Press, 2000). Como assinala Bagdikian, as fusões nos meios de comunicação autorizadas pela Legislação de Telecomunicações de 1996 resultaram na mais radical consolidação do controle dos meios na história dos Estados Unidos, revertendo mais de sessenta anos de legislação de comunicações. A maioria dos megaempresários são desse país, mas há também poderosas empresas estrangeiras, como a gigante alemã Bertelsmann, uma das maiores editoras de livros do mundo, (proprietária da Random House e de todas as suas editoras subsidiárias nos Estados Unidos), uma das maiores empresas de música (BMG e muitas outras) e proprietária de inúmeras revistas na Europa e Estados Unidos. Outro megaempresário estrangeiro de comunicações é o príncipe Alwaleed da Arábia Saudita, que segundo se estima vale US$ 20 bilhões, e que tem substancial participação na News Corp. de Murdoch, na Netscape Communications, Apple Computer, America Online, Disneyland de Paris e outros meios em seu imenso portfólio de investimentos. Para um livro sobre os megaempresários dos meios de comunicação, ver Alma e Rod Holmgren, *Outrageous Fortunes* (Carmel: Jackson Press, 2001).
15. George Gerbner, comunicação pessoal com a autora, 1999.
16. Isto foi repetidamente documentado por estudos realizados pela Annenberg School of Communications Cultural Indicators Project.
17. George Gerbner, "The Turtles Live to Ooze Again" em *Journal of the Center of Commercialism*, v.1, n. 3 (outubro 1991). Pode ser encomendada uma cópia dos artigos do professor Gerbner ao Cultural Environment Movement, P.O. Box 31847, Philadelphia, PA 19104. Reflita sobre o aumento de crianças mortas por crianças, como o menino de quatro anos na Georgia que pisoteou até a morte um bebê de quinze meses, e o menino de doze anos em Washington que matou seu primo de dezenove meses batendo-o repetidamente no chão; estas crianças estavam em lares onde as lutas eram "diversão familiar" (Jacqueline Cutler, "Warning: TV Could Be Dangerous to Your Child's Health" em *The Monterey County Herald TV Guide*, 3 junho 2001, p.3). As crianças imitam o que veem, e o aumento de crimes como estes é um dos resultados mais visíveis e chocantes da constante dieta de violência nos meios de comunicação de massa.
18. Há ótimos videogames não violentos, como o Myst. Mas jogos como Doom, Time Crisis e Postal literalmente ensinam as crianças a matar. Para uma excelente entrevista breve com o tenente-coronel David Grossman, que explica que esses videogames são como os simuladores usados pelos militares para ensinar os soldados a matarem, com efeitos psicológicos similares, ver http://www.fpsdanger.com/SKIRMI.htm. Ver também Grossman e Degaetano, *Stop Teaching Our Kids to Kill: A Call to Action Against TV, Movie and Video Game Violence*, op.cit.
19. Um bom vídeo sobre isto é *The Myth of the Liberal Media: The Propaganda Model of News*, produzido e distribuído pela Media Education Foundation – https://www.mediaed.org/ Acesso em: 21 abr. 2021.
20. Jim Hightower, *There's Nothing in the Middle of the Road But Yellow Stripes and Dead Armadillos* (New York: Harper Perennial, 1997), p.113.

21. Visite www.commoncause.org. A Common Cause é uma ótima fonte de informação para campanhas que visam a reforma Financeiro e o poder corporativo, dois assuntos interconectados. Os contatos da Common Cause são: 805 15th Street, NW, Suite 800, Washington, DC 20005; Tel.: +1 (202) 833-1200. Acesso em: 3 jun. 2021.
22. Jonathan D. Salant, "Tobacco Giants Gave Millions to Politicians" em *The Associated Press* (reimpresso em *The Monterey County Herald*, 23 fevereiro 1999, p.A6). Ver também "...Just Follow the Money" em *San Francisco Chronicle* (19 junho 1998):A22; David Tannenbaum, "Buying Votes, Buying Friends: Tobacco Industry Political Influence" em *Multinational Monitor*, 19 (jul-ago 1998):11-19; David Espo, "Senate Stubs Out Tobacco Measure" em *The Monterey County Herald*, 18 junho 1998):A1.
23. Os números são do The Center for Responsible Politics, relatado por Arthur L. Rowse, "A Lobby the Media Won't Touch" em *Washington Monthly* (maio 1998):9. O colunista William Safire chamou a este ato de "uma facada em escala mais vasta do que sonhariam os barões ladrões de ontem" *apud* Alma e Rod Holmgren, *Outrageous Fortunes*, op.cit., p.ix). Como Ben Bagdikian documenta extensamente em seu livro *The Media Monopoly*, apesar de aparentemente a Legislação de Telecomunicações de 1996 ter sido aprovada para promover mais concorrência e preços mais baixos – nenhum dos quais jamais se concretizou – ela abriu caminho para as maiores fusões do setor da história dos Estados Unidos.
24. Ver http://www.emperors-clothes.com/doc/camps.htm e www.tenc.net (Emperor's Clothes) [Acessos em: 6 mai. 2021] para uma separata do artigo de Tim Weiner, "Afghan Taliban Camps Were Built by NATO" em *The New York Times*, 24 agosto 1998. Weiner observou que "a resistência afegã foi apoiada pelos serviços de inteligência dos Estados Unidos e da Arábia Saudita com mais ou menos US$ 6 bilhões em armamentos". Como observou o editor de Emperor's Clothes: "Este artigo do *N.Y. Times* apareceu logo depois que os Estados Unidos bombardearam uma fábrica de comprimidos no Sudão e instalações no Afeganistão." O presidente Clinton foi à TV e disse que as instalações afegãs bombardeadas eram "instalações e infraestrutura terrorista no Afeganistão. Nossas forças alvejaram uma das mais importantes bases terroristas em atividade no mundo [...] um campo de treinamento para literalmente milhares de terroristas de todo o globo". A parte mais importante do material de Weiner, infelizmente relevante hoje, é que o território alvejado era "um conjunto de seis acampamentos ao redor de Khose, onde o exilado saudita Osama bin Laden financiou uma espécie de universidade terrorista" que era "bem conhecida da Central Intelligence Agency (CIA)". O motivo pelo qual era bem conhecida, segundo este artigo do *N.Y. Times* que hoje é geralmente ignorado, é que "o apoio financeiro e militar da CIA para os rebeldes afegães indiretamente ajudou a construção dos campos [...] E alguns dos mesmos guerreiros que lutaram contra os soviéticos com ajuda da CIA agora estão lutando sob a bandeira do Sr. bin Laden." A cobertura do *Times* dos bombardeios ordenados por Clinton é também discutida em "Credible Deception" [Engano verossímil] em http://www.emperors-clothes.com/articles/jared/sudan.html. Ver também Norman Markowitz, "Who is Osama bin Laden?" em *History News Service*, 13 setembro 2001.
25. Ver por exemplo Ben Bagdikian *The Media Monopoly*, Robert McChesney, *Rich Media, Poor Democracy* (Champaign: University of Illinois Press, 1999); e Dean Alger, *Megamedia: How Giant Corporations Dominate Mass Media, Distort Competition, and Endanger Democracy* (Lanham: Rowland & Littlefield, 1998).

26. Sheldon Rampton e John Stauber, *Trust Us, We're Experts* (New York: Tarcher/Putnam, 2001).
27. Ibid., p.32.
28. "World Scientists Warning to Humanity", declaração publicada pela Union of Concerned Scientists, abril 1993. Disponível em: https://www.ucsusa.org/resources/1992-world-scientists-warning-humanity. Acesso em: 6 jun. 2021. A Union of Concerned Scientists está localizada em 2 Brattle Square, Cambridge MA 02138, USA.
29. Relatado por John Robbins, *The Food Revolution* (Berkeley: Conari, 2001), p.274.
30. Ibid., p.47.
31. Elizabeth Schüssler Fiorenza, *In Memory of Her* (New York: Crossroad, 1983).
32. Ver Eisler, *O cálice e a espada*, capítulo 9.
33. Boris Johnson, "What Islamic Terrorists Are Really Afraid of is Women" em *Daily Telegraph* (27 setembro 2001): página de comentários e opiniões, disponível em www.dailytelegraph.com/opinion. Ver também Helen Knode, "The School for Violence: A Conversation with Riane Eisler", *LA Weekly* (28 setembro a 4 outubro 2001).
34. Charles Sykes, "The Ideology of Sensitivity" em *Imprimis* 21.7 (julho 1992).
35. Uma boa fonte para informações sobre os gastos militares é a página de internet da War Resisters League, www.warresisters.org/ Acesso em: 6 mai. 2021. Por exemplo, enquanto a estatística oficial do orçamento militar de 2002 é 23 por cento do orçamento total, de acordo com os cálculos dessa instituição os gastos militares chegam a 47 por cento quando você soma os 24 por cento destinados aos veteranos e 80 por cento dos juros da dívida nacional originária de gastos militares anteriores. A War Resisters League pode ser contactada em War Resisters League 168 Canal St, Suite 600. New York, NY 10013.
36. Ver Nomi S. Wronge, "Study Links High-Quality Child Care to Low Rates of Juvenile Delinquency" em *San Jose Mercury News* (15 março 2001), p.15A.
37. Ver o capítulo 7 deste livro para um breve sumário; ver também *O cálice e a espada, O prazer sagrado, Tomorrow's Children* e *The Partnership Way*.
38. Ken Kusmer, "Muslims confront domestic abuse" em *The Associated Press* (14 outubro 2000).
39. O programa de Richard Grossman sobre Corporações, Direito e Democracia (P.O. Box18465, Cleveland Heights, Ohio 44118; Tel.: +1 (508) 398-1145; www.poclad.org. Acesso em: 3 jun. 2021) tem feito um extenso trabalho nessa área.
40. Recursos disponíveis em https://centerforpartnership.org/take-action/teacher/ [Acesso em: 11 jun. 2021] do Center for Partnership Studies, bem como o livro *Tomorrow's Children e o guia Partnership Education in Action* (um guia do CPS para professores e outros educadores) podem ajudá-lo nessa tarefa.
41. Para uma descrição mais detalhada da PODER, ver Hightower, *There's Nothing in the Middle of the Road But Yellow Stripes and Dead Armadillos*, op.cit. p.177-81.
42. Precisamos libertar nossos meios de comunicação de massa do controle comercial centralizado e, como ressalta Gerry Mander, aproveitar as tecnologias não centralizadas como a internet.

Capítulo 5

1. Ver http://www.emperors-clothes.com/doc/camps.htm e www.tenc.net [Acessos em: 6 mai. 2021.] (Emperor's Clothes) para uma separata do artigo de Tim Weiner, "Afghan Taliban Camps Were Built by NATO" em *The New York Times* (24 agosto 1998).

2. Para informações sobre o Earth Charter, que traça princípios básicos para servirem de diretrizes para novas leis, inclusive "igualdade dos gêneros e equidade como pré-requisitos para o desenvolvimento sustentável", contacte Earth Council, P.O. Box 138-6100, San José, Costa Rica, e-mail: info@earthcharter.org.
3. Para detalhes sobre a ajuda militar à Indonésia, ver http://historylinks.freeservers.com/article11.html, que dá números exatos remontando a 1980. Ver especialmente a coluna MAP, que é a verdadeira ajuda concedida – não vendas ou empréstimos. Verifique 1980! Ver também www.fas.org [Acesso em: 6 mai. 2021], uma página de internet da Federation of American Scientists Arms Sales Monitoring Project, que documenta que os Estados Unidos foram o principal apoio dos militares indonésios: "Os Estados Unidos já venderam US$ 1,25 bilhões de armas para a Indonésia desde 1975. Os Estados Unidos também forneceram algum tipo de assistência de segurança praticamente todos os anos desde 1950, incluindo US$ 388 milhões em doações e empréstimos para pagar as armas americanas."
4. Robert Scheer, "Bush's Faustian Deal With the Taliban" em *Los Angeles Times* (22 maio 2001). O presente foi para obter uma promessa do Talibã de que proibiria o cultivo do ópio. Mas, como escreve Scheer, embora alguns fazendeiros possam cumprir a promessa (já que, sob o Talibã, aqueles que transgridem regras, até as de pouca importância, são espancados no local pela polícia religiosa ou apedrejados até a morte), mesmo na época era altamente duvidoso que a proibição pudesse ser eficaz. Ele observou que a maioria dos fazendeiros que cultivam papoulas não teriam outro meio de sobrevivência. De qualquer forma, como observou, "não há quase nenhuma dúvida de que o Talibã mais uma vez vai recorrer à cultura do ópio, facilmente tributada, para continuar no poder". Ver também www.mapinc.org/media/248 [Acesso em: 6 mai. 2021].
5. Charlotte Bunch e Nimh Reilly, *Demanding Accountability: The Global Campaign and Vienna Tribunal for Women's Human Rights*. [New Brunswick: Center for Women's Leadership, Rutgers University e New York: United National Development Fund for Women (UNIFEM), 1994].
6. "A Landmark Ruling on Rape" em *The New York Times* (24 fevereiro 2001).
7. Abida e eu escrevemos juntas um poema que foi lido em inglês, suaíli, francês, espanhol, alemão, russo e urdu durante a Terceira Conferência das Nações Unidas sobre as Mulheres em Nairobi, Quênia, em 1985. Chamava-se "Paean to Women" e honra as mulheres de todos os continentes em sua luta contra as tradições de dominação.
8. Para um importante trabalho sobre este assunto, ver Fran Hosken, *The Hosken Report: Genital and Sexual Mutilation of Females*, 4ª ed. (Lexington: Women's International Network News, 1994). Para o comovente relato de uma jovem que, ameaçada de mutilação genital, fugiu de sua terra natal e conseguiu obter asilo político nos Estados Unidos, ver Fauziya Kassindja e Layli Miller Bashir, *Do They Hear You When You Cry* (New York: Delacorte Press, 1998) [*O silêncio das lágrimas*. Lisboa: Bertrand Editora, 1999.] Embora esta prática brutal, feita frequentemente sem anestesia e nem mesmo um mínimo de higiene, mate muitas crianças e cause danos às sobreviventes pelo resto da vida, com risco inclusive de uma posterior síndrome de choque tóxico, quando as mulheres começaram a pedir apoio a organizações de direitos humanos, a resposta foi de que não era possível interferir nas tradições culturais de outros povos.
9. Hoje, a Anistia Internacional publica o boletim Women's Rights Watch, graças aos esforços dos defensores de direitos das mulheres que por anos lutaram contra transgressões dos di-

reitos humanos que são toleradas com base na não interferência nas tradições. Um artigo decisivo foi Riane Eisler, "Human Rights: Toward an Integrated Theory for Action" em *Human Rights Quarterly* 9.1 (novembro 1987), a primeira vez em que uma matéria sobre esta questão foi publicada por um periódico de direitos humanos influente. A questão está longe de estar resolvida, como se vê em Susan Moller Okin, "Is Multiculturalism Bad for Women?" em *Boston Review* (outubro/novembro 1997), que trata do uso da diversidade multicultural para justificar transgressões de direitos humanos, particularmente dos direitos humanos de mulheres. Outra discussão deste problema é a lúcida análise em Ann Elizabeth Mayer, "Comment on Majid's 'The Politics of Feminism in Islam'" em *Signs* (winter 1998):369-76.
10. Amartya Sen, "More than 100 million Women are Missing" em *New York Review* (20 dezembro 1990):61-66.
11. United Nations Development Program, *1995 Human Development Report* (New York: Oxford University Press, 1995), p.35. Este relatório, publicado para o ano da Conferência das Nações Unidas sobre as Mulheres em Pequim, é infelizmente único na riqueza de dados estatísticos focalizando a discriminação por gênero.
12. Ibid. p.35.
13. Riane Eisler, David Loye e Kari Norgaard, *Women, Men and the Global Quality of Life* (Pacific Grove: The Center for Partnership Studies, 1995), p.6-7.
14. United Nations Development Program, *1990 Human development report* (New York: Oxford University Press, 1990), p.130, 158.
15. Eisler, Loye e Norgaard, *Women, Men and the Global Quality of Life*, op.cit.
16. Raffi, "The Loving Challenge: A Child-Honoring Society". [Raffi Cavoukian é fundador da Raffi Foundation for Child Honouring, https://raffifoundation.org/. Acesso em: 6 mai. 2021.]
17. Ruth Leger Sivard, *World Military and Social Expenditures 1991* (Washington: World Priorities, 1991), p.5.
18. Michael Renner, "Transforming Security", em *State of the World 1997*, ed. Lester R. Brown (New York: W.W. Norton, 1997), p.131.
19. United Nations Development Program, *Human Development Report 1998* (New York: Oxford University Press, 1998), p.29-30. Este relatório também fornece um quadro de riqueza média para as 225 pessoas mais ricas do mundo, por região, indo desde uma média de US$ 2 bilhões na África subsaariana até US$ 7,1 bilhões nos estados árabes (ver tabela 1.3, p.30).
20. Lois Woestman, "Male Chauvinist SAPs: Structural Adjustment and Gender Policies", um boletim informativo incluído na *EURODAD* (dezembro 1994-janeiro 1995).
21. Hazel Henderson, "Accounting for the Love Economy" em *Futures* (outubro 1998). Henderson está trabalhando com o Fundo Calvert em Indicadores Nacionais de Futuro, cuja primeira versão é o Calvert-Henderson Quality-of-Life Indicators para os Estados Unidos (ver https://www.un.org/esa/sustdev/natlinfo/indicators/idsd/pdf/power_of_indicators.pdf. Acesso em: 6 mai.2021).
22. Ver Helen Knode, "The School for Violence: A Conversation With Riane Eisler", *LA Weekly* (28 setembro a 4 outubro 2001).
23. Korten, *When Corporations Rule the World*, op.cit.
24. Gates, *The Ownership Solution*, op.cit., p.74. Este livro oferece uma excelente análise das inadequações das atuais regras econômicas, bem como propostas de alternativas eficazes.

25. Uma variante da moeda comunitária é a página de internet de Friendly Favors [http://favors.org/FF/ Acesso em: 10 mai. 2021], uma comunidade virtual iniciada por Sergio Lub em 1999. Os associados da Friendly Favors oferecem mutuamente seus produtos ou serviços a uma taxa de desconto de 10 a 100 por cento (gratuito). Esses descontos e/ou presentes são reconhecidos com Thankyous. Quando uma pessoa escreve um Thankyou pela economia que teve em um produto ou serviço recebido, assume o compromisso moral de devolver Favors para outros na comunidade. Friendly Favors permite que as comunidades identifiquem seus associados mais generosos, oferecendo modelos positivos de comportamento para os jovens. Também reconhece serviços e presentes que normalmente não são reconhecidos pela economia monetária. Para tornar-se associado é preciso ser indicado por alguém que já seja associado, e os associados podem residir em qualquer lugar do mundo.
26. Vários grupos destes estão descritos neste livro, bem como em *O prazer sagrado* e *Tomorrow's Children*.
27. "Children Overcome Poverty", *New Renaissance* 10, 3 (2001) 38-9 (Fonte: Share International). Ocean Robbins e Sol Solomom também são autores do maravilhoso livro *Choices for Our Future: A Generation Rising for Life on Earth* (Summerton: Book Publishing Company, 1994).
28. A CAPACITAR está localizada em 23 East Beach St., Suite 206, Watsonville, CA 95076, e-mail: capacitar@igc.apc.org, site https://capacitar.org. Acesso em: 6 mai. 2021.
29. Para mais informações sobre a SEWA, ver www.sewa.org; para informações sobre o movimento Green Belt, ver https://www.rightlivelihoodaward.org/ na página de prêmios de 1984 e http://www.greenbeltmovement.org/ [Acessos em: 6 mai. 2021].
30. Este documentário teve sua estreia em 11 de junho de 1998 na HBO e foi filmado em 21 países onde os cineastas falaram diretamente com as crianças.
31. Women's Environment & Development Organization (WEDO), 355 Lexington Avenue, 3rd Floor, New York, NY 10017-6603, www.wedo.com. Acesso em: 6 mai. 2021.
32. Como escreve Marie Cocco em "Levi's Deserve a Teen's Support" em *Newsday* (reproduzido em *The Monterey County Herald*, 3 março 1999, p.7A), Levi-Strauss foi a primeira empresa a determinar um código de conduta para a sua rede de fornecedores e uma das primeiras empresas a preocupar-se "se uma menina de dez anos de idade está entortando a coluna ou ficando cega porque costura calças jeans o dia inteiro e uma parte da noite".
33. Nos Estados Unidos, as mulheres ainda são menos que 20 por cento.
34. A Academia Nobel oferece um Prêmio da Paz e conferências nacionais organizadas por homens para chamar a atenção para a violência contra mulheres e combatê-la. Como escreveram dois homens escandinavos, Jorgen Lorentzen e Per Are Lokke: "Muitos homens passaram a acreditar que a violência contra uma mulher, criança ou outro homem é uma forma aceitável de controlar outra pessoa. Ao silenciarmos sobre a violência, permitimos que outros homens envenenem nosso próprio ambiente. Também permitimos a sobrevivência da imagem dos homens como seres perigosos. Estamos trabalhando para mudar esta imagem porque nos importamos com o que acontece na vida dos homens... Sem o interesse e o trabalho de homens nesta área, achamos que vai ser muito difícil pôr fim à violência. A violência doméstica é um problema dentro da masculinidade existente, e somos nós homens que temos que dar um fim a ela." (Jorgen Lorentzen e Per Are Lokke, "Men's violence against women: the need to take responsibility", apresentado no seminário internacional *Promot-*

ing Equality: A Common Issue for Men and Women, Palais de l'Europe, Strasbourg, França, 17-18 junho 1997, p.4).

Capítulo 6

1. Union of Concerned Scientists, "World Scientists Warning to Humanity", julho de 1992. Disponível em https://www.ucsusa.org/resources/1992-world-scientists-warning-humanity. Acesso em: 2 jun. 2021. The Union of Concerned Scientists, 2 Brattle Square, Cambridge MA 02138.
2. Para um sumário deste encontro científico, ver Seth Borenstein, "Effects of global warming may be worse than expected" em *The Monterey County Herald*, (19 fevereiro 2001):A6. Um estudo da National Academy of Sciences, encomendado pela Casa Branca e publicado a 7 de junho de 2001 também chegou à conclusão de que o aquecimento global "é real e particularmente pronunciado nos últimos vinte anos" e que uma das principais causas é a emissão de dióxido de carbono pela queima de combustíveis fósseis ("Scientists See Global Warming Rise" em *The Associated Press*, 7 junho 2001).
3. Como mostram Sheldon Rampton e John Stauber em *Trust Us, We're Experts*, bilhões são gastos em agências de relações públicas que dão o "tom" certo às políticas para nos empurrar de volta aos tempos em que os que estavam no alto tinham basicamente a liberdade de fazer o que queriam, p.7-30.
4. Mas apenas ter uma agência ambiental não é suficiente. Como documenta Jane Anne Morris, do Program on Corporations, Law and Democracy, em "Sheep in Wolf's Clothing", as agências reguladoras governamentais são muitas vezes títeres nas mãos dos poderosos interesses empresariais que elas deveriam regular. Jane Ann Morris, "Sheep in Wolf's Clothing" www.poclad.org. O Program on Corporations, Law and Democracy é uma excelente fonte de informações e ideias de ações para ajudar a nos levar para uma economia de parceria e não de dominação. Oferece muitos artigos, inclusive artigos de Richard Grossman, um dos pioneiros do movimento pela mudança dos contratos societários (*corporate charters*) para que as grandes empresas tornem-se social e ambientalmente responsáveis.
5. Mihajlo Mesarovic e Eduard Pestel, *Mankind at the Turning Point: The Second Report to the Club of Rome* (New York: Dutton, 1974).
6. Perdita Huston, *Third World Women Speak Out* (New York: Praeger, 1979), p.75.
7. Para uma análise, ver Riane Eisler, David Loye e Kari Norgaard, *Women, Men and the Global Quality of Life* (Pacific Grove: Center for Partnership Studies, 1995), p.43-7.
8. Kathleen Newland, "Choice Beyond Childbearing" em *Worldwatch Paper* 16 (Washington: Worldwatch, 1997).
9. "Report on Progress Toward World Population Stabilization" em *Closing the Gender Gap: Educating Girls* (Washington, D.C.: Population Action International, 1993).
10. Jeremy Rifkin, *The Biotech Century: Harnessing the Gene and Remaking the World* (New York: Tarcher/Putnam, 1998).
11. Editorial do *Economist*, citado em Jeremy Rifkin, "The Ultimate Therapy: Commercial Eugenics on the Eve of the Biotech Century", *Tikkun* (mai-jun 1998):36.

12. Ray Moseley, "'Frankenstein Foods' Cause Public Health Scare in Great Britain" em *Chicago Tribune,* London Bureau (reproduzido em *The Monterey County Herald,* 18 fevereiro 1999):A6.
13. Lauran Keergaard, "Biologic Terror Danger Real, Doctors Told" em *The Associated Press* (reproduzido em *The Monterey County Herald,* 17 fevereiro 1999: A3). O artigo cita o doutor D.A. Henderson da Johns Hopkins University, que liderou o esforço mundial contra a varíola e agora está mobilizando trabalhadores da saúde e o governo contra o bioterrorismo, sobre a realidade do problema. Também cita o coronel Gerald Parker, chefe de doenças infecciosas do Exército dos Estados Unidos, que disse que os piores agentes seriam o antraz e a varíola, e Jessica Stern, ex-diretora de Assuntos Russos, Ucranianos e Euro-Asiáticos do National Security Council, que apontou que já há precedentes para estes tipos de ataque no que aconteceu em 1985 no Oregon, quando uma seita religiosa envenenou restaurantes de saladas com salmonella, infectando 750 pessoas. Depois de uma série de assassinatos de médicos que oferecem serviços de aborto (com os nomes listados em uma página de internet, onde cada nome era riscado depois do assassinato) e muitas bombas contra clínicas, colocadas pelos assim chamados terroristas pró-vida, uma rodada de cartas foi mandada para clínicas em todos os Estados Unidos contendo substâncias em pó e notas dizendo que continham antraz. Embora esta ação tenha se revelado uma tática de amedrontamento para atrapalhar as operações e intimidar, ela mostra que alguns terroristas antiaborto estão contemplando a possibilidade de usar o terror biológico. ("Clinic Gets Letter with Alleged Anthrax Inside" em *The Monterey County Herald* (23 fevereiro 1999):A2.
14. David Orr, *Earth in Mind* (Washington: Island Press, 1994).
15. Um vídeo brilhante sobre isto é *Advertising and the End of the World,* disponível na Media Education Foundation.
16. Para um filme sobre o investigador que enfrentou a PG&E, ver *Erin Brockovich* com Julia Roberts. Para outra exposição de como as grandes empresas de petróleo negavam que seus depósitos que emitiam toxinas estivessem envenenando as pessoas que moravam perto, ver Jim Hightower, *There's Nothing in the Middle of the Road but Yellow Stripes and Dead Armadillos,* p.177-81.
17. Ver a página de internet do Natural Step, www.thenaturalstep.org.
18. Paul Hawken, Amory B. Lovins e L. Hunter Lovins, *Natural Capitalism: Creating the Next Industrial Revolution* (Boston: Little Brown & Company, 1999).
19. Para informações sobre fornos solares, a internet é uma boa fonte. Tudo, desde relatórios por país e artigos sobre as vantagens da cozinha solar até livros de receitas e painéis de discussão, pode ser encontrado em https://www.solarcookers.org/ Acesso em: 2 jun. 2021. Uma página de internet, www.sunoven.com, não apenas fornece informações sobre os benefícios e a história do cozimento solar, mas também vende fornos solares pela internet. Eles afirmam que os alimentos cozidos em forno solar não apenas ficam mais úmidos e com melhor sabor, como também retêm mais vitaminas.
20. Michael Renner, "Small Arms, Big Impact: The Next Challenge of Disarmament" em *Worldwatch Institute* (1997).
21. Nicolas Platon, *Crete* (Geneva: Nagel Publishers, 1966), p.148. Eu faço um sumário das evidências de uma grande transição na pré-história, passando de uma direção cultural anterior, mais orientada para a parceria, para o sistema dominador, em *O cálice e a espada* e *O prazer sagrado.* Ver também James Mellaart, *Catal Huyuk* (New York: McGraw-Hill, 1967); Marija

Gimbutas, *The Civilization of the Goddess* (San Francisco: HarperSanFrancisco, 1991); Nicolas Platon, *Zakros* (New York: Charles Scribner's Sons, 1971); Jacquetta Hawkes, *The Dawn of the Gods* (New York: Random House, 1968); Lucy Goodison, *Death, Women and the Sun* (London: University of London, 1989). Por exemplo, Gimbutas descreve a transição do que ela denomina a civilização da Europa Antiga (que remonta a mais ou menos 7000 a.C.) para as culturas posteriores, de tendências guerreiras e línguas indo-europeias. Eruditos como Jacquetta Hawkes descreveram a transição da civilização minoica, que floresceu na ilha de Creta até cerca de 1400 a.C., para seu período seguinte, o micênico, regido pelo indo-europeu. Em *The Chalice and the Blade in Chinese Culture,* uma obra que testa na Ásia minha teoria de transformação cultural, os eruditos da Academia Chinesa de Ciências Sociais, em Pequim, mostram que esta transição também ocorreu na Ásia. Ver Min Jiayin, *The Chalice and the Blade: Gender Relations and Social Models* (Beijing: China Social Sciences Publishing House, 1995). O estudo dos astecas, da antropóloga June Nash, mostra uma transição semelhante nas Américas. Também neste continente parece ter havido uma mudança, passando de uma sociedade em que as mulheres tinham um status mais alto e as guerras não eram endêmicas, para uma forma violenta de vida em que a dominação e a conquista passaram a ser idealizadas. Ver June Nash, "The Aztecs and the Ideology of Male Dominance" em *Signs* 4 (winter 1978).
22. Por exemplo, em 1968 um empresário visionário chamado Ed Bullard fundou a TechnoServe, acreditando que com as ferramentas, habilidades e conhecimentos adequados as pessoas conseguem superar até os mais ásperos desafios, e desde então a TechnoServe capacitou cerca de três milhões de pessoas em três continentes a lançarem prósperos empreendimentos rurais: fazendas, escolas e clínicas de saúde em 21 países. Para mais informações sobre o trabalho que a TechnoServe está fazendo, e sobre formas de você ajudar, por favor entre em contato com eles em 1777 N Kent Street, Suite 1100, Arlington, VA 22209 – Tel: +1 202 785 4515; Fax: +1 202 785 4544 - https://www.technoserve.org. Acesso em 1 jun. 2021.
23. A Packaging and Packaging Waste Directive (94/62/EC) [Diretiva de Embalagens e Desperdício de Embalagens] de 1994 cobre embalagens primárias, secundárias e terciárias para todos os produtos.
24. Estas tecnologias são essenciais em nossa época, em que as populações crescentes ameaçam os recursos naturais. 82 países já são incapazes de cultivar ou comprar alimentos suficientes para abastecer seu povo, as florestas estão sendo cortadas, as cidades estão superlotadas e cada vez mais poluídas – e na próxima geração três bilhões de jovens vão entrar em idade reprodutiva!
25. Uma boa fonte de educação e informação sobre esta questão é The Population Institute, www.populationinstitute.org. Acesso em: 6 mai. 2021.

Capítulo 7

1. A história de Ló está em Gênesis 19.
2. Ver por exemplo Apocalipse 21:8, 1 Coríntios 6:9, 2 Tessalonicenses 1:8-9, Salmos 9:17 e Marcos 16:16.

3. Papa Gregório o Grande, citado em Uta Ranke Heineman, *Eunuchs for the Kingdom of Heaven* (New York: Penguin, 1991), p.137. [*Eunucos pelo reino de Deus*. Rio de Janeiro: Editora Rosa dos Tempos, 2019.]
4. Para um excelente livro sobre a queima de bruxas, ver Anne Lewellyn Barstow, *Witchcraze* (London e San Francisco: Pandora, 1994). *The Burning Times*, um documentário pela premiada cineasta canadense Donna Read, é um relato dramático das caças às bruxas. [Disponível em: youtube.com/watch?v=34ow_kNnoro. Acesso em: 10 mai. 2021.] Existem muito mais fontes com informações sobre as Cruzadas e a Inquisição do que sobre as caças às bruxas, que ainda são em grande medida ignoradas pelos estudiosos. Até artigos de jornal tratam das Cruzadas; por exemplo, Karen Armstrong, escrevendo para o *New York Times Magazine* em 1999, observou que "quando os primeiros cruzados capturaram Jerusalém em julho de 1099, mataram cerca de trinta mil habitantes judeus e muçulmanos da cidade em dois dias. No Haram al-Sharif, o terceiro lugar mais sagrado do mundo islâmico, uma testemunha exultante relatou que o sangue chegava ao joelho dos cavalos. O massacre chocou muitos europeus, mas depois de poucos anos os monges estudiosos começaram a descrever os muçulmanos como "uma raça selvagem [...] que só serve para ser exterminada". Disponível em http://nytimes.com/1999/09/19/magazine/the-crusades-even-now.html. Acesso em: 10 mai. 2021.
5. Michael Lerner fala de duas vozes de Deus: a voz do Deus de amor e a voz projetando sobre Deus a crueldade, violência e dor acumuladas que, como vimos, é inerente em um modelo dominador de relações. Ver Michael Lerner, *Jewish Renewal: A Path to Healing and Transformation* (New York: Harper Perennial, 1995), p.87-95.
6. Ver James Mellaart, *Catal Huyuk* (New York: McGraw-Hill, 1967); Marija Gimbutas, *The Civilization of the Goddess* (San Francisco: HarperSanFrancisco, 1991); Nicolas Platon, *Zakros* (New York: Charles Scribner's Sons, 1971); Jacquetta Hawkes, *The Dawn of the Gods* (New York: Random House, 1968); Lucy Goodison, *Death, Women and the Sun* (London: University of London, 1989). Para um sumário, ver Eisler, *O cálice e a espada* e *O prazer sagrado*.
7. Por exemplo, a arqueóloga Marija Gimbutas descreve a transição do que ela denomina a civilização da Europa Antiga (que remonta a mais ou menos 7000 a.C.) para as culturas posteriores, de tendências guerreiras e de línguas indo-europeias.
8. Chinese Academy of Social Sciences (Min Jiayin, ed.), *The Chalice and the Blade in Chinese Culture: Gender Relations and Social Models*.
9. June Nash, "The Aztecs and the Ideology of Male Dominance" em *Signs* 4 (winter 1978):349-62.
10. Sallie McFague, "God as Mother", em *Weaving the Visions: New Patterns in Feminist Spirituality*, ed. Judith Plaskow e Carol P. Christ (San Francisco: Harper & Row, 1989), p.147.
11. Esculturas paleolíticas de trinta mil anos atrás mostram vulvas e falos – esculturas que os arqueólogos do século XIX às vezes chamavam de "marcas indeterminadas" porque não conseguiam ou não queriam ver o que elas representavam. E no período Neolítico apareceram esculturas mostrando a união sagrada do feminino e masculino. Por exemplo, na notável placa de pedra com dois "painéis" escavada em Çatal Hüyük, na Turquia. O primeiro painel mostra uma mulher e um homem abraçando-se. O segundo mostra o produto da união: a mulher com um bebê nos braços, ver Marija Gimbutas, *The Goddesses and Gods of Old Europe* (Berkeley: University of California Press, 1982); James Mellaart, *Catal Huyuk* (New York: McGraw-Hill, 1967).

12. Estes hinos foram registrados por escrito há mais ou menos quatro mil anos, mas como observa o sumerologista Noah Kramer, remontam a tradições orais muito mais antigas. O que encontramos aqui é um poema alegremente erótico, exaltando os êxtases do prazer sexual mas ao mesmo tempo ligando o sexo a imagens da bela fecundidade da Terra e o crescimento das plantas a partir do ventre da Deusa a cada primavera. Ver Diane Wolkstein e Samuel Noah Kramer, *Inanna* (New York: Harper & Row, 1983). Ver também Eisler, *O prazer sagrado*, capítulo 3, que coloca os hinos de Inanna em seu contexto histórico.
13. Wolkstein e Kramer, *Inanna*, p.43.
14. Na tradução mais tradicional da Bíblia em língua inglesa, a chamada Bíblia do rei James, este livro é chamado Song of Solomon (Cantares de Salomão) – apesar de não mencionar o rei Salomão.
15. Cantares de Salomão 1:2, 13 e Cantares de Salomão 7, Bíblia do rei James. Para uma discussão, ver o capítulo 1 de Eisler, *O prazer sagrado*.
16. Para uma discussão destas tradições místicas pela perspectiva da transição de uma espiritualidade parceira para outra dominadora, ver o capítulo 8 de Eisler, *O prazer sagrado*.
17. Isto é descrito em detalhe em Eisler, *O prazer sagrado*, capítulo 8.
18. Para um excelente tratado do sadomasoquismo sexual de místicas cristãs, ver Sara Maitland, "Passionate Prayer: Masochistic Images in Women's Experience", em *Sex and God: Some Varieties of Women's Religious Experience*, ed. Linda Hurcombe (New York: Routledge & Kegan Paul, 1987), p.125-140.
19. No livro *The Glacier and the Flame* (no prelo), David Loye faz a distinção entre sensibilidade moral de parceria e insensibilidade moral de dominação. Ver também David Loye, "Can Science Help Construct a New Global Ethic? The Development and Implication of Moral Transformation Theory" em *Zygon* 34, 2 (1999):221-35 e David Loye, "Moral Sensitivity and the Evolution of the Higher Mind", *World Futures: The Journal of General Evolution* 30, 1-2 (1990):42-52.
20. Loye, *The Glacier and the Flame*.
21. Eisler, *Tomorrow's Children*.

Agradecimentos

Tantas pessoas me ajudaram neste livro que ele é realmente um esforço de parceria. Sou grata a todos vocês.

Quero agradecer especialmente a Bill Gladstone por sua sábia orientação na conceituação e organização de materiais que precisavam de um foco claro e um tom mais direto. Eu não teria escrito este livro sem a ajuda dele. Também quero agradecer especialmente a Martin Eberhard, Leah Gowron, Rob Koegel, Hannah Liebmann, Barclay Palmer, Wendy Sinek, Gregg Stebben e Rona Zollinger, que leram o manuscrito inteiro e muito me ajudaram. Além disso, quero expressar minha gratidão a meu maravilhoso amigo H (que deseja permanecer anônimo), cuja contribuição foi inestimável. E quero agradecer especialmente a meu parceiro de vida, David Loye, não só por seus sábios comentários, como também por aguentar minha imersão neste projeto por um período aparentemente interminável.

Também desejo agradecer a Lance Baucher, Jan Black, Cathy Geenan, Mark Harris, Toshi Hoo, Marion Hunt-Badiner, Allan Hunt-Badiner, Sylvia Johnson, Charly Johnston, Del Jones, Judy Kahrl, Carol Massanari, Bruce Novak, Georgia O'Keefe, Parker Page, Heather Peet, John Robbins, Vicki

Robbins, Belvie Rooks e Christine Sleeter, que viram partes do manuscrito em vários estágios e deram importantes contribuições.

Adicionalmente, expresso gratidão a meu amigo e editor, Marc Allen, e aos outros na New World Library, incluindo Steve Anderson, Katie Blount, Mary Ann Casler, Katie Farnam Conolly, Marjorie Contre, Georgia Hughes, Barbara King, Munro Magruder, Tona Pearce Myers e Mary Beth Salmon, por todo o trabalho e amor que investiram neste livro. Também sou grata a meus agentes Ellen Levine e Louise Quayle, a Chris Van Buren, e por fim – mas não menos importante – aos bibliotecários que tão generosamente me ajudaram com a pesquisa para este livro, incluindo Victor Baush, Janet Bombard, Rowie Brewer, Jean Chapin, Lani Fremier, Tamara Hennessy, Doug Holtzman, Joe Johnson, Britget McConnell, Steve Parker, Denise Sallee e Halina Szczeziak.

Se esqueci alguém, não foi intencional e sim porque este foi um projeto consideravelmente grande e se estendeu por vários anos.

Índice remissivo

A
abuso: infantil, 150-151, 158; sexual, 32-33
ação, 14-15
ações a tomar, 46-47, 74-76, 100-102, 131-133, 164-166, 187-188, 207-208
Afeganistão, 104
agenda política: fundamentos da parceria, 128, 218-219; a agenda da política de dominação, 220-223
ajuda para todos, 138-141
alimento geneticamente modificado, 177-178
ambiente de trabalho: bem-estar no, 81; mudança para o modelo de parceria no, 82-84
ambiente de trabalho (cultura): a cultura de acolhimento no, 87-90; construindo uma cultura do cuidado, 93-95
amor, 199-201; a química do, 43; apaixonar-se, 42-43; no contexto da dominação versus da parceria, 49, 55-56; sexo, prazer e, 67-70
animais, 53-54
apagando programas internos antigos, 31-33
Arábia Saudita, 14, 33
armas, 139, 182
Atração Fatal (filme), 33
Awareness Heals (Shafarman), 27

B
bagagem histórica: conscientização de nossa, 15-16; oculta, 15-17

Bagdikian, Ben, 111
bebês, 55
bem-estar/sentir-se bem, 81-82; aprendendo a se sentir bem, 35-37; é bom para os negócios, 79-81
Bíblia, 120; violência e hipocrisia na, 201
biotecnologia, 176-178
bode expiatório, transformar em, 57, 123
boicotes, 140

C
Cálice e a espada, O (Eisler), 10, 11, 44, 66
campanhas eleitorais, reforma do financiamento de, 127
casamentos de dominação, 14
Center for Partnership Studies, 127, 149, 159, 212-214, 225
Chemistry of Love, The (Liebowitz), 43
comprar e investir, recursos para, 238-239
comunidade(s): construindo comunidades de cuidado, 93-95; relacionamentos na(s), 78-79
conformidade, 29
consciência, 14-15, 16, 129, 210-211; estados alterados de, 43, 44, 45
contracepção, 175
controle: da natalidade, 175-176; da mídia e a massificação, 111-118
coragem espiritual, 129, 190; amor e, 203-204

corpo: curando o próprio, 35; sintonia e conexão com o próprio, 35, 40
corrupção política, 111, 115-116,136
crenças, 219, 223
crianças: amar e valorizar as, 148-151; criação e cuidados das, 71; e a agenda da política de dominação, 220; hiperativas, 41-42; lições de dominação ensinadas às, 28-29; negar alimento às meninas, 147-148; recursos para, 226-228; relações com, 218; sociedade que honra as, 151
criando lares de cuidado, 93-95
criar filhos, 55; com base na dominação/medo, 13-15, 27, 31-32, 56-59, 121, 123; com base na empatia/parceria, 55-56, 59-62, 123; nas sociedades de dominação masculina, 32-33
criatividade, 43
crimes de guerra, julgamento de, 143-144
Cristianismo, 120, 193-195
cubanos, 136
cuidado/acolhimento, 52-53, 54, 205; invenções econômicas favoráveis ao, 95-99; no ambiente de trabalho, 86-87
cuidar, 90-95; desvalorização do, 90-95; investimento comunitário no, 96-97
culpa, 33, 50, 119-120
culturas: política de não interferência em outras, 142; valorização das diferenças entre, 136
cura: de si mesmo, 36-37, 40-42; holística, 42; psicológica, 36-37

D

decidindo o que realmente importa, 30-31
democracia, 107, 115, 126, 128, 130-131
desenvolvimento cerebral, 55-56
Deus: 190, 194; como mãe e pai, 196-199
Deusa Mãe, 197
diferença, valorização da, 136
direitos humanos, 107-108; recursos para, 241-243; trabalhando pelos, 142-145
"domando" os cavalos jovens, 14
dominação: casamentos de, 14; desde o nascimento, 26-27; e submissão, versus amor verdadeiro e prazer, 67; esquema de, 25, 26; masculina rígida, 25; reforçar versus desmantelar os fundamentos da, 122-124; vocabulário da, 126, 224. *Ver também tópicos específicos*
drogas, guerra contra as, 44

E

economia: de cuidado, rumo a uma, 155-157; e a agenda política da dominação, 222; invenções da, relacionadas ao acolhimento, 95-99, 156; mudando as regras da, 179-183; recursos para, 239-241; regras da, e prioridades sociais, 152-155;
educação, 128, 133, 159-160; espiritual e moral de parceria, 204-206; recursos para, 232-234
empatia, 53, 54, 56, 123, 205; no local de trabalho, 86
empresas ambientalmente responsáveis, 139-140, 181
encruzilhada, 17-19
engenharia genética, 176-178
entretenimento, *ver* mídia
Erin Brockovich (filme), 180
escolas, *ver* educação
espancamento, 61
espiritualidade, 45, 192; e dor versus prazer, 193-196; parceria, 44 192-193, 196, 197; recursos para, 250-252; sexualidade e, 45, 192. *Ver também* sagrado.
esquema de parceria, 25-26
estado/tribo, homens fortes governam, 25
estereótipos de gênero, 29, 31-33, 39, 66-67, 123-124; e criação de filhos, 56-58; fundamentalismo religioso e, 120-121, 123-124; mudança de, 34-35; na mídia, 113-114; no local de trabalho, 87-90, 91-92
estereótipos raciais, 113-114
estupro em massa, 143
ética, recursos sobre, 250-252
étnicas, diferenças, 136-137
evolução, 53-54
experiências-cume/experiências místicas, 43, 44, 45

F

família: o governo do homem forte, 25. *Ver também* criar filhos; mulheres
fornos solares, 181-182
Friendly Favors, 264n25
fundamentalismo religioso, 119-122. *Ver também* fundamentalistas muçulmanos; espiritualidade
fundamentalistas muçulmanos, 14, 137, 143-144

G

Gandhi, Mahatma, 14, 18
Gates, Jeff 156
gênero: e a agenda da política de dominação, 221; e gerenciamento, 86; no local de trabalho, 85-90. *Ver também* estereótipos de gênero
Guerra nas estrelas (filme), 160

H

hábitos, mudança de, 14-15, 16-17, 105-106, 210, 214. *Ver também* mudança
habitual versus natural, aquilo que é, 16-18
herança espiritual, tecendo de novo nossa, 201-203
hierarquias de realização versus de dominação, 85-86
histórias, 219, 223
Hyman, Irwin, 61

I

"impostos sobre pecado ambiental", 155
indústria farmacêutica, 41
infância, 50-51
investimentos ambientalmente responsáveis, 139
investir, recursos para, 238-239
Islã, 144. *Ver também* fundamentalistas muçulmanos

J

jornada espiritual de Riane Eisler, 190-193
julgamento, 142

K

Kramer, M. Jansen, 83

L

liderança, 86
líderes políticos, 123-124
"livre" mercado e "livre" empresa, 127-128, 172-173

M

Mãe Natureza/Mãe Terra, relacionamento com, 167-168, 183-184
maternagem, 91
McFague, Sallie, 198
Media Education Foundation, 160
Media Monopoly, The (Bagdikian), 111
medicamentos: prescrição de, 41-42; medicina de parceria, 42
medo, 119
meio ambiente: a psicologia dominadora e o, 169-172; população e, 174-176; recursos para, 246-249
mídia: alternativas para notícias, 245-246; controle da, e a massificação, 111-118; e democracia, 115-118; mensagens conflitantes na, 62-64; recursos para, 234-236; violência na, 62, 113-114
minissessão, 71-73
mitos, 219, 223
modelo de controle, 24
modelo de dominação, 12-13; dinâmicas de interação, 217; esquema para o, 216; retrocesso/regressão ao, 105, 119-120
modelo de parceria, 10-13; esquema para o, 216; dinâmicas de interação, 217
modelo de respeito, 24
Monsanto, 178
Movimento Cinturão Verde do Quênia, 158
movimento feminista, 107
movimentos políticos de base em prol da parceria, 106, 157-161, 162-163
mudança, 209-210; como fator de estresse, 171; coisas necessárias à, 16; interna e externa, 189-190. *Ver também* ajuda para todos

mulheres, 108; a opressão masculina das, 109, 119-122; culpa de si, 33; economia, pobreza e, 153-154; encontros nacionais/internacionais de, 139; no ambiente de trabalho, 86-90, 91; nos evangelhos, 120; recursos para, 228-231; status das mulheres e qualidade de vida, 149-150
mutilação sexual de meninas e mulheres, 146

N
nações escandinavas, 25, 62, 96, 149, 162-163, 177
"não interferência", política de, 142
natureza: conquista/dominação de si e da, 169, 172-174, 176-178; humana, 25, 54, 210-211; relacionamento com, 167-168; religando-se à, 183-184; tecnologia, valores e a conquista da, 176-178. *Ver também* habitual versus natural
negação, 112,170
Noruega, 14, 62, 162
"nós contra eles", atitude de, 137
nós e eles, ajudando a, 138-141
Noviça rebelde, A (filme), 13

O
organização parceira, 84-87
Ownership Solution, The (Gates), 156

P
padrões, visualizando os, 24
padrões éticos, parceria: colocando em prática, 204-206
paixão, 43
Paquistão, 144-145
parceria: coloque a parceria para funcionar, 45, 71-73, 99-100, 130-131, 161-164, 185-186, 204-206; indo da dominação para a, 25; resistência ao movimento pela, 16-17; vocabulário da, 126, 224. *Ver também* modelo de parceria; vida em parceria; políticas, de parceria; *tópicos específicos*

Partnership Way, The (Eisler e Loye), 36
perspectiva mais ampla, examinando de uma, 24
planejamento familiar, 175-176
pobreza, 140, 147-148, 153-154
política: de parceria, 124-131; recursos para, 244-246; mídias alternativas para notícias, 245-246; sob um novo prisma, 106-108
práticas de negócios,127-128; mudando as, 179-183; recursos para, 236-239
Prazer sagrado, O (Eisler),43
problemas ambientais, 117, 140. *Ver também* natureza: conquista/dominação de si e da.
produtos ambientalmente seguros/livres de crueldade contra os animais ou pessoas, 160

Q
qualidade de vida, 149-150
qualidades femininas, 25, 123, 161, 162
questões "femininas" e questões humanas, 125, 145-148

R
raiva: expressão da, 27; reprimida, 33; transformada em culpa de si, 33
reavaliação e coaconselhamento (RC), 71
recursos de mídia, notícias alternativas, 245-246
relacionamentos, 49-50; dominação nos, 107-108; laborais/no trabalho, 78; minissessão para melhorar, 71-74; modelos de dominação versus parceria e, 50. *Ver também tópicos específicos*
relacionar-se, modos de, 10
relações de dominação: humanos como programados versus não programados para as, 52-54; vistas como morais e inevitáveis, 25
relações de gênero, 218; recursos para, 228-231
relações econômicas, 219
resolução de conflitos, 162
responsabilidade: 205; social empresarial, *ver* práticas de negócios *e* empresas ambientalmente responsáveis.

riqueza versus qualidade de vida, 149. *Ver também* economia, regras da; *tópicos específicos*
Ritalina, 41
Robbins, John, 42
roteiros: mudando os velhos roteiros de vida, 64-67; gênero, 63-67 (*ver também* estereótipos de gênero)

S
sadismo, 62-63
sagrado: amor, sexo e o, 199-201
saúde, 22, 35-36; recursos para a, 231-232
sentimentos: expressão de, negativos, 27. *Ver também* empatia
SEWA (Self-Employed Women's Association), 158
sexualidade: amor, prazer e, 67-70; e espiritualidade, 70, 199-201; feminina, controle masculino sobre a, 68, 175-176; religião, pecado e, 194-195. *Ver também* sagrado: amor, sexo e o.
Shafarman, Steven, 27, 28
si mesmo: hábitos de dominação versus parceria com, 21-22, 30-31;
sistema econômico: controle centralizado, 182; problemas do atual, 38
Spiritual Alliance to Stop Intimate Violence, 150
Stewart, Martha, 40
submissão, dominação e, 67, 119, 122, 126
Suécia, 62, 82
superpopulação, *ver* meio ambiente, população e

T
tabaco, companhias de, 116
Talibã, 104, 116, 119, 141
Tartarugas ninjas, As, 114
tecnologia, 37-38; e a conquista da natureza, 176-178
TechnoServe, 267n22
terrorismo, 11, 145, 155
think tanks, 172, 173
Tomorrow's Children: Partnership Education in Action (Eisler), 44, 160
trabalho, 77-78; recursos para o, 236-239
"trabalho de mulher", 153-155
Trade Secrets (documentário), 180
transformação cultural, pré-história e: recursos para, 249-250

V
valores, 126; o que realmente valorizamos, 90-93
"valores da família", 126
vida em parceria: e a euforia natural, 42-45; fundamentos da, 10
videogames violentos, 39, 62-63
violência, 39, 126-127; aceitas nas sagradas escrituras, 201-203; da mídia, 62-63, 113-114; e criação de filhos, 61-62; familiar/doméstica, 127, 129, 143-146, 150-151, 264n34 (*ver também* abuso infantil); natureza humana e, 56-57; socialmente aceita, 25

Y
YES (Youth for Environmental Safety), 158

Obras da Palas Athena Editora complementares à temática abordada neste livro

A ÁRVORE DO CONHECIMENTO – As bases biológicas da compreensão humana
Humberto R. Maturana e Francisco J. Varela

O ponto de partida do livro se pauta na ideia da vida como um processo de busca e aquisição de conhecimento. Assim, se o objetivo é compreendê-la, é necessário entender como os seres vivos percebem o mundo, no processo que os autores chamam de "biologia da cognição". Maturana e Varela defendem a existência de uma ideia pré-concebida de mundo e de que este é construído ao longo da interação dos indivíduos com o mesmo.

As teorias dos autores constituem uma concepção original e desafiadora, cujas consequências éticas agora começam a ser percebidas com crescente nitidez. A obra é considerada uma das mais importantes do século 20.

AMAR E BRINCAR – Fundamentos esquecidos do humano
Humberto Maturana e Gerda Verden-Zöller

Em essência, o livro aborda três grandes temas: a origem da cultura patriarcal europeia, as relações entre mãe e filho e os fundamentos da democracia a partir da noção da biologia do amor. Maturana e Verden-Zöller veem a democracia como uma forma de convivência que só pode existir entre adultos que tenham vivido, na infância, relações de total aceitação materna.

Os autores examinam com detalhes os fundamentos da condição humana que permeiam o afetivo e o lúdico. Mostram como a cultura do patriarcado europeu nos levou à atual situação de autoritarismo, dominação, competição predatória, desrespeito pela diversidade biológica e cultural e profunda ignorância do que são os direitos humanos.

DIÁLOGO – Comunicação e Redes de Convivência
David Bohm

Expoente da física e filosofia da ciência do século 20, o americano David Bohm tem seu interesse focado nas ciências cognitivas e nas relações humanas. Para ele, "diálogo" significa mais que o simples pingue-pongue de opiniões, argumentos e pontos de vista que habitualmente ocorrem entre dois ou mais interlocutores. O autor parte de uma premissa de suspensão temporária de todos os pressupostos, teorias e opiniões arraigadas em relação aos assuntos em pauta para observar o que emerge de novo no fluxo da conversação. O propósito de seu método é investigar o pensamento não só depois de estruturado, mas também conforme vai se formando, quais são seus mecanismos e a sua dinâmica. O livro foi composto a partir da edição de seminários promovidos por Bohm.

TRANSCENDER E TRANSFORMAR – Uma introdução ao trabalho de conflitos
Johan Galtung

     Este manual prático oferece um método para transcender e transformar conflitos - desde os pessoais e domésticos, até as dissensões internacionais por motivos econômicos e religiosos, passando por confrontos que se originam em questões de etnia, classe e gênero.
     Revela a interligação entre o conflito, a cultura profunda e os estratos sociais, mostrando que uma grande variedade de soluções está disponível para nós se estivermos abertos para explorá-las com empatia, criatividade e não violência. É uma obra valiosa para todos os que lidam diariamente com conflitos: professores, assistentes sociais, pais, casais, mediadores e também para os que estudam a paz.

NÃO VIOLÊNCIA NA EDUCAÇÃO
Jean-Marie Muller

     Nesta obra fluente e sintética, o professor de filosofia e pesquisador de não violência Jean-Marie Muller define com clareza o que é violência e por que nos interessa, como seres humanos, sempre combatê-la. Lembra que a violência faz parte do aprendizado de toda criança em todos os países do mundo, enquanto a não violência costuma ser vista como algo utópico ou sinônimo de passividade.
     Com uma lucidez exemplar, o autor explica que não violência é o oposto da inação e requer que cada um defenda com energia os seus direitos – e os dos outros – nos inevitáveis conflitos que a vida em sociedade engendra. Diferentemente da visão enevoada que se costuma passar do conceito, a não violência se apresenta como o único caminho que garante a convivência pacífica e a justiça entre todos nós, podendo e devendo ser sempre ensinada às crianças na escola.

Para obter informações sobre estas e outras obras publicadas pela
Palas Athena Editora sugerimos entrar em contato:
Alameda Lorena, 355 – Jardim Paulista
CEP 01424-001 – São Paulo – SP
www.palasathena.org.br
(11) 3050-6188

Texto composto na fonte Adobe Garamond Pro.
Impresso em papel Offset 75 g/m² pela Cromosete.